KB025624

동해 바닷가 길에서 만난 우리 역사 이야기

해파랑길 인문 기행

신정일 지음

상상출판

우연처럼, 필연처럼 만들어진 동해 해파랑길

우리나라 사람들에게 가장 걷고 싶은 길이 어디냐고 물으면 제주 올레, 지리산 둘레길이라고 얘기하던 시절이 있었다. 요즈음 다시 물으면 '해파랑길'이 1순위로 나온다. 대한민국 사람들이 시간이 나면 가장 먼저 걷고 싶은 길로 알려진 해파랑길이 만들어진 것은 우연 같은 필연, 필연 같은 우연이었다.

2006년이던가, 한겨레의 모 기자로부터 전화가 걸려왔다. '해양수산부에서 전남 목포에서 경기도 김포까지 서해안을 도보 답사해 책을 내자'는 제안이었다. 지도를 펼쳐보자 서해안은 조수간만의 차가 너무 커서 몇 달을 걸어야 할 것 같았다. 다시 전화를 걸어서 "동해안을 하면 어떻겠는가? 동해안은 약 20일 정도면 걸을 수 있겠다"고 했더니 "어촌이 발달한 해안을 중심으로 취재해야 하기 때문에 동해안은 힘들겠다"는 연락이 왔다.

내가 언제 국가의 지원을 받아서 우리 국토를 걸었던가. 부산에서 고성까지 동해안을 걸어야겠다는 생각이 떠올랐다. 사단법인 우리 땅 걷기는 세상의 유행과 무관하게 2000년대 초부터 우리나라의 10대 강(한강, 낙동강, 금강, 영산강, 섬진강, 한탄강 등)과 영남대로, 삼남대로, 관동대로 등 조선시대 옛길들을 걸어왔지 않은가? 또 하나 새로운 프로젝트를 만들었다.

이름하여 〈동해 바닷가를 걷는 동해 트레일〉. '쇠뿔도 단김에 빼라'고, 2007년 2월에 선보인 대한민국의 새로운 관광 프로젝트는 순수한 몇 사람의 마음이 모여 시작되었다. 처음의 목표는 부산 해운대 달맞이 고개에서부터 고성 통일전망대까지였다. 하지만 준비하다 보니 욕심이 생겼다. 그래서 우리나라의 북쪽 두만강변의 녹둔도까지를 대충 계산해 보니 1,600km쯤 될 것 같았다. 그 기나긴 여정을 '잘 노는 것처럼' 걸어 보기로 한 것이었다. 박수자, 유재훈, 김선희, 안명숙, 최명운, 고혜경, 이혜리, 이수아, 박연숙, 조경곤, 임효진, 손지선 등 열다섯 명이 미지의 세계를 향해서 출발했다.

〈동해 바닷가를 걷는 동해 트레일〉은 온전히 동해 해변을 따라 이어진 길이다. 관동팔경과 백두대간에 자리 잡은 설악산, 금강산, 두타산 등 명산과 원산의 명사십리를 비롯한 천혜의 해수욕장이 즐비한 곳이다. 망망대해로 펼쳐진 태평양이 함께하는 천하제일의 도보 답사처가 될 것이다. 물론 우리의 발길을 허용하지 않는 구간도 있지만.

그러나 많은 사람들이 그 길 걷기를 염원하게 된다면, 어느 날 남북한이 서로 손잡고 해파랑길을 공동 관광 상품으로 개발하게 되지 않을까. 결코 헛되지 않을 꿈을 안고 〈동해 바닷가를 걷는 동해 트레일〉 프로젝트 길에 올랐다.

19일간의 여정으로 푸르게 일렁이는 동해 바다를 따라 한 발 한 발 걸어가며 우리 국토의 숨결을 느낄 수 있는 도보 답사길은 스페인의 '산티아고 길'이나 중국의 '차마고도', 일본의 '시코쿠 순례길'과는 전혀 다른 길이었다. 동해 푸른 바다와 수많은 포구, 그리고 해수욕장과 유형무형의 문화유산이 함께하는 그 길은 전 세계 어느 도보 답사길보다도 빼어난 풍광을 선물 받게 되는 여정이다.

그뿐만이 아니라 세계적으로 각광을 받고 있는 도보 답사처이자 순례자 길인 산티아고가 800km인 반면 동해 트레일은 1,600km에 이르는 기나긴 여정 이었고, 매일 새로운 문화와 역사를 만나는 길이었다.

역사 속 신라 화랑들의 순례길이며 조선시대 선비들이 가장 가고 싶어 했던 관동팔경이 줄을 지어 서 있고, 오천 년 역사의 숨결이 서리고 서린 현장이 도처에 산재해 있는 길이다. 그뿐인가, 빼어난 자연 풍광에 어린 전설과 설화의 보고寶庫다.

『삼국유사』에 실린 처용과 박제상의 이야기 그리고 문무왕 수중릉과 이 견대가 있는 경주 일대 바닷가, 호미곶과 칠포의 바위그림을 만날 수 있다. 영 덕에서는 신돌석 의병장과 영해민란이라는 참혹하지만 의기가 넘치는 역사 무대가 펼쳐지고, 그곳을 지난 관동팔경關東八景으로 꼽히는 월송정과 망양정 이 있는 울진이다.

죽서루, 경포대를 거치면 설악산이 지척이다. 청간정을 지나 고성에 이르 러 삼일포를 지나면 통천의 총석정이다. 명사십리 해당화가 흐드러진 원산을 지나면 함흥에 이르고 흥남을 거쳐, 칠보산이다.

"장소가 회상시키는 그 힘은 그렇게도 크다. 그리고 이 장소에서의 그 힘 은 무한히 크다. 어디를 걷든지 역사의 유적 위에 발을 디디는 것이다."

로마의 정치가이자 철학자인 키케로의 말과 같이 반세기 전 이 땅을 폐허로 만들었던 전쟁, 그리고 처절한 빈곤, 그 시간을 딛고 일어선 오늘 우리의 모습을 반추하며 가다가 보면 어느새 우리나라 끝자락에 펼쳐진 강, 두만강에 이른다. 그 길모퉁이 돌아가면 황동규 시인의 시에 나오는 '걸어서 포구에 도착했다'는 구절처럼 포구와 항구, 맨발로 걷기에 그만인 곱디고운 모래 해수욕장이 끝없이 펼쳐져 있었다.

한국의 바다와 산이 얼마나 절경인지를 유감없이 보여주는 동해안 곳곳에는 수많은 인물의 흔적들이 민담으로 설화로 이야기로 전해진다.

이 길을 걷는 중에 배낭 하나 메고 부지런히 걷고 있는 미국인 관광객을 만났다. 어디를 가는 거냐고 묻자 "한국의 바닷길이 너무 아름다워 무작정 걷고 있다"고 대답했다.

그 길을 열여드레 걷는 동안 힘들었던 만큼 어린애처럼 행복해지기도 했다. 바다가 되었다가, 넘쳐서 달려오던 파도가 되었다가, 매일 태어나고 스러지는 태양이 되기도 했던 나날이 언제 다시 내 앞에 올 것인가 생각하면 순간순간 가슴이 벅차오르는 시간들이었다.

이 길을 걸었던 걷고서 책을 마무리할 무렵이 2008년 초였고, 나는 문체부에서 조성 중인 '이야기가 있는 문화생태탐방로' 선정위원으로 활동하면서 길을 찾고 있었다. 문체부의 담당 사무관인 홍성운 씨에게 우리나라에서 제일 긴 트레일인 '동해 트레일'을 국가 정책으로 조성해 줄 것을 제안했다. 문체부에서 내 제안을 받아들였고, 2010년 9월 문화체육관광부에서 전 국민을 대상으로 선정해 이름 지은 '해파랑길'을 발표했다.

문화체육관광부에서 부산시 남구청장에서부터 강원도 고성군수까지 해파랑길이 지나는 길목의 자치단체장들을 모아서 발표하면서 나에게 마무리 발언을 부탁했다. 그때 내가 참석자들에게 했던 말은 다음과 같다.

"우리나라 어느 지역을 가건, 이웃 마을로 놀러 가던 '마실길'이 있고. 나물 캐러 가던 길, 나무하러 가던 길, 과거 보러 가던 길이 남아 있습니다. 그동안에 자동차와 열차가 생기면서 잊히고 사라졌던 그 길을 '찾고, 설령 사라졌으면 잇고,' 그리고 사람들이 걸어가기만 하면 아름답고 역사적인 길이 새롭게 만들어질 것입니다. 나는 고스톱을 못 치지만 '찾고, 잇고, 걷고' 그래서 '쓰리고'만 하면 돈을 가장 적게 들이면서도 아름다운 길을 만들 수 있을 겁니다.

이 길은 포구에서 포구로 이어지는 길이 환상적인 길입니다. 내연산, 두

타산, 청옥산, 설악산 등 아름다운 산과 동해 바다와 관동팔경을 따라 걷는 이 길을 휴전선에서 끝내지 말고, 북한과 협의를 해서 이순신 장군이 근무했던 두만강의 서수라까지 걷도록 합시다. 거기서 끝내지 말고, 러시아와 협의를 해서 블라디보스토크를 지나 러시아를 돌아 스웨덴과 포르투갈의 리스본을 지나 아프리카의 케이프타운까지 가는 길을 만듭시다."

내 말이 끝나자마자 우레와 같은 박수 소리가 터져 나오면서 어떤 사람이 나에게 질문을 했다.

"신정일 선생님, 혼자서 갈 수는 없겠는데요?"

그때 내가 즉답을 했다.

"삼대가 이어서 걸어가면 되지요."

해파랑길의 표어인 '부산 오륙도에서 아프리카의 케이프타운까지'라는 말은 그때 만들어진 것이다.

그 행사가 끝나자 '신정일 선생님, 파이팅' 하는 말이 들렸다. 문체부 장관 정책 보좌관이었다. "왜지요?" 하고 물었더니 "선생님이 주창한 '쓰리 고'로 '해파랑길'을 만들면 지자체에서 더 이상 돈을 더 달라고 하지 않을 것 같아서요." 라고 답한다. 길은 돈으로 만드는 것이 아니다. 애정 어린 마음과 아이디어로, 만드는 것이다. 어디든 거미줄처럼, 아니 그물코처럼 촘촘히 짜인 길을 찾고, 잇고, 걷다가 보면 새로운 문화 운동이 일어나지 않을까?

그 뒤 2010년 8월 문화 체육관광부로부터 연락이 왔는데, 한국관광의 날에 대통령 표창을 받게 되었다는 것이었다. 살다가 보니 별일이 다 있는 것이다. 2010년 9월 14일 한국관광의 날을 맞아 소백산자락길, 변산마실길, 전주 천년고도 옛길 등을 만든 공로로 롯데호텔에서 상을 받았다. 다양한 우리 땅 걷기 코스발굴을 통해 도보여행의 대중화와 국내 관광 활성화에 기여한 공을 인정받아 정부포상으로 대통령 표창을 받은 것이다. 상을 받고 돌아가는데 문득 실러의 글이 떠올랐다.

"세상에서 가장 중요한 상품은 자기 자신이다."

나 자신을 잘 다스리며 살아야겠다는 생각.

다음 해인 2011년에는 한국관광공사장의 상을 더 받았으니, 우연히 본 점사에 '발에 복이 들었다'고 점쟁이가 두 번이나 한 말이 맞기는 맞단 말인가?

맹자는 "눈은 아름다운 빛을 좋아한다目之於色" 했고, 요절한 시인 존 키츠는 "아름다움은 진실이고 진실은 아름다움이다"라고 썼다. 맹자나 키츠의 그 말을 실감하고 싶은 사람들에게 동해 트레일 즉 해파랑길은 가장 아름다운 빛을 가감 없이 보여주는 첩경이 될 것이다.

지구상에서도 작은 반도인 대한민국, 그 끝자락인 부산의 오륙도에서 북쪽 끝 지점인 두만강에 이르고 다시 유럽으로 이어져 구라파에서 아프리카로 향하는 그 길을 걷게 된다면 얼마나 가슴이 벅차오를까. 해파랑길을 세 번씩 걸었던 사단법인 우리 땅 걷기 도반들과 해파랑길을 걸었고, 앞으로도 걸어갈 사람들, 이 땅에 발자취를 남긴 모든 사람들에게 이 책을 바친다.

2023년 7월 6일

신정일

목차

1장

해파랑길
첫 번째 구간

부산에서 시작한
도보 답사

첫째 날, 2월 22일

부산광역시 남구 오륙도에서 조촐한 고사를 지내고

꽃피는 동백섬에 봄이 왔건만 형제 떠난 부산항에 갈매기만 슬피

우네 오륙도 돌아가는 연락선마다 목 메어 불러봐도 대답 없는 내

형제여 돌아와요 부산항에 그리운 내 형제여

멀리 북녘을 향한 첫 발걸음을 떼기 위해 찾은 부산 앞바다에서 조용필의
〈돌아와요, 부산항에〉를 읊조리며 먼 듯 가까운 듯 보이는 오륙도를 바라본다.

아름답고, 신기하다. 1972년 6월 26일에 문화재청에 의해 명승 제24호로
지정된 오륙도는 용호동 바닷가에 있는 섬으로, 영도구의 조도를 마주 보면서
부산만 북쪽의 승두말로부터 남동쪽으로 6개의 바위섬이 나란히 뻗어 있다.

'동쪽에서 보면 여섯 봉우리이고, 서쪽에서 보면 다섯 봉우리이므로 오륙
도라고 부르게 됐다'라고 『동래부지』에 실려 있고 당나라 상수 만세덕萬世德의
비도 있었다. 섬 주변의 조류가 매우 빨라 뱃길이 위험했기 때문에 뱃사람들이
무사히 항해하기를 기원하며 해신에게 공양미를 바쳤다고 한다.

나라 곳곳에서 모인 우리 땅 걷기 도반들과 함께 남해와 동해의 분기점인
스카이워크에서 오륙도를 한눈에 내려다보며 해파랑길 완주를 기원하는 고
사를 지냈다.

"이곳에서 출발해서 통일전망대를 지나 두만강까지 가게 될 우리 일행의
발길을 그 땅 위에 들여놓을 수 있도록 길을 열어 허락해 주십시오."

간절히 원하고 발원하고서, 함께 가는 도반들의 마음이 시종여일하기를
기대해 본다. "마음만 맞으면 삶은 도토리 한 알로도 시장을 면한다"라는 옛
말이 맞기를 바라면서 걸어갈 것이지만 사람의 마음만큼 예측할 수 없는 대상
이 어디 있던가.

그래서 다산 정약용 선생도 사람의 마음을 『다산 전서』에서 다음과 같이

말했다. "아침에는 온화하다가도 저녁에는 냉정해진다朝溫暮冷."

　　기대는 그저 기대일 뿐, 모든 것은 운명에 맡길 수밖에. '아픈 몸이 아프지 않을 때까지' 걸어갈 동해 해파랑길, 매일 해 뜨는 동해를 걷고 지는 해를 바라보며 걷게 될 여정이다. 문득 떠오르는 시가 영국 계관 시인 존 메이스필드의 「바다 열병」이다.

　　나는 다시 바다로 가야겠다
　　정처 없이 떠도는 집시처럼
　　바람 칼날 같은 갈매기의 길로
　　고래 헤엄치는 곳으로
　　내가 원하는 건 낄낄 웃는 친구들의 신나는 얼굴과
　　긴 당번 시간이 끝난 뒤의 고요한 잠과 달콤한 꿈

　　그래, 푸르고 푸른 바다의 풍경을 보고 바닷가에 사는 사람들의 이야기를 들으며 걸어가다 보면 마음도 몸도 가뿐해지는 순간을 맞을 것이리라. 그렇게 생각하며 머나먼 여정에 오른다. 부산 오륙도에서 고성의 통일전망대까지 동해 바닷가를 따라가는 해파랑길, 얼마나 가슴 설레는 일인가? 발길 닿는 곳마다 그곳에 터 잡고 사는 사람들을 만날 것이고, 수많은 우여곡절이 우리를 기다리고 있다는 것이.

　　초입부터 환상적으로 아름다운 바다가 보이는 산길, 이기대 길이다. 그 길이 한글학회에서 펴낸 『한국 지명총람』에 다음과 같이 실려 있다.

　　용당동 남쪽 바닷가에 있는 산이 신선대라는 산인데 병풍대屛風臺와 의기대義妓臺가 있으며, 봉우리에 무제동이라는 큰 바위가 있었

는데 신선과 백마의 발자국이 있었고, 바위 가까이 가면 풍악 소리
가 들렸다고 한다.

임진왜란 때 왜적에 맞서서 싸웠다는 '두 명의 기생'에서 유래했다는 이기
대는 오륙도에서 농바위를 지나고 어울마당과 동성말로 이어지는 구간에 다
다랐다. 4.7㎞에 이르는 구간으로 부산의 명물인 광안대교와 해운대가 한눈에
들어온다. 탁 트인 바다를 바라보면 조각 전시장을 방불케 할 정도로 줄을 지
어 서 있는 기암괴석들을 볼 수 있다.

그래, 지금 우리가 지금 걷고 있는 곳이 부산이로구나.

동래라는 옛 이름으로 불리던 부산의 그 이전 이름은 장산국長山國이었다.
부산면이 생긴 것은 1914년이었다. 부산이라는 이름이 처음 나타난 것은 조선
초, "동평현 남쪽 부산포富山浦에 있다"라고 기록된 『세종실록지리지』다. 신숙
주가 쓴 『해동제국기海東諸國記』에도 부산포라는 이름이 나온다. 당시의 '부' 자
는 지금의 '가마 부釜'가 아니고 '넉넉할 부富'를 써서 부산富山이었다. 이렇게 이
름이 바뀐 것은 대체로 15세기경으로 본다. 이후 『신증동국여지승람』에는 '부
산은 동평현에 있으며, 산이 가마솥 모양과 같아서 이렇게 이름을 지었다. 그
아래가 바로 부산포이니, 왜호倭戶가 살고 있으며 북쪽 현까지의 거리는 21리
다'라고 기록되어 있다.

"서민이 살기 좋은 고장이며, 사람들이 억세고 거칠다"라고 말하던 부산
이 오늘날 대한민국의 제2의 도시로 발전하게 된 것에는 몇 가지 이유가 있다.
1876년 조선이 강화도조약으로 개항하고, 1925년 경상남도청이 진주에서 부산
으로 옮겨졌다. 그리고 1950년 한국전쟁이 일어나면서 피난민이 몰려와 부산
인구가 급속도로 늘어남에 따라 1963년 직할시로 승격했고, 지금은 부산광역

시가 되었다. 조선 전기의 문신인 신숙주는 부산을 다음과 같이 묘사했다.

> 땅이 바다에 닿아 있고, 대마도와 가장 가까워서 연기와 불빛까지
> 서로 보이는 거리니, 실로 왜인이 오가는 요충지다.

대마도가 보일까 싶어 눈을 비비고 봐도 보이지 않고, 파도 소리만 요란하다. 부서지고 또 부서지면서도 새롭게 생성되며 밀려오는 파도에 가슴이 서늘하다. 덕분에 산길을 아무리 걸어도 물리지 않을 것 같다. 그중 절경 중의 절경이 농바위다. 장롱을 포개어 놓은 듯하다고 해서 이름 붙여진 농바위는 해녀들의 연락 수단으로 쓰였을 뿐만 아니라 조업에 나선 어부들의 무사 귀환을 비는 돌부처상바위로도 이름이 높았다.

병풍대에는 이곳의 절경을 보고자 찾아왔던 풍류객들이 새긴 글과 글씨가 많은데, 그중의 하나가 신라 때의 문장가인 고운 최치원崔致遠이 남긴 '신선대神仙臺'라는 친필 각자다. 신선대에 있는 의기대는 부여의 낙화암 전설과 같이 임진왜란 때 적의 화를 피해 도망쳐 온 기생들이 이곳에서 바다로 뛰어들었다고 해서 지어진 이름이라고 한다.

바다가 보이는 산길이 끝나고 여정은 광안리로 이어진다. 해운대해수욕장과 함께 부산을 대표하는 해수욕장이면서 해양수산부에서 한국인이 많이 찾는 해수욕장 중 3위를 차지한 곳이 광안리해수욕장이다. 광안리가 지금의 이름을 갖게 된 것은 1914년이었다. 본래 동래군 남면 광안리였는데 고종 33년인 1896년에 부산부로 편입된 이후 1914년 행정구역 통폐합에 따라 호암동, 남의동, 감포동을 병합해 광안동이 된 것이다. 이곳, 바닷가에 있었던 망경대 터는 왜구의 침입을 감시했던 곳이며, 장대골에 있는 장대 터는 옛날에 중죄인에

게 사형을 집행했던 곳이자, 무과 시험을 보던 곳이다.

여정은 금세 수영만水營灣에 이른다. 수영만은 수영강 하구, 해운대 고두
말과 우암 반도 양말 사이의 만으로 조선시대에 이곳에 있었던 경상 좌도 수
군절도사영에서 비롯된 명칭이다. 예전에는 모래사장이 아름다운 곳이었지만
지금은 매립되어 옛 모습을 찾을 수 없다. 수영강에 가로놓인 수영대교를 지
나며 해운대에 접어든다.

최치원의 자취가 남은 해운대의 동백섬

해운대가 최치원의 자에서 유래했다는 것을 아는 사람은 드문데, 부산의
한 구가 된 해운대가『신증동국여지승람』에는 이렇게 기록되어 있다.

현(동래현)의 동쪽 18리에 있다. 산의 절벽이 바닷속에 빠져 있어
그 형상이 누에의 머리와 같으며, 그 위에는 온통 동백나무와 두충
나무 그리고 소나무, 전나무 따위로 덮여 있어 싱싱하고 푸르기가
사철 한결같다. 이른 봄철이면 동백 꽃잎이 땅에 쌓여 노는 사람들

　의 발굽에 차이고 밟히는 것이 서너 치나 되며, 남쪽으로는 대마도
가 가깝게 보인다.

　부산광역시 해운대구 우동에 있는 동백섬은 지금은 섬이 아니지만, 옛날
에는 동백꽃이 많이 피는 섬이었다. 동백섬에 있는 해운대海雲臺는 옛날 신선이
노닐던 곳이며, 신라 말 대학자 고운 최치원이 단을 만들어 '해운대'라 칭하고
풍류를 즐기던 곳이라고 한다. 하지만 오늘 우리가 볼 수 있는 바위 위에 음각
된 해운대라는 각자刻字는 후세 사람의 작품으로 추정된다.

해운대 위에서 신선 사는 삼신산 바라보고서
취한 나그네 미친 듯 읊으니 기분 절로 으쓱하네
하늘이 별을 우러러보니 손에 닿을 듯 말 듯하고
너른 바다를 굽어보니 작은 술 단지처럼 보이네
조룡에 들어 있는 물고 장차 달려가서
둥그스름한 대마도를 베어버리고 돌아오려네
피리와 북소리 한 번 울리니 파도가 들끓는데,
장군의 위엄 서린 호령에 천둥소리 잦아드네

조선 중기의 문신인 김석주金錫冑가 이곳 해운대에서 읊었던 시를 떠올리며 해운대해수욕장을 걷는다. 여름이면 나라 곳곳에서 찾아온 피서객들로 인산인해를 이루지만 겨울의 해운대해수욕장은 스산하다. 그곳 해운대 끝자락을 따라 달맞이고개를 넘었다. 소가 누워 있는 형상을 하고 있다는 와우산臥牛山에 올라 해월정海月亭에 서니 시야가 탁 트여 바다를 조망하기가 좋았다. 그곳에서 청사포로 가는 길에 접어들면서 하루 일정을 마감했다.

청량한 파도
기장으로

 이틀째, 2월 23일

이름이 좋다. 청사포青紗浦, 푸른 모래가 반짝이는 포구로 조개구이로 이름나 있는 곳이다. 원래의 지명은 '뱀 사蛇'자를 썼는데, 어느 때부턴가 '모래 사沙'자로 바꾸었다. 푸른 모래가 많은 곳이라는 뜻이다. 이른 오전 청사포에는 아직 사람들이 많지 않았다.

어둠이 내리면 저 포구 전체가 해산물을 찾는 식도락가들로 북새통을 이룰 것이다. 오전의 한적함이 여유롭게 느껴지는 청사포를 내려다보며 걷는다. 그 사이 간밤에 내리던 비도 멎고, 바람도 잠잠하다. 부드럽게 휘감겨 드는 바람을 맞으며 걷는 길. 누구도 대신 걸어줄 수 없는 이 길을 오직 두 발로 걷는다. 발바닥으로 전달되는 땅의 호흡을 느끼며 통일전망대를 넘어 두만강을 넘어 녹둔도에 도착하리라. 청사포를 지나 송정리로 가는 길, 오르막길에 숨이 가쁘다. 가슴 저 깊숙이에서 '예전에는 이러지 않았는데, 왜 이렇게 숨이 찰까'라는 생각이 절로 나왔다.

기장군 기장읍 당산 소나무

'예전에는 이러지 않았는데……'

이 말을 몇 번이나 되뇌며 걸어야 그리운 통일전망대, 그리고 두만강을 넘을 수 있을까? 상념에서 빠져나와 송정해수욕장으로 유명한 송정에 닿았다. 동북쪽으로 시랑산侍郞山이 있는 그곳에서 기장군 기장읍 당사리가 지척이다.

"바다가 아득해 하늘이 끝나는 듯하고, 산이 멀찍해 눈이 더 밝은 것 같구나" 하는 홍여방의 노래 한 가락에, "어촌 주막엔 밥 짓는 연기 피어오르고, 마을의 동산에는 죽순이 돋아나는구나"라는 이인전李仁全의 시구를 읊으며 접어든 기장읍, 길목의 오리나무는 연두색 여린 잎을 틔워 봄을 알린다.

본래 기장군 남면 지역으로, 신당이 있어 당사 또는 당사동이라고 부르는 이 마을에는 당산 소나무가 있다. 정월 대보름이 되면 마을 사람들은 둘레가 두 아름이나 되는 이 당산 소나무에 당산제를 지낸다.

시랑산 아래 바닷가의 절 용궁사

공수마을 동북쪽 바닷가 바위에 조선 영조 9년인 1733년에 현감 권리權橚가 이조참의가 되고 찾아와 '시랑대侍郎臺' 석 자를 새겼다고 전해진다. 이곳은 예로부터 영검하다고 소문이 나 매년 3월과 10월이면 용왕제를 지내고, 가뭄이 들면 기우제도 지낸다고 한다.

공수마을 남쪽으로 사람의 발길이 닿으면 쿵쿵 소리가 난다는 둥둥바위가 있고, 시랑산 아래 고려 말 고승 나옹화상이 창건했다는 해동용궁사가 바다를 마주하고 있다. 고려 공민왕 때인 1376년에 창건된 용궁사의 원래 이름은 보문사였다. 임진왜란 때 병화로 소실된 것을 다시 복원하면서 절 이름을 해

동용궁사로 바꿨다고 한다. 동해 바닷가의 아름다운 절로 소문이 나면서 명소로 알려져서 찾는 이들로 인산인해를 이루고 있다. 용궁사 입구에서 '해운대에서 두만강까지'라는 문구를 넣어 만든 작은 현수막을 준비한 철수(김선희)와 합류했다.

시랑리를 지나 석산石山리에 이르니, 그 모양이 연꽃을 닮은 연화봉蓮花峯(149m)이 지척이다. 연화 동남쪽 서암마을 서쪽으로 금맥이 있었다는 골짜기가 있고, 동쪽으로 이제는 이름으로만 남은 읍파정挹波亭, 그 정자 터로 알려진 적선대謫仙臺가 있다.

미역이 명물인 연화리

이곳 연화리 일대에서 나는 미역이 명물이다. 기장 미역은 다른 어느 바다에서 채취한 것에 비해 잎이 두텁고 넓으며 파릇한 빛깔과 윤기가 뛰어나다고 알려져 있다. 이 지역 돌미역이 『동국여지승람』의 「동래현」과 『세종실록 지리지』에도 임금의 밥상에 올랐다고 기록되어 있기 때문에 왕실에서는 이곳에 곽전藿田이라고 불리던 유명한 미역밭을 두어 직접 관리했다.

　기장 미역이 사람들에게 알려진 것은 그 이전부터였다. 당나라 사람인 서견은 자신의 저서 『초학기初學記』에 "고구려인들은 고래가 몸을 풀고 미역을 뜯어 먹는다는 사실을 알고, 그것을 따라 미역국을 해산 식품으로 먹는다"라고 고구려 사람들의 독특한 해산 풍습을 기록했다.

　진시황이 찾고자 했던 불로초가 바다 깊은 곳에서 자라는 미역이라는 설도 있다. 그런 의미에서 미역은 우리 민족 구성원들에게 보약 중의 보약이라고 할 수 있다. 나라 곳곳에서 미역이 많이 나지만 기장 미역으로 국을 끓이면 미역이 전혀 불지 않고 고기를 넣지 않아도 구수하다고 한다.

　죽도를 바라보며 해안을 휘어 돌자 건너편에 대변등대가 보이는 대변리大邊里의 대변항이 있다. 대변동 동쪽 바닷가에 인조 9년인 1631년 수군과 전선을 두고 방비했던 전선창戰船廠(주사창이라고도 부른다)이 있었고, 그 터에 고종 8년인 1871년 척화비가 세워졌다. 이 척화비를 일제시대 일본인들이 없애려 했으나, 이곳 주민들이 땅속에 숨겨두었다가 해방 후에 다시 세웠다 한다.

　싱싱한 빛깔로 윤기 흐르는 검은 미역이 항구 도처에 지천으로 널려 있고 건조망마다 미역을 너는 손길들이 분주하다. 즐비한 어류들 사이로 유난히 학꽁치가 눈길을 끈다. 아침이 지난 지 언제인데 항구는 새벽 시장의 열기가 사그라들지 않은 듯 활기차다. 좌판마다 다양한 횟감이 즐비하다. 쉼 없이 칼질을 하는 할머니 옆으로 노란 부리의 괭이갈매기 한 마리가 휙 하니 달아나는데, 부리에 회 한 점이 물려 있다. 날래기도 하다. 그런데도 할머니는 곁으로 눈길 한 번 건네지 않고 계속 칼질만 해대니, 아마도 오랜 세월 동업자(?)로 살아온 탓이리라.

회 한 점 맛보자고 온갖 소리로 꼬드겨도 아직 이른 오전이라서 그런지 일행 중 어느 한 사람도 구미가 당기지 않나 보다. 아쉽다. 하지만 어쩌겠는가. 다음 항구를 기약하며 갈 수밖에……. 입 안에 맴도는 군침만 삼키며 발걸음을 옮긴다. 파라장波羅場을 지나 죽성만이 펼쳐진 죽성항에서 멍게, 해삼, 소라, 개불에 소주 한 잔으로 식욕을 달랬다.

수군만호를 두어 지키던 두모포영이 있었던 마을 남쪽으로 죽성竹城이 있다. 본래 흙으로 쌓았던 것을 중종 5년인 1510년에 다시 축성했는데 둘레가 936m에 이르고, 높이는 3m라고 한다.

죽성리에는 죽성리 왜성이 있다. 마을 이름을 따서 '두모포 왜성'이라고도 불리는 이 성은 임진왜란 때 서울에서 후퇴한 왜군이 장기전 태세를 갖추기 위해 쌓은 성 중 하나다. 당시 동원된 인부 수만 해도 약 3만 3천 명 정도이다. 이 왜성에 올라서면 두모포만 전체를 아우르는 해안 절경을 조망할 수 있다. 이 성에 머물렀던 왜군들은 임진왜란 마지막까지 저항했다. 특히 기장과 경남 일대 도공들이 이 왜성으로 끌려와 결국 왜군들과 함께 일본까지 가게 되었다고 한다.

황학이 날개를 펴고 있는 것 같아 황학대라고 불리는 이곳은 고산 윤선도의 유배지로 알려져 있으며 유배 생활 중에 고산이 매일 찾았다고 전해진다. 황학대를 지나면 기장 사람들과 깊은 인연이 있는 어사암에 도착한다. 조선 고종 20년 양곡을 실은 배가 마산포로 가다 침몰했고 굶주리던 주민들은 물에 빠진 볏섬을 건져 먹었다. 이를 들은 암행어사 이도재李道宰가 직접 진상을 조사하는데, 그를 설득한 사람이 '월매'라는 기생이었다. 이도재는 월매로부터 주민들의 딱한 사정을 듣고 죽을 위기에 처한 주민을 구했고, 어사암에는 지금도 '이도재'라는 한문 글자와 월매의 이름도 찾을 수 있다. 이도재는 훗날 동학농민혁명의 지도자인 김개남을 즉결 처분한 사람이다.

일광해수욕장, 청량한 파도 소리에 잠든 시정(詩情)이 깨어나다

그런데 이곳 기장에서 일광리에 이르는 길이 단절되었다. 죽성리 770번지에 박태선 장로교로 알려진 '한국예수교 전도관 부흥협회'의 제3신앙촌이 자리 잡으면서 생긴 문제다. 1969년에 1백만 평쯤 되는 지역을 개발하기 시작해서 1970년에 공장과 아파트를 세우더니 덕소의 제2신앙촌에서 집단 이주를 한 까닭이다.

지금은 부산광역시에 편입된 기장. 조선 후기까지만 해도 현이었고, 나라에서 수많은 중죄인이 유배를 보냈던 곳이다. 기장에서 「기장현에서 나온 우스갯소리」라는 이 지역에 얽힌 재미있는 글 한 편을 접했다.

> 한 고을에 원님이 있었는데 그는 일자무식이었다. 한 번은 꿔간 곡식을 갚지 않은 사람들의 명단이 적힌 장부를 들고 있었다. 그 끝에 '도이상지천석都己上幾千石'이라고 쓰여 있는 것을 보고는 크게 분노하여 말하기를; "도이상은 어떤 놈이기에 갚지 않고 있는 것이 이다지도 많다는 말이냐. 당장 잡아 오도록 하여라."

어디 그런 일이 옛날에만 있었을까? 동문서답東問西쏩 또한 지나간 어제의 일만 아니라 도처에서 일어나고 또 일어나고 있는 것이다. 차라리 일자무식이라면 그나마 괜찮은데, 스스로가 잘 배웠고 너무 똑똑하다고 생각하는 것이 더욱 문제다.

이런저런 사연이 서린 기장읍 신천리를 거쳐 일광면으로 가는 여정은 바다가 보이지 않는 지루한 길로 이어져 있다. 일광면에 접어든다. 파도가 철썩대는 일광해수욕장, 철 지난 바닷가에서 어린아이와 아버지인 듯싶은 두 사람이 연을 날리는 모습이 보인다.

일광면 소재지가 있는 삼성리에는 포은 정몽주鄭夢周 선생 유촉비가 세워져 있다. 고려 말의 문장가이자 충신인 정몽주 선생께서 다녀가신 것을 기념하기 위해 세운 것이라고 한다. 31번 일반도로를 따라 이천교를 지나 서북쪽에서 화전리로 가다 보면 망할곡이라는 고개를 만나는데, 이곳에서 살다가는 망한다는 유래가 있어서 붙여진 이름이라니…….

동해는 염도가 다른 바닷물이 해류를 따라 서로 엇갈리고 섞이는 특징이 있다. 그런 연유로 강원도 연안은 바닷물의 온도, 염도, 맑기가 다양해서 그만큼 다양한 생태군, 어종들이 존재하는 어장이다. 동해에서 철 따라 잡어들이 잡히는 것도 이러한 해류의 특수성 때문이다.

바닷가 길을 따라가는 도보 답사는 전혀 지루하지 않다. 청량한 소리를 내며 부서지는 파도 소리를 듣고 멀리 수평선 너머로 오고 가는 배들을 바라보고 있노라면 평소 잊고 있던 시문마저 떠올라 마음을 흔들어대니 그 설렘이란 쉽게 말로 표현할 수 없을 정도이다.

높은 산은 낮은 바다에서부터 시작되지 않는가. 그 바다가 오늘 잠잠하다. 하지만 이 고요가 언제까지일지는 아무도 모른다. 한순간에 길을 넘고 산을 넘을 파도를 간직한 바다. 그 바다를 옆에 두고 걷는 이 길이 좋다.

동백나무 무성한 동백포

이천리를 지나니 일광면 동백리冬栢里다. 한글학회에서 펴낸『한국지명총람』에 '동백나무가 무성했음'이라고 실려 있다. 이곳 바닷가를 향해 남사암이 있다. 동백교를 지나 새(풀)가 많다는 뜻으로 새들이라고도 부르는 신평리에 이르니 동쪽으로 검은 옻칠을 한 듯 보이는 바위, 거뭉돌이 있다. 문동마을 서북쪽 해창 뒤로는 망해정望海亭이 있었고 마을 동쪽 바위에 송정암이 있었다는데 지금은 볼 수 없다.

임랑에서의 하룻밤

문동리를 벗어나 동해남부선으로 연결된 길을 따라 장안읍 임랑리林浪里에 이르자 하루해가 저물고 있다. 임랑해수욕장이 있는 임랑에서 우리를 기다리고 있던 반가운 도반 김자혁 씨를 만났다. '바람에 날려 왔나, 구름에 싸여 왔니.' 옛 속담이 절로 흥얼거려질 정도로 반가운 조우였다.

그런데 어쩐다. 출발지에서 30㎞쯤 떨어진 이곳에서 하루해는 기울어가는데 밤이슬을 피해 고단한 몸을 뉘어야 할 숙소가 마땅치 않다. 난감한 마음으로 이리저리 헤매다가 해안가에서 목우촌 음식점을 발견했다. 그곳에서 밥도 먹고 잠도 자기로 했다. 어제저녁 잠을 설친 데다 먼 길을 걸어와서 그런지, 8시 30분에 자리에 들자마자 곧바로 잠이 들었다.

울산에서의
해맞이

〰️ 사흘째, 2월 24일

고리원자력발전소 부근의 바다 위로 해가 떠오른다. 구름 한 점 없이 맑은 하늘에 햇살이 눈부시다. 신동엽 시인은 '누가 구름 한 점 없이 맑은 하늘을 보았다 하는가'라고 했는데 구름 한 점 없이 맑고 푸른 하늘, 그 아래 파도가 드세다. 다시 출발하려는데 슬그머니 걱정이 앞선다. 매일 매 순간 동쪽 바다를 향해 시선을 두고 걷다 보면, 어쩌면 해파랑길을 마칠 즈음이면 우리 눈도 우측으로 돌아가 있지는 않을까? 쓸데없는 내 생각과 관계없이 일행들은 설렘의 열기가 살포시 오른 상기된 표정들로 밝은 얼굴이다.

월내리로 접어든다. 무릉골 북쪽에 칼처럼 생긴 바위가 있는 칼돌비알산, 마당듬 서쪽으로 갈매기가 똥을 싸서 하얗게 보인다는 힌골머리 또는 신덜머리라고 불리는 바위가 있다. 봉생잇골 남서쪽으로 두 개의 바위 사이로 바닷물이 드나드는 용왕굴이 있는데, 이곳에서 용이 승천했다고 한다.

월내리에서 바다를 향하는 길목이 고리古里다. 지형이 고리처럼 생긴 이곳

에 우리나라 최초의 원자력발전소가 들어선 것은 1978년 4월 29일이었다. 지반이 튼튼하고, 원자로를 가동할 때 항상 흐르는 물로 냉각을 시켜줘야 한다는 조건을 충족했기 때문에 선정된 지역이었다. 일광해수욕장과 서생면 진하해수욕장 가까이 울산공단이 있다.

간절곶, 하늘이 하루를 가장 빨리 열어주는 곳

길은 울산으로 접어든다. 봉수대가 있는 효암리를 지나자 곧바로 울산광역시 서생면 명산리에 이른다. 명산교를 지나 새말 동쪽으로 툭 튀어나온 신선바위는 넓고 편편한데, 아무리 더운 날에 올라도 선선하다고 하며 동해의 푸른 바다까지 볼 수 있어 많은 사람들이 즐겨 찾는 곳이 되었다. 새말 서남쪽으로 비학飛鶴마을, 그 동쪽으로 학이 춤추는 형상을 한 무학산舞鶴山이 있다. 서생초·중학교를 지나 나사리羅士里에 닿는다. 나사리 서쪽으로 부안富安마을, 그 서북쪽으로 조선시대 나사 봉대가 있던 봉대산烽臺山이 있다.

나사등대를 지나는 길에 바닷바람이 드세다. 몸이 날아갈 듯한 바람을 맞으며 걷다, 문득 '바람 부는 대로 물결치는 대로 떠돈다風打浪打'라는 옛 속담이 '마치 지금의 우리 모습을 예측하고 만들어진 것은 아닐까?' 하는 생각을 하다가 살포시 미소를 짓는다.

평동마을 지나 간절곶 등대가 있는 울산 서생면 대송大松리에 도착한다. 동해안에서 몇 곳 안에 드는 돌출지로 알려진 이곳 간절곶은 우리나라에서 일출 시간이 가장 빠르다고 알려졌다. 1월 1일이 되면 새해 해맞이를 하려는 사람들로 인산인해를 이루어 발 디딜 틈이 없을 정도로 붐비는 명소가 되었다. 하지만 오늘은 무섭게 부는 바람 탓인지 한적하다.

서생포왜성, 임란에 홀로 적진에 뛰어든 사명당

울산 서생포영 아래쪽에 위치한 진하리鎭下里의 진하해수욕장, 거세게 일어났던 파도가 부서지며 겨울 바다가 토해내는 포효처럼 들린다. 그 소리에 귀도 가슴도 먹먹해진 우리 일행은 바다에 털썩 주저앉는다. 넋을 잃고 바라보자 성난 파도에 괴테의 『파우스트』 한 부분이 실려 온다.

나는 우연처럼, 눈길을 날카롭게 했다. 밀물은 멈춰서고, 뒤쪽으로 굴러떨어지며, 뽐내듯이 그것이 닿아 있던 대상에서 멀어져 가는 것이었다.

지친 일상의 번뇌마저 파도에 씻겨 나간 것일까, 몸이 가뿐하다. 가벼워진 발걸음을 재촉해 다시 길을 떠난다. 다시 바라본 바다는 여전히 집채만 한 파도가 밀려왔다 물러나기를 반복하고 있었다. 세상이 시작되면서부터 저렇게 존재한 바다, 바다를 두고 헤밍웨이는 『노인과 바다』에서 다음과 같이 평했다.

노인은 바다를 늘 '라 마르lamar'라고 생각했는데, 이는 이곳 사람들이 애정을 가지고 바다를 부를 때 사용하는 스페인어였다. 노인은 바다가 큰 은혜를 베풀어주기도 하고 빼앗기도 하는 무엇이라고 말했다. 설령 바다가 무섭게 굴거나 재앙을 끼치는 일이 있어도 그것은 바다로서도 어쩔 수 없는 일이려니 생각했다.

저렇듯 밀려왔다가 물러나는 파도처럼 일어났다 스러져 간 나라들은 얼마나 많았던가. 파도의 일렁임을 품은 바다의 포효는 잠들 줄을 모른다.

진하 동남쪽에 위치한 명선도는 기암괴석이 무수하고 상록수와 향초가 무성한 무인도인데 그 옛날 신선이 하강했다는 곳이다. 진하 남쪽에는 솔이 많아서 솔개 또는 송포라는 나루가 있다. 서북쪽의 진하 나루터는 울산 온산읍 강양리로 건너가는 나루가 있었던 곳이고, 진하 남쪽으로 깨목거랑이라는 내가 있다. 임진왜란 당시 치열한 전투지였던 이곳에는 그 당시의 흔적이 곳곳에 남아 있다. 서생 서남쪽으로 임진왜란 당시 왜군 장수 가토 기요마사加藤清正(가등청정)가 명나라 군사와 싸우며 쌓았다는 서생포 왜성이 있다. 가등청정은 그의 본거지로서 이 성을 웅대하고 견고하게 쌓았고, 사명당 유정惟政이 혼자서 들어가 가등청정과 담판을 벌이기도 했다. 현재 서생면 터에는 조선시대 서생포영이 있었다. 이제는 남문걸, 동문걸, 북문걸이라는 이름만 남아 그 존재를 짐작케 하는 옛날 서생성에서 얼마나 치열한 전투가 벌어졌던지, 동문의 동북쪽 들판의 도독동都督洞(도둑굼)에는 명나라 장수인 마귀의 공적을 기념해서 세운 석각비가 있다.

서생 서남쪽으로 신라시대 원효가 세웠다는 인성암 사찰이 있다. 서생포에서 회양강을 건너자 울산 온산읍 강양리. 강회 동남쪽으로 회양강이 흐르

는 강구 나룻가에 나루터가 있었고, 강회 북쪽으로 해발 132m의 산에는 조선 시대 봉수가 있었다 한다. 당월 동북쪽 바다에 큰 섬 연자도와 북쪽으로 작은 섬 이팔도가 이어져 있다. 당월리와 인접한 이진梨津리 일대는 울산 신항 건설 공사로 어수선하다. 배진 동북쪽으로 소나무가 울창해서 호랑이가 많았다는 버머리산이 있다. 방도리의 명물은 천연기념물로 보호되는 춘도椿島일 것이다. 지형이 눈目처럼 생겼고 참죽나무, 화살을 만들던 대나무, 동백나무가 무성하고 기암괴석이 많아 사람들의 발길이 끊어지지 않았던 곳이었다.

이제 발길은 말도 많고 탈도 많았던 온산공단에 이른다. 이 지역을 중심으로 산업 기지 개발 사업 지구가 지정된 것은 1974년이었다. 1975년 10월부터 고려 아연 온산 제련소가 들어서기 시작해서 그 뒤로 효성 알루미늄, 온산 동 제련소, 쌍용 석유, 동해 펄프, 풍산 금속 등 공장 시설들이 들어왔다. 이어 지역 주민들에게 비약적 경제 성장이라는 부푼 꿈을 안겨주며 가동에 들어갔다. 그러나 공장이 가동되면서 주민들에게 돌아온 것은 부자가 되는 행복이 아니라 공단에서 뿜어낸 매연으로 발생한 '온산공단 주민 집단 괴질'이라는 무서운 현실이었다. 공해의 온상이라는 별칭마저 받으며, 한때 온 나라를 공포로 술렁이게 만들었던 온산공단의 공해는 이제 사람들의 머릿속에서 지워져 가고 있다. 하지만 그 시간을 기억하는 나그네에게 그 길을 걷기란 주저할 수밖에 없는 일이었다. 가슴을 짓누르는 압박감을 쉽게 떨치지 못해 결국 잰걸음으로 내달리듯 통과했다.

바다 용왕의 아들 처용을 싣고 육지로 오른 바위

온산공단을 지나자 신라 향가인 「처용가」의 고장, 처용리이다. 신라시대 바다 가운데서 처용이 올라왔다는 처용암이 있는 곳. 처용은 당시 교역이 활발해지면서 바다를 건너 들어온 서역 사람이라는 주장이 있다. 그러한 주장을 뒷받침하는 예로 흥덕왕릉 무인상이나 괘릉의 무인석을 들기도 하는데, 눈이 깊숙하고 코가 우뚝한 데다 곱슬머리까지 생동감 있게 조각해 마치 서역인의 형상을 보는 것 같기 때문이다.

신라 제49대 헌강대왕 때, 당시 수도인 경주에서 동해 어귀에 이르기까지 집들이 총총 들어섰지만 그 가운데 초가집은 한 채도 볼 수 없을 뿐만 아니라 거리에 음악이 끊이지 않았고 사철 비바람마저 순조로웠다고 한다.

하루는 왕이 개운포*로 나가 놀고 되돌아오는 길에 바닷가에서 점심참으로 쉬기로 했는데, 갑자기 운무가 자욱해져 길을 잃게 되었다. 기이하게 여긴 왕이 까닭을 물으니 천문을 보는 관리가 "이는 동해 용의 장난이니 좋은 일을 하여 풀어버려야만 하겠습니다"라고 답했다. 왕은 관리에게 근처에 용을 위한 절을 세우라고 명령했다. 그 명령이 떨어지자 곧바로 구름이 걷히며 안개가 흩어졌고, 그 일로 이곳을 개운포(구름이 걷힌 포구)라고 부르게 되었다고 한다. 뿐만 아니라 동해 용이 기뻐하며 아들 일곱을 데리고 임금이 탄 수레 앞에 나타나 왕의 덕행을 찬미하며 춤추고 노래하더니, 아들 중 하나에게 임금을 따라 서울로 들어가 왕의 정치를 보좌하도록 했다. 그 아들이 처용이었다. 왕은 돌아온 후에 즉시 영취산 동쪽 기슭에 좋은 자리를 잡아 용을 위한 절을 지었다. 그 절이 망해사라고도 하는 신방사다. 그리고 처용의 마음을 안착시키려고 아름다운 자태를 지닌 미인에게 장가들이고 급간 벼슬까지 내렸다.

그런데 처용 부인이 얼마나 예뻤던지 역병 귀신마저 그녀의 미모에 반하여 매일 밤 처용의 집 침소로 찾아들었다. 그러던 어느 날 외출했던 처용이 집

———
* 학성 서남쪽에 있으니 지금의 울주군 지역이다.

에 들어와 자리에 누운 두 사람을 발견했는데, 그는 춤추며 다음과 같이 노래
하며 밖으로 물러났다.

　　동경 밝은 달에
　　밤 이슥히 놀고 다니다가
　　들어가 자리를 보니
　　다리가 넷이고나
　　둘은 내 해었고
　　둘은 뉘 해인고
　　본디 내 해다마는
　　빼앗는걸 어찌리

그의 노래에 귀신이 처용에게 정체를 드러내더니 무릎을 꿇었다.

"내가 당신의 아내를 탐내어 지금 그를 상관했소. 그런데도 당신은 노하지 않으니 감격스럽고 장하게 생각되었다오. 이제부터 당신의 얼굴을 그려 붙여둔 것만 보아도 다시는 그 문 안에 들어가지 않겠소."

그때부터 처용의 형상을 문에 그려 붙여 나쁜 귀신을 쫓고 복을 맞아들인다는 부적이 만들어졌다고 한다. 『삼국유사』의 「처용가」에 기록된 내용이다.

처용암 동쪽으로는 울산 황성동 세죽으로 건너가는 세죽나루(선쑤나리)라는 나루터가 있고, 처용암 건너편이 울산 남화동南化洞이다. 남화부두를 지나면 용잠동龍岑洞이고, 용잠 나루터에서 배를 타고 바다를 건너가면 장생포長生浦동이다.

고래 사냥을 꿈꾸는 자, 떠나라

장생포는 조선 후기까지만 해도 한적한 어촌이었으나, 일본 사람들이 고래 등 동해 고기잡이 전진 기지로 활용하면서 인구가 증가했다. 우리나라에서 고래잡이가 시작된 것은 1899년이다. 구한말 조정에서 러시아 사람에게 포경을 허가해 주며 동해에서 시작해 고래 고기를 즐기는 일본 사람들의 손으로 넘어갔고, 해방 뒤에는 지역 사람들에게 넘어가 지역 경제에 크게 기여했다. 1970년대 말만 해도 3월부터 11월 말까지 한 해에 밍크고래 1천 마리와 참고래 40마리를 잡았다는데, 지금은 포경 조약으로 고래잡이가 금지되어 있다.

부위에 따라 열두 가지 서로 다른 맛이 난다는 고래 고기. 그 맛을 제대로 즐기려는 사람들은 회로 즐겨 먹는데, 그 빛깔이 소고기 육회와 비슷하고 먹는 방법까지 같다. 육질이 너무 부드러워 '입에서 슬슬 녹는다'고 한다.

고래를 배경으로 『백경』을 지은 허먼 멜빌은 책을 쓰기 위해 4년 동안 포경선을 탔다. 그렇듯 오랜 인고의 세월을 거쳐 탈고한 그의 소설은 오늘도 여전히 문학의 고전이라는 명예를 누리며 많은 사람들의 사랑을 받고 있다. 허먼 멜빌은『백경』에서 다음과 같이 술회하고 있다.

나에게 있어서 고래잡이 4년은 하버드 대학이자 예일 대학이었다.

소설에서 우리는 고래의 생리부터 고래 고기 맛에 대한 것까지 읽을 수 있는데, 그는 고래 고기 가운데 맛의 백미로 혓바닥 고기를 꼽았다. 그 당시에는 먹기 위해서가 아니라 향유 기름을 취하기 위해 고래를 잡았기 때문에, 향유고래에서 기름과 혀만 채취하고는 모두 버렸다고 한다. 내용을 보면 큰 향유고래 한 마리에서 채취할 수 있는 기름의 양이 50드럼 정도에 이른다고 하니, 고래의 크기는 우리의 상상을 벗어나는 것임을 알 수 있다.

내 나이 열다섯일 때, 출가했다가 절에서 쫓겨나 방랑하던 중에 장생포항에서 붙잡힌 고래를 본 적이 있다. 크기가 배보다 더 컸다. 하지만 이제는 포경이 금지되어 그렇게 큰 고래가 포획된 모습을 구경할 수 없다. 어쩌다 바다에 쳐놓은 그물에 걸려 죽은 밍크고래 사진을 신문을 통해 볼 수 있을 뿐이다.

장생포에서 울산만을 건너면 방어가 많이 잡히는 방어진항이 나온다. 이 항구가 위치한 곳이 방어동이다. 이곳 울산에 동학을 창시한 수운 최제우가 여러 번 찾아왔다 한다.

동학의 경전『동경대전東經大全』에 실려 있는 것처럼 온갖 생각에 골몰했던 최제우는 불교와 유교, 그리고 바다를 건너온 천주교까지 섭렵했지만 그것만으로는 세상을 구할 수 없다는 결론을 내렸다. 큰 고민에 빠진 그는 1854년 봄 스스로 해답을 찾기로 결심한다. 어지러운 세상을 구할 수 있는 참다운 진리를 찾아 나선 것이다. 다음 해인 1855년 3월 3일. 최제우가 초당에 앉아 세상의 이치를 생각하고 있는데 낯선 스님이 찾아와 공손히 인사를 한 후 이렇게 말했다.

"소승은 금강산 유점사에 있는 사람입니다. 백일기도를 올리고 공부를 마치는 날 앞의 탑 위에 이상한 책 한 권이 놓여 있었습니다. 천하에 기이한 책이라 생각해 읽어보려 했지만 도저히 알아볼 길이 없었습니다. 선생님이라면 혹시 해독하실 수 있을까 싶어 이렇게 가져왔으니, 부디 그 뜻을 알려주소서."

최제우가 책을 받고 한참을 읽다가 정신을 차리고 앞을 바라보니 스님도 책도 온데간데없었다. 최제우는 3일에 걸쳐 책을 본 기억을 더듬었고 드디어 큰 뜻을 깨닫게 되었다. 그 책은 부호로 된 일종의 기도서였으며 마지막에는 49일을 기도하라는 글이 쓰여 있었다. 최제우는 그 책의 이름을 『을묘천서乙卯天書』라 칭하고 이 일을 계기로 자신이 세상을 구원할 사람임을 깨닫게 되었고 그때부터 더욱 기도에 힘썼다. 하지만 그가 깨달음을 얻은 것은 몇 년이 흐른 뒤인 1860년 4월 5일이었다.

도를 깨우친 최제우는 동학을 널리 펴려 했지만 이내 거센 반발에 부딪혔다. 추로지향鄒魯之鄕**을 자처하는 영남은 유교를 맹목적으로 추종했고, 고압적이고 권위적인 사상에 대한 민중의 날카로운 반발이 맞설 수밖에 없었던 것이다. 동학을 비난하는 소리가 여기저기에서 빗발쳤고 결국 경주 관아에서 최제우를 불러다 활동을 중지하라는 명을 내렸다. 이에 최제우는 울분에 찬 마음을 안고 전라도로 피신하게 된다. 남원으로 가기 위해 처음 도착했던 곳이 이곳 울산이었고 그때가 1861년 11월이었다.

죽장망혜로 이 고을 저 고을을 떠돌아다니던 최제우는 경주를 떠난 지 2개월 만인 12월 15일경 드디어 남원에 이르렀다. 그가 남원에서 도를 펼쳤던

———
** 공자와 맹자의 고향이라는 뜻으로 예절을 알고 학문이 왕성한 곳을 이르는 말

시절을 동학에서는 남접의 시작이라고 보고 있다.

처용암에서 도보로 울산을 지나기란 결코 만만치 않다. 그래서 우리 일행은 버스를 타고 방어진까지 가기로 했다.

산해진미로 여독을 털어낸 방어진에서 하룻밤

방어진에 도착하니 유재훈 선생의 오랜 벗인 방어진고등학교의 박재성 선생이 먼 노정에 오른 우리를 위해 싱싱한 회를 듬뿍 들고 오셨다. 대구의 도영주 선생도 홍어회와 제대로 된 순대를 차량 가득 가져와 펼쳐놓으니, 산해진미로 채워진 진수성찬이 차려졌다. 울산에서의 여정은 그렇게 예상치 못했던 맛있는 음식, 그 음식보다 몇 배 더 깊은 맛을 내는 우정으로 저물어갔다. 지친 여독마저 말끔히 씻겨 나간 진정한 휴식으로 깊어져 가던 밤이었다.

경주에
접어들다

〰️ 나흘째, 2월 25일

'사람이 잠을 자면 꿈을 꾸듯 바다는 사람에게 희망을 준다'라는 말이 맞아서 그런지 바다를 바라보며 걷는 길은 다른 길과 달리 지루하지가 않다.

방어진항에서 소바위산을 지나니 고동섬이 보이고, 울산 일산동의 대왕암공원이다. '한글학회'에서 펴낸 『한국지명총람』에는 대양암大洋岩 또는 대양바위라고 실려 있는데, 이 지역 사람들은 경주에 있는 문무왕의 수중릉처럼 대왕암이라고 부르고 있다.

다른 이야기로는 용이 승천하다가 그 바위에 떨어져 죽었다는 이야기도 있다. 옛사람들은 바다에 있는 신비한 바위가 용龍이라고 믿었기 때문이다. 용은 곧 바다의 신, 해신海神으로 다른 말로는 '대왕大王'이라고 불렀다.

1980년대 중반에 들어와 경주의 문무왕 수중릉으로 '대왕암'이 알려지자 울산 지역에서는 이 바위를 문무대왕의 왕비가 묻힌 곳이라고 설명한다. 이 대왕암은 동해 바닷가 어느 곳과 비교해도 손색이 없는 아름다움과 기이한 형상을 지녔다.

출렁다리를 지나니 일산해수욕장이 있는 일산동이다. 일산의 동쪽으로 고나리라고도 부르는 화진나루가 있고, 동북쪽으로는 옛날 선비들이 바람을 맞으며 시를 읊고 즐겼다는 어풍대御風臺가 있다.

찬물락 사거리를 지나 전하동田下洞 복듬보 남쪽에 위치한 고래잠이라는 바위는 사람들이 그곳에서 고래를 잡았다는 데서 유래했다. 미포동尾浦洞으로 가면 낙화암이라는 바위가 있는데, 옛날 어느 원님이 이 바위에서 기생과 놀던 중에 그 기생이 물에 빠져 죽었다 해서 붙여진 이름이다. 낙화암 동북쪽으로는 죽은 기생의 붉은 치마가 파도에 밀려와 닿았다는 홍상도紅裳島라는 섬이 있다.

나라의 동력 울산 공업단지

우리나라에서 최초로 공업단지로 지정되어 개발된 도시 울산. 산업 물류

비 절감 효과가 뛰어나기도 하고, 근처 태화강에서 공업용수를 조달하기가 용이하다는 것이 이유가 되었다. 뿐만 아니라 울산은 휴전선에서 멀리 떨어져 있기도 하기에 유사시를 대비할 수 있다는 것도 또 다른 이유였다. 울산은 현대조선과 현대 자동차, 정유 화학, 합섬 같은 기업이 밀집되어 있는, 말 그대로 공화국이라고 할 수 있을 정도로 현대 영향력이 큰 지역이다.

전후 대한민국 어느 지역이 그렇지 않겠냐마는 울산은 특히 상전벽해桑田碧海란 말이 실감 나는 지역이다. 제1차 경제 개발 5개년 계획의 상징적인 투자 사업으로 한적한 작은 소도시였던 울산은 대대적인 변화를 맞은 것이다.

세종 때 중국 사신 예겸이 뱃놀이를 하며 '땅이란 반드시 사람이 있음으로써 이름난 땅이 되는 것, 때문에 산음의 난정으로도 왕희지가 없었다면 무성한 숲, 긴 대밭에 지나지 못했을 것이며, 황주의 적벽으로도 소동파가 없었다면 높은 산, 큰 강에 지나지 못했을 것이니, 어찌 후세에 이름을 알릴 수 있으랴'라는 글을 남겼는데, 울산이 그와 같다. '사람이 때를 모르니 때가 사람을 따를 리 없다'라는 말로 알 수 있듯이 울산은 사람이 때를 알았고 때가 사람을 도왔기에 가능했던 것이다.

현대중공업의 길고 긴 담장을 따라 걷다가 정문 앞 사무실에서 커피 한 잔을 얻어 마신다. 그때 누군가의 담배 연기가 코를 자극했다.

담바귀야, 담바귀야, 동해 울산의 담바귀야
너의 나라 어디길래 대한나라 나왔느냐

울산 지방에 전해지는 담바귀타령이다. 타령으로 미루어 담배가 이곳 울산을 경유해 우리나라에 들어오지 않았을까 짐작해 본다.

　미포동과 경계 부근에 지경돌이 놓여 있는 주전동, 주전항을 지나자 몽돌 해변이 펼쳐진다. 그런데 해수욕장 주변 풍경이 말이 아니다. 며칠째 높았던 파도 때문인가, 방파제를 넘어온 몽돌이 포장도로를 덮고 마을 안부터 집 마당까지 들어차 있다.

　마을 사람들은 삽으로 자갈을 퍼내며 연신 한숨을 내쉰다. 행여 파도에 배가 휩쓸려 갈까 봐 목선을 앞마당까지 끌어 올려 단단히 매어두었다. 주전항을 지나자 멀리 용바위가 마치 섬처럼 떠 있다. 주변이 어떻든 바위 위에서 바라본 경관은 참으로 빼어났다.

　구암교를 지나니 울산광역시 북구 당사동이다. 당산제를 지내던 해변으로 이어진 길을 걷다 보니 그곳에 남지나해 식당이 있다. 동해 바다와 전혀 어울리지 않는 이국적인 상호를 내건 그곳에서 감자수제비와 파전을 놓고 맥주 한 잔을 마셨다. 허기를 채우고 바라보는 바다는 느낌이 전혀 다르다.

　바다의 풍광에 일행 중 한 사람인 최명운 씨는 "저 바다에 뛰어들고 싶다"라고 감탄하는데, 나는 그저 "정말 아름답구나"라는 말 한마디뿐, 달리 내 마음에서 일어나는 찬탄을 적확하게 표현할 언어를 찾지 못한다.

윤웅이라는 이름의 바위에 얽힌 내력

동방섬, 새뜸섬, 고래 아구리섬, 질무섬 등 크고 작은 섬들에 시선을 두고 걷다 보니 울산시 구류동舊柳洞이다. 왕건을 도와 고려 건국에 큰 공이 세웠던 하곡 사람 박윤웅에 얽힌 일화가 많은 지역이다. 『고려사』에 의하면 박윤웅은 신라 54대 경명왕의 후손으로, 신라 왕족임에도 불구하고 왕건의 고려 창건을 도왔다고 한다. 그러한 공을 높이 평가한 왕건은 박윤웅의 고향을 부로 승격 시키고, 구류동 앞바다의 소출이 좋은 몇 개의 바위에서 채취하는 미역 일부를 박윤웅에게 세금처럼 바치도록 했다. 지금도 그곳 바위에는 '윤웅'이라는 이름이 새겨져 있다.

날이 흐려진다. 오늘 밤늦게 전국에 비가 내린다는 일기예보가 있었다. 딱바나루라고 불리는 제전 나루터를 지나 복성마을, 판지마을을 거치니 정자교에 이른다. 정자 북쪽으로는 북정자마을이 있고, 북정자 서쪽의 빈터는 조선 후기 첨사관 주둔지였던 곳이다. 정자동에서 산하교를 지나자 산하리의 몽돌

해안이다. 삼바위가 있는 삼음 동쪽으로 특이하게 묘를 중심으로 마을이 이루 어져 있는 중묘마을이 있다.

강동 화암 주상절리, 꽃처럼 생긴 바위가 있어서 화암

산하리에서 가장 큰 마을인 화암花岩에는 마을 앞에 꽃처럼 생긴 바위가 있다. 이곳을 '강동 화암 주상절리'라고 부른다. 주상절리는 단면이 육각형 내지 삼각형으로 된 긴 기둥 모양의 바위가 겹쳐 있는 특이 지질의 하나로 화암 마을 주상절리는 신생대 제3기(약 2,000만 년 전)에 분출한 현무암 용암Lava이 냉각하면서 열 수축 작용으로 생성된 냉각 절리다. 그 형상은 길이 7m에서 수 십m에 이르는 다량의 목재 더미가 수평 또는 수직 방향으로 세워진 모습을 하고 있는데, 길이가 긴 주상체의 경우 횡단면 대각선 길이가 50cm 정도에 이른다. 용암 주상절리로는 가장 오래된 것으로 학술적 가치가 높고, 다양한 각도로 형성되어 있어 경관적 가치도 커서 울산광역시 지방문화재 제42호로 지정되어 있다.

치술령, 망부석 설화로 남은 박제상의 아내와 딸

우리의 발길은 울산광역시의 마지막 마을인 북구 신명동에 이른다. 이 지역에는 신라시대 박제상朴堤上에 관한 전설이 남아 있다.

신라 눌지왕에게는 두 동생이 있었는데, 한 명은 고구려에 다른 한 명은 일본에 볼모로 붙잡혀 가 오랫동안 돌아오지 못했다. 임금은 지모가 뛰어난 신하 박제상에게 볼모로 잡혀간 동생을 구해오도록 명령했다. 박제상은 먼저 고구려로 건너가 고구려 임금과 담판을 지어 동생을 귀환시킬 수 있었다. 그러나 일본은 고구려와 달라 자신마저 돌아오지 못할 수도 있었다. 그 사실을 익히 알고 있던 박제상은 아내와 두 딸에게 알리지 않고 일본으로 가는 배를 탔고, 뒤늦게 이 소식을 접한 그의 아내가 울며불며 율포 백사장으로 달려갔으나 그는 이미 떠나고 없었다. 그러자 그의 아내와 딸들은 율포 앞바다가 훤히 보이는 산마루 치술령(765.4m)에 올라 하염없이 그를 기다렸으나, 박제상이 끝내 돌아오지 않자 높은 바위에서 뛰어내렸다고 한다. 그렇게 뛰어내린 그들은 전설의 새가 되었다고 하는데, 아내는 치조라는 새가 되고 딸은 술조라는 새가 되어 날아갔다고 한다.

그들이 매일 올라 바다를 바라보며 박제상을 기다렸다는 산마루가 경북 경주시 외동읍 내남면과 경상남도의 경계지점에 있는 치술령이다. 그리고 모녀가 서서 기다렸다고 알려져 있는 망부석이 있다. 뒷날 사람들은 박제상의 아내를 치술신모라고 부르며 치술령 기슭에 신모사라는 사당을 짓고 위패를 모셔 제사를 지냈는데, 매우 영검하기에 장마가 심할 때는 개이기를 빌고 가뭄이 심할 때는 무제(기우제)를 지냈다고 한다. 지금은 신모사도 「치술령곡」도

전해오지 않는다. 그러한 사실을 안타깝게 여긴 기청이라는 시인이 「신 치술령 곡哭」을 지었는데 그 끝머리가 가슴을 아릿하게 한다.

그리다 님 그리다 얼어붙은 돌이 되었다

그대 떠나던 율포栗浦 눈앞에 아른아른

애끓는 곡성哭聲들이 파도에 실려가고

무심한 갈매기 노래 그대 음성 속삭이면

그대여 내 넋은 한 마리 새가 되리라

우리 못다 한 사랑 이 저승을 넘나들며

더러는 꿈이 되고 때로는 노래가 되리라

먼바다 굽어보며 마냥 꿈꾸는 망부석

세월은 가도 슬픈 이야기는 잊히지 않고 파도처럼 계속 살아서 달려온다. "사랑이여, 우리 저 거품 이는 바다에 떠도는 흰 새나 되었으면" 하고 노래했던 예이츠의 시구절과도 같이.

경상북도 경주에 접어들다

신명천과 지경교를 지나 경북 경주시 양남면 수렴리 지경地境마을에 이르자 오르막길로 이어진다. 지경마을은 경북과 울산시의 경계에 있기 때문에 붙은 지명이다. 망망한 비췻빛 바다를 바라보며 휘적휘적 걸어가니 관성해수욕장이 보인다. 바다 너머 수렴마을에 도착하니 비가 내리기 시작했다.

오늘의 걷기 일정을 마무리해야 한다. 저물녘 낯선 지역에 도착하게 된 나그네들은 같은 고민에 빠질 것이다. 어디에서 밤이슬을 피해야 할까. 이 집 저 집을 기웃거리다가 신축 건물로 보이는 펜션에 여장을 풀었다. 저녁 식사를 마치자 유재훈 선생이 카페에서 칵테일을 사겠다고 나섰지만, 일행들은 아픈 다리만 바라보며 누구도 나서려 하지 않았다. 결국 따뜻하게 데워진 숙소에서 배달시켜 마시기로 했다. 진토닉을 비롯한 온갖 종류의 칵테일을 숙소 한켠에 늘어놓고 홀짝거리던 광경은 무드 없이 건조해 보이기까지 했는데, 지금 다시 떠올려 생각해 보아도 우습기만 하다.

주상절리 지나
다다른 포항

어느 여정이라고 다를 리 없겠지만 특히 도보 답사는 하루 시작이 이를수록 좋다. 그래야만 일정을 길게 활용할 수 있고, 지역을 막론하고 아침에 만나는 풍경이 유난히 신선하고 청량하기 때문이다. 또 하루를 일찍 마감하고 조금은 여유로운 휴식을 취할 수도 있다.

"아침에 일찍 일어난 개가 더운 똥을 먹는다."

내가 도반들에게 자주 하는 말이다. 이른 아침부터 걷기 시작해 수렴리를 지나니 양남면 소재지인 하서리下西里다.

부근에 4일과 9일마다 장이 섰다는 장태마을이 있고, 하서 동남쪽 진리마을 앞으로 하서나리가 있었다. 이제는 이곳 하서장도 대부분 시골 장이 그렇듯 오전에만 반짝 섰다가 점심때도 되기 전에 파장하고 있다.

해파랑길의 명승 경주 주상절리를 발견하다

길은 양남면 소재지에서 31번 국도와 904번 국도로 나뉜다. 하서리와 읍천리 경계에 화전대 만딩이라고 부르는 높이 약 72m의 등성이는 예전 화전놀이 터였다. 읍천리에서 세상을 놀라게 할 천연기념물이자 명승이 발견된 것은 2011년이었다. 내가 2007년 부산에서 통일전망대까지 19일 동안 걸을 때는 근처 군부대에서 '민간인 출입을 금합니다'라는 표지판을 세워놓아 들어가지 못하고, 7번 국도로 돌아갔다. 그 뒤 『동해 바닷가 길을 걷다』라는 책을 펴낸 후에 문화체육관광부에 나라 안에서 제일 긴 도보 답사 길을 만들 것을 제안했다. 그 길이 이후에 '해파랑길'로 명명되면서 나라 안에 아름다운 길로 자리 잡았다.

그 길을 '길 위의 인문학, 우리 땅 걷기'에서 다시 걷게 된 2011년 봄, 경주시 양남면 읍천항을 지나가고 있었다. 마침 초소에 군인들이 없어서 들어갔는데,

유레카! 놀라운 풍경이 펼쳐졌다.

앙드레 지드의『지상의 양식』에 나오는 그 구절이 내 앞에 처음 현실로 나타났다. 읍천항과 하서항 사이의 해안을 따라 약 1.5㎞에 이르는 주상절리 중 바다 한가운데 한 떨기 연꽃이나 부채처럼 누워 있는 비경 중의 비경 주상절리가 눈 안에 선뜻 들어온 것이다.

그대들의 눈에 비치는 사물들이 순간마다 새롭기를, 현자란 바라
보는 모든 것에 경탄하는 사람이다.

한국전쟁이 끝난 뒤, 동해 바닷가의 모든 길에는 철조망을 쳤고, 군부대가 들어섰다. 이곳을 지키는 군인들은 대를 이어가며 오랜 세월 주상절리를 보았을 것이다. 하지만 그들은 바다에 떠 있는 기이한 바윗덩어리로 보았을 뿐, 나라 안에서도 손꼽히는 절경이라고 여기지 못한 것이다. 군인들뿐만이 아니라 이 지역에 살았던 옛사람들의 어떤 글이나 전해오는 말에도 없다. 한글학회에서 펴낸『한국지명총람』월성군(현재 경주시) 양남면 읍천리 편에도 주상절리에 대한 이야기는 하나도 없다.

놀라움에 뛰는 가슴을 가라앉힌 뒤 "온갖 것 보러 태어났건만, 온갖 것 보아서는 안 된다 하더라"라는『파우스트』속 괴테의 말을 어기고 금지된 곳에서 발견한 주상절리를 사진 찍어 페이스북을 비롯한 인터넷에 올렸다.

그 뒤 읍천리의 주상절리는 국가 지질공원으로 지정되었고, 2012년에 문화재청에서 천연기념물 제536호로 지정했다. 전국의 수많은 사진작가의 사진 속에 담겼으며, 지금은 그 일대가 대처가 되어서 관광객들이 줄을 잇는다. 중국 귀주성의 만봉림이나 장가계가 뒤늦게야 사람들에게 알려진 것과 같이 해파랑길을 제안한 '길 위의 인문학, 우리 땅 걷기' 때문에 알려진 명승이다. 그

당시 나와 함께 답사했던 사람들이 그 지역의 땅을 샀더라면 다 내로라하는 부자가 되었을 것인데 부자는 하늘이 내는 것인가, 그곳에 땅을 사려고 마음먹은 사람은 아무도 없었다.

경주시 양남면 읍천리의 주상절리는 신생대 제3기인 마이오세(약 2,600만~2,700만 년 전) 때 한반도 동남부 지역에서의 화산활동으로 인해 생성되었을 것으로 추정되고 있다. 해안을 따라 발달한 읍천리 주상절리군은 위로 솟은 주상절리뿐만 아니라 부채꼴 주상절리, 기울어진 주상절리, 누워 있는 주상절리 등 다양한 형태다. 그중에서도 최고의 절경은 둥글게 펼쳐진 부채꼴 주상절리로 세계적으로도 그 유례를 찾아보기 힘든 희귀한 형태이다.

이렇게 형태가 다양한 것은 마그마가 지표면 위로 분출하지 못하고 지각 얕은 곳으로 스며들어 간 상태에서 냉각 과정을 거쳤기 때문인 것으로 보고

있다. 횡단면의 지름은 20~100cm로 다양하며, 주상절리의 형태들은 오각에서 육각, 그리고 팔각에 이르기까지 다양하다. 겸재 정선의 그림 속에 남아 있는 북한의 강원도 통천 총석정 같은 형태의 주상절리나 서귀포의 주상절리와는 또 다른 아름다움을 자랑하고 있는 것이 읍천리의 주상절리다. 주상절리를 바라보며 발길을 옮기는 사이 비가 내린다.

비 내리는 산길을 걷다

이른 봄의 빗줄기가 소나무 숲 울창한 나아리에 도착하니 더욱 거세진다. 설상가상 길은 산길로 접어든다. 바닷가에 월성원자력발전소가 있기 때문이다. 빗길 도보 답사가 어려운 점은 중간중간 지친 두 다리를 쭈욱 뻗고 길바닥에 앉아 쉴 수 없다는 데 있다. 한 시간쯤 걷고 십여 분쯤 쉬면서 맛보는 휴식시간의 달콤함을 빼앗긴 채 비옷을 입고 줄기차게 걷기만 하기란 여간 힘든

일이 아니다. '봄비는 기름과 같이 귀하지만 길 가는 나그네는 그 진창을 싫어한다'라는 옛말처럼 봄비가 농사에는 좋지만 우리처럼 걷는 사람에게는 고통에 고통을 더한다는 것을 누가 모르리. 60년대 새마을운동 구호처럼 "가는 길 험난해도 웃으며 가자"라고 서로를 격려하며 발길을 재촉한다.

31번 국도 아래 펼쳐진 나산리는 나아리에 연한 산 밑 마을이다. 큰말 동쪽으로 터압마을과 새말마을이 그림처럼 펼쳐져 있다. 어느새 비는 진눈깨비로 변했다. 앞서거니 뒤서거니 묵묵히 앞만 보고 걷는 일행의 모습이 마치 행군하는 병사처럼 보인다. 누가 시켜서 하는 고생이라면 원망을 하거나 욕설이라도 퍼부을 텐데, 저마다 자발적으로 선택한 여정이니 불평조차 할 수 없다.

"걸을 만한가요?"

일행에게 말을 건네니 "너무 좋은데요"라는 대답이 돌아온다. 어쩌면 걷기를 선택한 사람들에게는 당연한 대답일 것이다.

문무대왕, 동해 용이 되어 나라의 평화를 지키다

봉길리 하봉 부근 소나무 우거진 숲길로 들어서 한참을 걸으니 수제水祭마을이다. 봉길리 북쪽 수제마을은 예부터 가뭄이 들면 경주부윤이 마을 북쪽 해변에서 기우제를 지냈다. 마을 동쪽으로 약 100m 거리 바다에 대왕암이라고 부르는 문무왕 수중릉이 있다. 신라시대 동해구라고 불렸던 이 일대 바다에는 왜구들의 출몰이 잦아 중요 방어 요새로 여겨졌다. 빗속에 서서 거센바람과 함께 일어나 부서지는 파도를 보며 사납게 철썩거리는 소리를 듣는다. 두 여인이 대왕암이 섬처럼 보이는 곳을 향해 기도하고 있다.

신라 제30대 문무왕릉文武王陵은 사적 제158호로 지정되어 있다. 댕바위를 동서와 남북으로 깎아서 만든 십자로十字路 중앙에 4편가량의 돌함이 있고, 길

이 3.59m, 두께 9cm의 거북등 모양의 뚜껑으로 덮여 있다. 그 돌함에 문무왕의 뼈를 묻은 것으로 추정해 사적으로 지정한 것이다. 하지만 이견은 많다. 조선 정조 때 경주부윤을 지낸 홍양호의 문집 『이계집』에 문무왕의 화장에 관한 기록이 있다. 그 내용에 "나무를 쌓아 장사 지내다 뼈를 부숴 바다에 뿌리다"라는 대목이 있는 것으로 보아 세계 유일의 수중릉이라는 이야기는 후세의 사람들이 지어낸 것이라는 의견도 있다.

감은사, 동해 용이 된 부왕을 기리다

쉴 새 없이 바람이 불고 파도마저 드세게 몰아오는 감포 앞바다 문무왕릉을 바라다보며 커피 한 잔을 비운 우리는 바다 갈매기 날아오르는 해변을 뒤로하고 감은사感恩寺로 향한다.

『사중고기寺中古記』에 이르기를, '신라의 문무왕이 유조로 뼈를 동해가에 장사 지내게 하고 드디어 바다의 용龍이 되니 신문왕이 부왕을 기려 절을 동해 위에 창건했다. 금당金堂의 문지방 밑에 한 구멍을 열어놓았으니 곧 용이 절에

들어와서 돌던 곳이다. 그 구멍이 지금까지도 남아 있다'라고 『신증동국여지
승람』에 실려 있는 감은사.

『삼국유사』에서는 문무왕이 왜병을 진압하고자 감은사를 짓기 시작했으
나 끝내지 못하고 죽었기에, 신문왕이 부왕의 유지를 이어받아 완공했다는데,
이러한 기록을 보면 절의 금당金堂은 부왕이 죽은 뒤 그 화신인 용이 출입할 수
있도록 신문왕이 건립한 것 같다. 현재 동해 부근 산기슭에 절터로만 남아 있
는 감은사지에는 경주 인근에서 가장 큰 3층 석탑 2기(국보 제112호)가 대종천
大鐘川을 앞에 두고 동서로 배치되어 있다.

금당 터는 비교적 잘 보존되어, 지표地表에 원형 주좌柱座가 각출刻出된 1개
의 초석이 있고, 곳곳에 사각형 초석楚石과 대석臺石이 있으며, 금당 마루를 이
루었던 장대석 등이 있다. 경주시는 1980년 발굴 조사에서 확인된 금당 터, 중
문 터, 회랑 터 등을 복원하기로 했다. 특히 문무대왕의 화신인 해룡이 출입할
수 있도록 금당 밑으로 수로를 만들었다는 사료를 토대로 실제로 남아 있는
수로 흔적을 살려 대종천과 감은사지를 연결 짓는 연못 및 인공하천 등을 크
게 만들 것이라고 한다. 대종천은 석굴암이 있는 토함산 동쪽에서 비롯된 물
줄기가 함월산 기림사에서 흘러내린 물줄기와 합쳐져 양북면 일대의 넓은 들
을 지나 대왕암이 있는 동해 바다로 흘러든다.

이 대종천에 황룡사 종에 얽힌 일화가 숨어 있다. 고려 고종 25년(1238년)
에 몽고의 침략으로 경주 황룡사 구층탑을 비롯한 많은 문화재가 불타버렸
다. 그때 황룡사에는 봉덕사 종(성덕대왕 신종)의 네 배를 넘어서는 무게 약
100톤의 큰 종이 있었다. 그 종을 보고 욕심이 난 몽고군들이 종을 가져가기로
했는데, 운반이 문제였다. 갖은 궁리 끝에 그들은 당시 토함산 너머에 있는 하
천에 배를 띄우기로 했다. 몽고병들이 대종을 싣고 떠나려는데 배가 대종천을
지나는 순간 갑자기 폭풍우가 일었다. 폭풍우에 배가 침몰하면서 그 배에 실

린 종도 모두 함께 바다에 가라앉았다. 용이 되어 나라를 지키겠다던 문무왕이 큰 종을 가져가도록 내버려 두지 않은 것이리라.

그 뒤로 그 개천을 대종천이라 불렀는데, 풍랑이 심한 날에는 이곳에서 동해 일대로 울려 퍼지는 종 소리를 들었다는 사람들도 있었고, 수십 년 전에는 대종을 보았다고 하는 마을 해녀들도 있었다. 탐사 작업이 실행되었으나 종을 찾지는 못했다. 물론 다른 이야기도 있다. 파도가 드세게 일 때면 은은히 울려 퍼지는 종소리는 황룡사 종이 아니라 임진왜란 때 왜병들이 빠뜨린 감은사 종이라는 것이다. 감은사지를 나와 대종교를 지나며 바라본 대종천은 짙푸르다. 이제 발길은 경주시 감포읍으로 접어든다.

이견대, 신문왕이 아버지의 화신 용을 보다

경주시 감포읍甘浦邑 이견대利見臺 아래 위치한 대본리臺本里, 그 남쪽으로 큰 나루가 있었고, 동북쪽 독촌산에는 봉우재가 있는데 그 재 밑에 '용의 돌'이

라는 바위가 있다. 옛날에 신문왕이 이견대에서 동해를 바라보다가 그 바위에서 용이 오르는 것을 보았다고 한다. 『신증동국여지승람』 '누정 조'에 이견대利見臺에 관한 내용이 실려 있다.

문무왕文武王이 '나를 동해가 물속에 장사하라' 하였다. 신문왕이 그 유언대로 하고 장사 지낸 뒤에 추모하여 대臺를 쌓고 바라보았더니 큰 용이 바다 가운데 나타나 보였다.

대 아래의 십보十步 가운데 돌 네 뿔이 우뚝 솟아 문과 같은 곳이 있는데, 이것이 그 장사한 곳이다. 지금까지 대왕암이라고 일컫는다.

이곳에 전해지는 또 다른 이야기가 있다. 신문왕이 동해 바다를 아무리 바라보아도 용이 나타나지 않자 기다림에 지쳐 깜빡 잠이 들었다. 그때 갑자기 천지가 진동하는 소리가 들려 놀라 깨어보니 사방이 안개로 자욱해지며 용바위로부터 큰 용이 나와 하늘로 올라갔고, 그때 왜구들의 근거지로 알려졌던 12개의 섬도 온데간데없이 사라졌다고 한다. 그 뒤로 건물을 짓고 이견대라고 불렀다고 한다. 현재 건물은 1970년 발굴 조사 때 드러난 초석을 근거로 다시 지었다고 한다.

이견대를 지나는데 날이 점차 풀리기 시작했다. 우리는 감포읍 나정리에 미리 예약해 두었던 식당으로 가서 점심을 먹었다. 비가 그쳤다는 사실만으로도 나그네의 발길은 얼마나 가벼워지는지.

만파정, 세상 파란을 잠재웠다는 만파식적 소리를 그린다

만파식적萬波息笛*에 대한 유래는 나정리 상정上亭마을의 만파정萬波亭에서 찾아볼 수 있다.

> 신문왕神文王 2년(682년) 5월 초에 해관海官이 와서 다음과 같이 보고했다. 동해 가운데 작은 산이 감은사를 향해 물결을 따라 왕래하고 있다는 것이었다. 그 말을 들은 신문왕이 곧 이견대에 도착하여 동해를 바라보고 산을 살펴보니 산 위에 대나무 한 그루가 서 있는데, 낮에는 둘로 갈라졌다가 밤이면 합하므로, 배를 타고 들어가서 그 대나무를 베어 피리를 만들었다. 그 뒤 이 피리를 불면 적군이 물러가고, 병이 나으며, 가물 때는 비가 오고, 장마 때는 비가 개며, 바람이 그치고, 물결이 평온해지므로, 그 이름을 만파식적이라고 했다. 역대 임금들이 보배로 하였다. 효소왕孝昭王 때에 이르러 만파식적이라고 명명했으나 지금은 없어졌다.
>
> **『신증동국여지승람』**

---

* 세상의 파란을 없애고 편안하게 하는 피리리는 뜻

그 뒤 나라에서 만파식적을 얻게 된 것을 기념해 이곳에 정자를 짓고 그 이름을 따서 만파정이라 했다고 한다.

창倉마을을 지나 나정교를 건너자 나정해수욕장과 전촌해수욕장이 모습을 드러낸다. 전촌초등학교가 있는 전촌리를 지나니 바닷길은 장진마을로 이어진다. 감포 서남쪽에서 전동리로 넘어가는 이 고개에서 해마다 정월 대보름이 되면 근동 사람들이 모여 달맞이를 했다고 전해지는 달본고개도 있다.

3·8장이 서던 감포장

드디어 감포항이다. 감포항은 정어리, 오징어, 미역이 주로 잡히는 경상북도 굴지의 항구이다. 이곳 감포에서는 3일과 8일이면 감포장이 선다. 바람 때문에 정박한 무수한 배들, 날아오르는 갈매기 떼. 그 사이에서 두 사람이 그물 손질을 하는데 그 머리 위로 갈매기들의 꺄룩꺄룩 울음소리가 창공을 가른다. 그물을 손질하는 어부들의 부산한 손놀림 너머로 멀리에서 뱃고동 울리며 들어오는 배들, 부산스럽고 활기찬 풍경의 감포항을 벗어나 오류리로 넘어가는 길은 참으로 한적하다.

감포등대와 감포 북등대를 바라보며 오류리 송대끝마을로 접어든다. 이곳 오류리에 감포영성甘浦營城 터가 있었다. 조선 중종 7년인 1512년에 둘레 736자에 높이 13자인 석성을 쌓아 영을 설치하고 수군 만호 1명과 수군 628명을 두었다. 그 뒤에 영을 동래東來로 옮기며 성으로써의 기능이 상실되었고, 지금은 감포영성 안에 있던 감포영 터마저 밭이나 공동묘지로 변모했다. 감포영성 터의 해자가 있었다는 장소도 형태만 확인할 수 있을 뿐이다.

조숫골, 예전에 조수가 드나들었던 곳이었음을 알리는 지명이다. 그 동남쪽 척사리尺紗里마을 뒤에 해망제(해망현)라는 산이 있다. 조선시대에 산에 망

대를 쌓고, 그 위에 올라 동해 바다를 살펴 왜적의 침입 여부를 망보던 곳이라 붙여진 이름이다. 동쪽으로 영검하다는 비리바위가 있어 뱃사람들은 바다로 나가기 전 반드시 이곳에 와서 무사히 다녀올 수 있기를 빌었다. 연동 서남쪽으로 거대한 태바위에는 마고할미가 아이를 낳다 손을 짚어 생겼다는 손자국이 있었는데 감포항 축항을 하며 그 바위를 깨뜨려 축대를 쌓아서 이제는 흔적만 조금 남아 있다. 우리 땅을 걷다 보면 자주 느끼는 마음이지만, 모든 사라져가는 것들에 대한 연민과 애석함에 가슴 한 귀퉁이가 한없이 시리다.

포항시 대섬, 이언적이 풍광에 취해서 노닐었던 곳

폐교된 감포초교 연동분교를 지나, 경주가 끝나고 드디어 포항시 장기면 두원리斗院里 적석마을에 이른다. 두원리에는 연꽃이 많았다는 원타마을도 있다. 장기면 계원리 딧갓 아래쪽 원당마을 앞에 솟아 있는 소봉대小峯臺, 지역민들은 댓산 또는 복구봉이라고도 부르기도 한다. 모양이 거북처럼 생긴 댓산은 한 면은 육지에 연하고, 삼면이 바다에 둘러싸여 있어 그 경치가 매우 아름답다. 신라시대 어느 왕자는 이곳 경치에 취해 3일을 놀았나고도 하고, 조선 선조 때 유학자인 회재晦齋 이언적李彦迪도 댓산의 풍광을 사랑해서 자주 노닐었다고 한다. 소봉대에서 황계마을과 나바위 끝이 그리 멀지 않다. 나바위 끝에서 신창리 창암까지 양포만良浦灣이 둥글게 펼쳐져 있고, 그 초입에 백인령百人嶺마을이 있다. 옛날 들끓는 도둑 때문에 수많은 사람들이 모여서야 고개를 넘었다고 해서 붙은 지명이다.

해 질 무렵이 되면 잘 걷던 발도 한층 무겁게 느껴진다. 그럴 때 잠깐 곁눈질이라도 했다가는 앞에 간 사람들의 그림자조차 보이지 않게 된다. '오줌 누는 사이에 십 리를 간다'는 옛말을 절감하는 순간도 바로 이때다. 그렇게 일행의 뒷모습마저 놓치고 나면 두 발은 천 근 돌덩이를 매단 것처럼 무거워진다. 하루가 저물어가는 시간, 멀리 양포항에 떨어지는 햇살이 아름답다. 아름다운 석양 앞에 처연함마저 느끼며 속절없이 무너져 내리는 이 마음은 무슨 연유일까. 결코 다시 채워지지 않는 헛헛함에 가슴 한 귀퉁이가 뻥 뚫린 채로 양포수협에서 운영하는 여관에 든다. 그대여! 낯선 항구에서 하루를 마감하는 나그네의 뒷모습을 보았는가. 오늘 나의 뒷모습을!

유배객의 땅
포항

엿새째, 2월 27일

잠에서 깨어나니 아침이다. 습관적으로 날씨를 점검한다. 바람 한 점 없이 맑은 날, 바다도 잔잔하다. 의무를 수행하듯 수저를 든다. '밥알 하나가 귀신 열을 쫓는다'는 옛말처럼 잘 걷기 위해서는 밥을 잘 먹어야 한다. 광어를 넣고 끓인 미역국을 먹으며 식당 주인에게 물었다.

"이곳 특산물이 뭐지요?"

"아귀와 문어가 많이 잡히지요."

근처 양포리 어업 공판장을 둘러보고 곧바로 시작된 여정은 신창리에 이르렀다. 신창리 서쪽으로 들을 개간해서 만든 배물마을이 있다. 해일海溢이 범람할 때면 마을까지 배가 들었다고 한다. 강가나 바닷가에 연한 마을마다 빈집이 늘고 있다. 이대로 10년쯤 흐르면 빈집이 절반을 넘어설지도 모르겠다.

금곡교 서쪽 중금마을 앞 성조산, 그 산 용바우굴은 임진왜란 때 서방경徐方慶, 이대임李大任, 서극인徐克仁이 함께 의논해서 오성팔현五聖八賢의 위패를 감췄다가 난이 끝난 뒤 다시 대성전으로 모셨다고 한다. 하금 뒤로 부처못재산

066

에 영감바위와 첩바위가 나란히 있고 용바위 산에 할맹이바위가 있다. 이런 형상 때문에 사이좋게 함께하는 영감바위와 첩바위의 모습이 보기 싫어 할맹이바위가 동쪽 바다를 향해 있다는 재미있는 이야기가 만들어졌다.

높은 동헌이 바다를 누르고 산성山城에 의지해 있는데, 피곤한 나그네 난간에 기대서니, 눈앞이 문득 밝아지누나. 비 개자 맑은 아지랑이 북악北嶽에 빗겨 있고, 구름 걷자 아침 해가 동해에 섰네.

홍일동洪逸童이 시로 노래했던 장기의 일출 풍경, 오늘도 그 풍광에 많은 나그네들이 매혹된다. 길게 말갈기처럼 생긴 지형 때문에 붙은 지명, 장기현!

장기, 시대의 논객을 품어준 땅

　　장기에는 유배객들이 많았다. 『조선왕조실록』에 3천 번 이상 거명되는 우암 송시열宋時烈, 다산 정약용 등이 회한의 눈물을 흘렸던 땅이다. 노론의 영수였던 우암 송시열이 1674년 현종 사후, 조대비의 복상을 둘러싸고 일어났던 예송 논쟁을 벌이다 덕원에 유배된다. 그리고 숙종 원년(1675)에 장기로 이배移配되는데, 『송자대전』의 기록을 보면 그때부터 1679년 거제로 이배되기까지 다섯 해 동안 오도전吳道全의 집에 거주하며 위리안치의 유배형을 견뎠다.

　　송시열은 율곡 이이의 학문을 이어받은 기호학파畿湖學派의 중심인물로 퇴계 이황의 학문을 이어받은 영남학파와 함께 조선시대 유학의 쌍벽을 이루었다. 그는 기호학파 사대부로부터 공자나 맹자처럼 송자宋子란 칭호를 받을 만큼 당대 최고의 권위를 누렸지만 정치적 격변기를 살아낸 그의 생애는 결코 순탄하지 않았다.

　　아내를 임종하지 못하고 장례조차 참여할 수 없었을 뿐만 아니라 세상을 먼저 떠난 사위의 마지막도 볼 수 없었다. 사랑하는 가족들이 세상을 떠날 때마다 송시열 자신은 유배지에서 통한의 세월을 보내고 있었던 것이다. 장기현에서 유배 생활을 하고 있던 그에게 날아든 아내의 부음, 소식을 접하고도 애통한 마음을 슬픈 제문에 실어 손자에게 보낼 수밖에 없었다.

망실 이씨에게 제를 올린 글

아, 나와 당신이 부부로 맺은 지가 지금 53년이 지났습니다. 그동안 나의 가난함에 쪼들리어 거친 밥도 항상 넉넉하지 못하여 손발이 다 닳도록 고생하던 그 정상은 이루 다 말할 수가 없습니다. 내가 쌓은 앙화殃禍 때문에 아들과 딸이 많이 요절했으니, 그 슬픔은 살을 도려내듯이 아프고 독해서 사람으로서는 견뎌낼 수 없는 일이었습니다. 게다가 근세近世에 이르러서는 내가 화를 입어서 당신과 떨어져 살아온 지가 이제 4년이 되었는데, 때때로 나에게 들려오는 놀랍고 두려운 일들 때문에 마음을 녹이고 창자를 졸이면서 두려움에 애타고 들볶이던 것이 어찌 끝이 있었겠습니까?

『송자대전』

얼마나 답답한 일이겠는가. 그 누구도 믿을 수가 없어 그저 침묵할 수밖에는 없을 것이다. 유배에서 풀려 돌아간다는 기약은 없는데 그렇게 사랑했던 아내가 죽었다는 소식, 하늘이 무너지고 땅이 무너진 것이 이보다 더하랴. 그런데 날아가는 새들도 구름도 자유롭게 갈 수 있는 그곳은 몇천 리 거리인지도 모르고 갈 수조차 없으니……. 나는 새도 떨어뜨리는 권력을 지니고 있는 송시열일지라도 정적들은 얼마나 많았는가. 그때마다 그의 아내는 가슴 졸이며 좌불안석의 삶을 살았을 것이고 그런 아내를 바라보면서도 형제간도 나눌 수 없다는 권력을 지키기 위해 또는 명분을 지키기 위해 녹슨 칼날을 얼마나 갈고 또 갈았겠는가?

이제 아내는 저승으로 가고 그는 아내의 빈소도 찾지 못한 채 손자 희석을 통해 제문을 올린다. 아내와 함께했던 시절이 주마등처럼 떠오르고 그가 처한 상황이 못 견디도록 슬프고 덧없었을 것이다. 누군가는 인생을 두고 '이루고 머물다 파괴되고 텅 비는 것'이라고 했는데, 송시열은 말한다. "처음과 끝을 따지면 나로 말미암지 않은 것이 없다"고. 그렇다. 한때 유행했던 말처럼 "바로 내 탓이요"라는 생각에서 출발해야 한다. 그런데 세상 대부분의 사람들은 제 눈의 들보는 깨닫지 못하고 남의 티끌만 보고서 바로 '네 탓'이라고 목소리를 높이고 있다.

형은 참수형, 아우인 다산 정약용은 장기현으로 유배를

이곳 장기는 다산 정약용의 유배지이기도 하며 그 자취가 여러 곳에 남아 있다. 정조 임금으로부터 총애를 받던 다산의 삶은 정조의 급작스러운 죽음 이후 나락의 길로 들어선다. 순조 원년인 1801년 대비 김씨가 천주교 탄압을 위해 사학금령邪學禁令을 선포했고, 신유사옥辛酉史獄이 발생해 300여 명이 죽음으로 내몰렸다.

그해 2월 16일, 이승훈李承薰, 정약종丁若鍾, 최필공崔必恭, 홍교만洪敎萬, 홍낙민洪樂敏, 최창현崔昌顯 등 천주교 주축으로 거명된 사람들이 서소문 밖에서 목이 잘려 죽고, 이가환李家煥, 권철신權哲身은 고문을 견디지 못하고 옥사한다. 그때 죽음을 모면하고 귀양을 가야 했던 정약용의 당시 상황이 『순조실록』에 다음과 같이 실려 있다.

죄인 정약전과 정약용은 바로 정약종의 형이고 아우이다. 당초에
사서私書가 우리나라에 들어오자 읽어보고는 좋은 것으로 여기지
않은 것은 아니지만, 중년에 스스로 깨닫고 다시는 더러움에 물들
지 않으려는 뜻이 예전에 올린 상소문과 이번 국문 받을 때 상세히
드러나 있다.
차마 형을 증거할 수 없다고는 했지만 정약종의 문서 중에 그들 서
로 간에 주고받았던 글 속에서 정약용이 알게 되는 것을 경계하고
있으니 평소에 집안에서도 금지하고 경계했던 것을 증험할 수 있
다. 다만 최초에 더러움에 물들었던 것으로 세상에서 지목을 받게
되었으니 정약전과 정약용은 사형의 다음 형벌을 적용해 죽음은
면해주되 정약전은 강진현康津縣 신지도薪智島로, 정약용은 장기현長
鬐縣으로 정배定配한다.

정약용의 형인 정약종은 그의 장남 철상과 함께 서소문 밖에서 처형되었으며, 청국인 신부 주문모도 3월 11일 의금부에 자수하고 사형을 당했다.

정약용은 장기현에서 귀양살이를 하며 조정의 고관대작들이 "이理네, 기氣네"라며 떠들어대는 공리·공론의 성리학을 풍자하는 시를 여러 편 지었으며 이곳에 머물러 있던 여덟 달 동안 시와 문집 등 여러 편을 저술했다.

수군만호진이 있던 대진리

영암리의 수룡포마을을 지나니 갓바위 북쪽으로 184m의 수양산首陽山이 보이고 대진리가 지척이다. 대진리 동북쪽으로 수군만호진水軍萬戶鎭이 있었던 모포리牟浦里는 바위가 동해로 들어가 곶을 이루었다고 해서 '바우꾸지'라고도 불린다.

멀리 보이는 뇌성산磊城山에는 둘레 2,460척에 높이 10m에 이르는 석성이 있는데, 이 성안에 고려 현종 때 쌓은 것이라고 하는 못과 우물이 있다. 또 고려 때부터 조선에 이르기까지 남쪽으로 복길봉수, 북쪽으로 발산봉수, 서쪽으로 영일의 사화랑봉수에 응하는 뇌성봉수를 두었다. 돌이 많은 이 산에서 뇌록磊綠, 인삼人蔘, 자지紫芝, 오공蜈蚣, 봉밀蜂蜜, 치달雉獺, 동철銅鐵이라는 칠보七寶를 캐내어 나라에 진상했다는 이유로 장기현감을 칠보현감七寶縣監이라고도 불렀다.

황보인의 자손이 숨어 지낸 성동리

뇌성산 뒤쪽에 있는 성동리 하성마을은 영천 황보 씨 마을이다. 1454년 단종 2년에 계유정난이 일어났을 때 당시 영의정이던 황보인皇甫仁의 삼대三代, 곧 그 자신과 그의 후손 다섯 명이 수양대군의 칼날에 희생된다. 그때 황보인 집안의 늙은 여종이 황보인의 젖먹이 손자를 물동이 안에 감춰서 도망친 뒤 이 땅 동쪽 끝, 구룡포에 들어와 살며 황보 씨의 맥을 잇고 마을도 일군 것이다.

마을 남쪽으로 광남서원廣南書員은 황보인과 그의 아들 석錫, 흠欽 형제를 모시고 제사를 지내던 곳으로 순조 31년에 사액을 받았고, 광무 4년인 1900년에 복원한 뒤 1941년에 복설했다.

구룡포읍 구평리와 동해면 증산리 경계에 산세가 마치 닭벼슬처럼 생겼다 해서 달그벼슬재 또는 계관산이라고 불리는 산(147m)이 있고, 장기면 대곡리와 정천리 사이에 성적산聖蹟山(220m)은 산세가 높고 험하지만 산에 들어온 사람은 몸이 상하는 일이 없고, 기우제를 지내면 매우 영검했다고 한다.

모포수산 방향으로 나 있는 길을 지나자 바로 구룡포읍 구평리다. 구평 1교를 지나 장길리에 접어드니 하정리가 지척이다. 마을 길은 한적하고 여유롭다. 머리 위로 유유히 날아가는 갈매기, 자동차는커녕 경운기 하나 다니지 않는 길, 이런 길이 녹둔도까지 이어진다면 얼마나 좋을까. 모퉁이를 돌자 일렁이는 파도 너머 멀리 구룡포가 보인다.

후동 불선암, 원효대사와 수운 최제우가 깨달음을 얻다

31번 국도를 휘감아 돌자 후동리厚洞里에 이른다. 후동 남쪽에 불선암이라는 바위가 있는데, 그 옛날 신선이 내려와 동해 용왕과 놀았다는 전설이 있다. 신라시대 고승 원효대사元曉大師가 수도하며 진리를 깨우쳤고, 고종 때 동학을 창시한 수운 최제우도 이곳에서 백일기도를 드린 후 깨달음을 얻었다고 한다. 이러한 전설로 신성함을 더한, 높이 100여 척 너비 10여 척에 이르는 이 바위 밑에 불선암佛仙庵이 있어 해마다 섣달그믐날이 되면 마을 사람들이 등불을 환히 밝혀 밤을 지새운다. 광정산 정상에 선유석仙遊石이라는 두어 평 너비의 평평한 바위가 있는데, 옛날 신선이 놀았다는 바위 한복판에 쇠 담뱃대 조각 같은 것들이 남아 있다.

대밭들에 넓이 5정보(약 15,000평)쯤 되는 '수시쑤'라는 숲에는 우리나라에서 품질이 가장 좋다는 신우대가 자란다. 조선시대에는 이 숲에서 허락 없이 신우대를 한 가지라도 꺾었다가는 그게 누구라도 볼기를 열 대나 맞았다고한다. 또한 성적산 동쪽에 있는 죽전산竹田山에도 대가 많아 해마다 울산 병영에서 베어다 활을 만들었다.

후동 북쪽으로는 이 부근이 목장이었을 때 병기를 만들었다는 주철장鑄鐵場 터가 있다. 후동 주변에는 둘레가 6천 평가량 되는 후동약수라는 숲이 있다. 조선시대에 장기현감이 나라에 상납하기 위해 약을 많이 심고 그 둘레에 숲을길러서 울을 삼았는데, 그 길이가 10리나 되었다고 한다.

구룡포 읍내에서 찾은 산나물 밀수제비집, 시장 한복판 작은 건물 안에서 28년 동안 장사를 해왔다는 68세의 이미자 할머니를 만났다. 가게 안에 들어서자 바로 눈길을 끄는 것은 신들린 듯 한 치의 오차도 없이 국수를 써는 할머니의 칼질이었다. 그 모습이 신기해 물끄러미 바라보는 이는 나뿐만이 아니었다. 문득 몇십 년 동안 이 나라 곳곳을 걸어서 답사를 해온 나는, 내가 잘하는 것이 과연 무엇일까? 생각한다. 그 정도 걸었으면 철로 만든 다리처럼 단련이 되어 걷는 것으로 인해 아프지는 않아야 하지 않을까. 그런데 나도 매일 다리가 아프다. 휴식 시간마다 여기저기서 아프다고 하소연하는 일행들에게 웃을 걸어 보이며 '나도 다리가 아프거든'이라고 말하고 싶을 정도니까 말이다.

구룡포, 아홉 마리 용의 승천지

경북 동해안의 큰 포구로 자리 잡은 경북 포항시 구룡포읍. 구룡포라는 지명에는 전설이 있다. 신라 진흥왕 시절 각 마을을 순시하던 장기현령이 지금의 용주리를 지나고 있었다. 그때 갑자기 폭풍우가 몰아치며 바다에서 용 열 마리가 하늘을 향해 올랐다. 그런데 승천하던 열 마리 가운데 한 마리 용이 그만 바다로 추락해 바닷물을 붉게 물들이며 폭풍우가 그쳤다. 그때부터 용 아홉 마리가 승천한 포구라서 구룡포라고 했다는 이야기다.

또 다른 전설로는 용두산 아래에 깊은 소沼가 있었는데, 그 안에 살던 아홉 마리의 용이 동해 바다로 빠져나가 하늘로 올라갔다고 해서 붙여진 지명이라는 이야기도 있고, 지형이 아홉 마리의 용을 닮았다고 해서라고도 한다.

구룡포항은 1923년에 방파제를 쌓고 부두를 건설하며 만들어졌다. 정어리, 오징어, 도미가 주요 어종이다. 이곳에는 일제 때 많은 일본인들이 살았기 때문에 일본식 적산가옥들이 많이 남아 있다.

　구룡포에서 가장 큰 마을 창주리滄主里에는 조선시대에 소금을 쌓아두는 창고가 있었다. 구룡포리와 눌태리, 삼정리에 걸쳐 높이 159m인 매암산이 있는데, 이 산에 높이 약 30m쯤 되는 바가지를 엎어 놓은 듯한 모습의 큰 바위가 있다. 옛날에 이곳까지 바다를 이루었기에 바위에 미역 줄기가 붙어 있었다고 해서 미역바위, 박바위라고도 부른다. 예로부터 이 미역바위 아래에 만인萬人이 살 만한 공간이 있다고 전해져, 세상이 어지러울 때면 많은 사람들이 남자는 등짐을 짊어지고 여자는 머리에 이고男負女戴 이곳으로 찾아들었다고 한다.

　구룡포해수욕장에서는 바다에서 건져 올린 해초를 손질하는 손놀림이 부산하기만 하다. 오염 연구소를 지나자 구룡포읍 삼정리에 이른다. 옛날 세 명의 정승이 살았다고 해서 붙은 지명 삼정리三政里. 삼정 앞바다 삼정섬의 관풍대觀風臺는 길이 300여 척에 높이 50척으로 소나무가 울창하고 경치가 매우 아름다워 맑은 날 달 밝은 밤에는 선인仙人들이 노닐던 곳이라고 한다.

　삼정리를 벗어나자 구룡포 마지막 지점인 석병리 두일포斗日浦마을이다. 자그마한 포구가 아늑하기도 해서 잠시 쉴 요량으로 아무 데나 드러누웠는데 칠십을 넘긴 듯한 마을 노인이 다가와 말을 건넨다.

"가다가 쉬고 가다가 자고, 그것이 좋은 것이여."

노인의 덕담을 뒤로하고 다시 길을 나선다.

장기목장성, 동해 바닷가에서 신라의 군마를 기르다

동해 바닷가 장기목장성은 구룡포읍 구룡포리 석문동에서 시작해서 눌태리 계곡을 따라 북서쪽까지 오른 뒤 용개산 서북쪽을 돌아 동해면 흥환리에 이르는 긴 성이다. 나라의 말을 기르기 위해 높이 10척, 길이 25리로 신라시대 축성한 이 성은 조선시대에도 말 787필을 기르며 해마다 울산 병영에서 준마駿馬 3필을 골라 나라에 진상하고, 일이 있을 때는 군용으로 사용할 말을 동원하기도 했으나 고종 41년에 폐지되었다.

구룡포읍에서 대보면으로 분리되었다가 2010년 1월에 호미곶면이 된 강사리. 그곳에서 동해면 발산리 경계에 있는 봉오재산은 조선시대 사지봉수대가 있던 곳으로 오장悟長 2명, 군사 50명이 5일마다 번갈아 봉화를 들어 남쪽으로는 대곶, 북쪽으로 장곶 봉수에 응했다.

김시습이 머물렀던 해봉사

호미곶면 강사리 명월암, 신라 선덕여왕이 군마사육軍馬飼育을 기원하기 위해 해봉사海逢寺와 함께 건축했다고 하는 곳으로 조선 전기에 매월당 김시습이 머물며 글을 썼다고도 한다.

강사리에서 대보리로 이어지는 길로 접어들자, 강사 2리 마을 쉼터 앞에서 부부인 듯싶은 두 사람이 그물을 손질하고 있다. 그리고 고성의 안내 방송이 마을 전체에 울려 퍼진다.

"강사 2구에서 안내 방송 드리겠습니다. 신청하신 석회가 나왔습니다. 호명되신 분들은 바로 경운기를 가지고 오셔서 석회를 받아 가시기 바랍니다."

바람에 흔들리는 신우대잎, 푸른 소나무 너머로 보이는 바다. 해송모텔에 못 미쳐 길은 해안가로 이어진다.

'한 번 해병은 영원한 해병이다.' 선명하게 새겨진 표어에 다리가 아프다며 승용차 신세를 지고 있던 유재훈 선생이 한마디를 던진다.

"한 번 환자는 영원한 환자다."

그럴지도 모르겠지만 모든 환자들이 쾌유를 염원하고 있으니, 낫고자 한다면 걷다가 얻은 다리 통증이야 낫지 않겠는가. 우리 일행이 호미곶에 도착하기도 전에 마중 나와 있던 반가운 도반, 고혜경 씨를 만났다. 광어가 풍어를 이루는 곳, 갈매기들이 광어 한 마리씩을 놓고 부리로 쪼아 먹는 진풍경을 볼 수 있는 곳, 바로 호미곶으로 가는 길에서 만나는 바다다. 패밀리펜션에 여장을 풀고 거북이회식당에서 저녁을 먹었다. 하루해가 저무는 호미곶 바닷가에서 여장을 풀고 보니, 세상이 달리 보였다.

맹호의 기상
호미곶

 이레째, 2월 28일

호미곶, 포효하는 호랑이 꼬리

바닷가 숙소다 보니 굳이 문밖에 나서지 않아도 일출을 볼 수 있지만, 어디 마음이 그런가. 구름 한 점 없는 맑은 날, 철썩거리는 파도 사이로 떠오르는 해를 본다. 호미곶, 등대와 연오랑 세오녀를 바라보며 다시 북으로 향한 바닷길로 발길을 옮긴다.

일명 동외곶冬外串 또는 장기갑長鬐岬이라고도 부르는 장기곶은 포항 대보면 대보리에 위치해 있는데 서쪽은 영일만, 동쪽은 동해에 접하고 있는 포항시 남동부에서 북동 방향으로 돌출한 반도다. 해안은 비교적 급경사를 이루고 있으며, 이곳에서 구룡포에 이르기까지 해안단구가 발달되어 농경지로 이용되고 있고 포구가 조성되어 있다.

한반도에서 해가 뜨는 시각이 두 번째로 빠르다고 알려진 이 지역을 일본인들은 토끼 꼬리라고 명명했다. 그것은 "옛사람들은 우리나라의 지세가 노인형老人形이고, 해좌사향亥坐巳向이어서 서쪽으로 향한 얼굴이 중국에게 절을 하는 형상이므로 예로부터 중국과 친하고 가까이 지냈다"라고 이중환이 『택리지』에 기술한 내용을 빌미 삼은 것이기도 하다.

이러한 조선시대 사대부에 팽배했던 생각을 읽어서인지 일본인 지리학자 고토 분지로는 조선의 형세를 두고 '토끼 꼬리 형국론形局論'을 펼치며 다음과 같은 이유를 들었다.

이태리는 외형이 장화長靴와 같고 조선은 토끼가 서 있는 것과 같다. 전라도는 뒷다리에, 충청도는 앞다리에, 황해도에서 평안도는 머리에, 함경도는 어울리지 않게 큰 귀에, 강원도에서 경상도는 어깨와 등에 각각 해당된다. 조선인들은 자기 나라의 외형에 대해 '형태는 노인의 모습이며 나이가 많아서 허리는 굽고 양손은 팔짱을 끼고 지나支那에 인사하는 모습과 같다. 조선은 당연히 지나에 의존하는 게 마땅한 일이다'라고 여기고 있는데, 이 같은 생각은 지식인 계급인 사대부들의 마음속에 깊이 뿌리박혀 있었다.

이러한 고토 분지로의 주장에서 우리 한민족을 열등한 존재로 왜곡시키려는 일본인의 술수를 파악한 최남선은 잡지 《소년少年》 창간호 「봉길이 지리 공부」라는 지면에 우리 국토의 형상을 호랑이로 표현하는 글을 실었다.

한반도는 마치 맹호가 발을 들고 동아 대륙을 향해 나는 듯 뛰는 듯 생기 있게 할퀴며 달려드는 모양을 보여주는데, 더욱이 그 모양이 내포하고 있는 의미 또한 심장해 한반도의 진취적이면서도 무한한 팽창 발전과 아울러 생생하고 왕성한 원기의 무량한 것을 남김없이 보여주는 것이니 소년들은 굳고 단단하게 마음을 가지라.

이렇듯 우리나라 지세의 긍정적인 면을 부각시키려는 최남선의 글 이전에도 이미 조선시대에 이인으로 불리는 남사고가 이 지역을 '범의 꼬리', 즉 호미등이라고 말했다.

조선 중엽에 그려진 〈근역강산맹호기상도槿域江山猛虎氣象圖〉(고려대 박물관 소장)를 보면 우리 국토를 마치 포효하는 호랑이가 대륙을 향해 뛰어나갈 듯한 모양새로 표현했음을 알 수 있다. 그림 속 호랑이의 꼬리 부분에 해당하는 곳이 경북 영일군 구룡포읍 대보리로, 예로부터 호미등虎尾嶝 또는 호미곶으로 알려진 곳이다.

호미등에 등대가 처음 만들어진 것은 1902년이었다. 고종 광무 5년인 1901년에 일본 장기 상선학교 실습반 30여 명이 응웅환鷹雄丸을 타고 동해 연안의

어족과 수심을 조사하던 중에 이곳 암초에 걸려서 전원이 익사하는 사건이 일
어났다. 일본은 조선 정부에 요청해 그 이듬해인 1902년 3월에 일본인 기술자
를 시켜 착공했고 1903년 12월에 준공했다. 당시 지역민들 사이에서는 호미등
에 불이 켜지면 범이 꼬리를 흔들어 등대를 넘어뜨릴 것이고, 그러면 주변이
불바다가 될 것이라는 소문이 돌았다. 등대 착공 후 이사를 하는 사람들도 생
겼다. 이곳 호미등에 일본인 등대수가 배치되고 두어 달 만에 밤중에 괴한이
침입해서 등대수와 가족을 몰살시킨 사건이 발생하자 사람들은 그 일을 두고
호미등에 불을 켠 것에 대해 천벌이 내린 것이라고 했다.

이러한 사연이 있는 장기곶에 대동여지도를 그린 김정호, 그리고 한말 개
혁사상가였던 김옥균도 그 자취를 남겼다. 김정호는 동해로 뻗친 장기곶과 울

진군에 있던 죽변곶을 두고 어느 곳이 더 많이 돌출되어 있는가를 조사하기 위해 죽변과 장기를 일곱 차례나 오고 갔다고 한다. 그렇게 조사해서 그린『대동여지도』를 보면 죽변곶보다 장기곶이 더 많이 돌출되어 있다.

김옥균, 그 신체의 일부가 호미곶에 던져지다

갑신정변의 주역 김옥균. 상해에서 자객 홍종우에게 피살된 그의 시신은 청나라 정부를 통해 국내로 이송되어 양화진에서 육시처참형戮屍處斬刑을 당한다. 그의 왼쪽 팔이 장기곶 앞바다에 내던져졌는데, 그때가 동학농민혁명이 한창이었던 1894 갑오년 5월이었다. 이곳을 투기 장소로 정한 이유는 동해로 돌출되어 있는 이곳 지형에 역모의 기운이 서려 있기 때문이었다고 한다.

대보리 앞 대보항은 1931년에 축항하기 시작해서 1933년에 완공되었다. 그곳에 대보리 등대가 있어 동해안 및 포항제철소에 출입하는 수송선의 안전 운항에 크게 기여하고 있다.

호미곶을 지나 구만 2리에 이른다. 구만리는 지형이 동해 가운데로 뻗어 들어가서 굽이를 이루어 구만이, 또는 구만동이라고 부른다. 이곳 구만리 솔발이마을 북쪽 바닷가에 큰 바위가 징검다리처럼 여러 개가 놓여 있다. 교척교라고 부르는 이 다리를 두고 두 가지 이야기가 전해온다.

하나는 마고할멈 이야기이다. 이곳 구만리에 살던 마고할멈은 구만리에 살며 종종 영덕 축산에 다녀오곤 했는데, 그곳까지 가는 길이 너무 멀었다. 마고할멈은 거리를 단축하고자 영일만에 다리를 놓을 생각을 했다. 하지만 쉽지는 않았다. 구만리에서 축산리에 이르는 바다는 매우 깊은 데다 평소에도 파도가 거센 곳이었기 때문이다. 마고할멈은 물살이 잔잔한 날에 구만리 앞바다부터 돌다리를 놓아가기 시작했다. 치마폭에 큰 바위를 싸서 열심히 날라 작업을 했으나 다리를 완성시키기 전에 그만 날이 새고 말았다. 미완된 마고할멈의 돌다리는 구만리에서 축산 방향으로 일직선으로 이어져 있다.

또 다른 이야기는 망시부인 이야기이다. 약 400여 년 전에 망시라는 이름의 부인이 솔밭에 살았는데, 강원도에 사는 남편을 만나기 위해 큰 바위를 바다 가운데에 놓고 건너다녔다고 한다. 오랜 역사를 거슬러보면 남자들이 득세하던 사회였는데, 유독 신화나 전설 속의 여자들이 체구도 크고 상상도 못 할 신통력을 발휘했다.

부안 수성당의 개양할미는 얼마나 키가 컸던지 서해의 가장 깊은 바다도 정강이까지만 잠겼다고 하고, 제주도의 설문대할망은 한라산에 걸터앉아서 위도를 빨래판으로 삼았다고 하니 우리나라의 남자들은 설화 속에서만 여자들을 우대했던 것은 아닐까?

구만리에 들어서부터는 영일만이 한눈에 들어온다. 호미곶면 구만리와 동해면 대동배리 경계에 조선시대 남쪽으로 사지봉수, 서쪽으로 동을배봉수에 응하던 봉수가 있던 산인 봉화봉(130m)이 있다. 그 산 정상에 둘레 500척 높이 15척 규모로 축조된 성이 있다.

우리는 영일 동쪽 바닷가에 위치한 땅에 발을 디딘다. 조선 후기에 이름 붙여진 동해면, 그곳에 큰 산이 곶이를 이루고 있어 한달비곶이, 한달비 또는 동을배환등이라고도 불리는 대동배리大多背里는 옛날부터 동을배 목장과 동을배 봉수대를 두었던 나라의 요지 중의 한 곳이었다.

용추배기 뒤에 위치한 구룡산에는 4개의 구멍이 뚫려 있는데, 이곳에서 아홉 마리의 용이 하늘로 올라갔다고 한다. 구룡산의 구룡암 뒤로 기우제당祈雨祭堂이라는 신당이 있는데 한재가 심할 때 이곳에서 기우제를 지내면 곧 비가 온다고 한다.

한달비 바닷가의 노암露岩바위는 1914년 군수 이종국李鍾國이 지역 순회를 기념하며 소나무를 식수했는데, 그 소나무가 이제는 울창해져 아름다운 경관을 만들어 '노암청풍露岩淸風'이라 불리기도 한다. 길옆으로 장기 목장성이 보인다. 한달비마을에서 산길을 휘감아 돌면 동해면 발산리 땅이다. 지형이 바랑처럼 생겨서 바랑골, 또는 발무골이라고도 부르는 발산리에 말 모양 산인 마봉산馬峯山이 있다.

신라의 관리들이 머물러 살았던 여사마을

발산 동북쪽으로 신라 멸망 후 신라 관리들이 모여 살았다고 하는 여사余士마을이 있다. 발산에서 흥환은 가파른 산길로 이어져 있다. 가쁜 숨을 몰아쉬며 가는 이 길에서 우리는 함께이면서 또 고독한 개인으로 선 자기 자신을 발견할 수 있다.

마산 북동쪽 하선대, 둘레 300자에 높이 석 자 그리고 넓이 70자가량의 바위. 그 옛날 칠월 칠석이면 동해 용왕이 선녀와 짝을 이루어 놀았다고 하는 바위로 속세 사람들은 이곳이 영검하다 해서 풍어제와 기우제를 지냈다고 한다.

선바위가 있으므로 선바위 또는 입암이라 지명이 붙은 마을에 봉숫재가 있다. 선바위 남쪽으로, 입암리에서 산정리로 넘어가는 고개인 그곳에 사화군봉수대沙火郡烽燧臺가 있어 경주 형산봉수에 응했다고 한다.

영일만 친구, 노래의 고장

　포항제철과 망망하게 펼쳐진 영일만을 바라보며 걷는 발길은 맑은 햇살만큼이나 가볍다. 송이와 물개, 방어, 연어, 전복, 넙치, 대구, 홍합, 도루묵, 청어, 김, 미역, 일명 부채 조개라고 불리는 가리비가 지역 특산물로 산출되고, 운제산에서 좋은 숫돌이 생산되었던 지역이 영일이다. 영일에 들어서니 최백호가 부른 대중가요「영일만 친구」가 입안에서 저절로 흘러나온다.

　　바닷가에서 오두막집을 짓고 사는 어릴 적 내 친구
　　푸른 파도 마시며 넓은 바다의 아침을 맞는다
　　누가 뭐래도 나의 친구는 바다가 고향이란다
　　갈매기 나래 위에 시를 적어 띄우는
　　젊은 날 뛰는 가슴 안고 수평선까지 달려나가는
　　돛을 높이 올리자 거친 바다를 달려라 영일만 친구야

　노래에 젖다 보니 문득 친구가 그립다. 그렇다고 길을 걷다가 전화를 하기도 그렇잖은가. 그저 그리움은 그리움 대로 남겨두고 한 발 한 발 걸어 나갈 뿐.
　동해면 임곡리林谷里를 지나자 도구리都邱里에 이르는데, 이곳이 바로「연오랑, 세오녀」의 무대다.

영일군, 연오랑 세오녀의 무대

신라 제8대 아달라왕이 즉위한 지 4년째인 정유년(157)에 동해 해변에 연오랑延烏郎과 세오녀細烏女라는 부부가 살고 있었다. 어느 날 연오랑이 바다에 나가 미역을 따는데 갑자기 웬 바위들이 나타나 연오랑을 태우고 일본으로 갔다.

이 모습을 본 일본 사람들이 "이는 범상치 않은 인물이다"라고 말하며 그를 왕으로 삼았다. 세오녀는 남편이 돌아오지 않자 괴이쩍게 여겨 밖에 나가 찾다가 남편이 벗어놓은 신발을 보고 역시 바위 위로 올라섰더니 바윗돌이 또한 그를 태우고 갔다. 그 모습을 보고 사람들이 놀랍고 이상하게 여겨 왕에게 아뢰어 부부가 서로 만나게 되자 그를 왕비로 삼았다.

이때 신라에서 해와 달의 빛이 없어지매 천문관이 아뢰기를, "우리나라에 내려와 있던 해와 달日月의 정기가 지금 일본으로 가버려 이런 괴변이 생겼습니다" 했다. 왕이 사신을 보내어 두 사람을 찾

았더니 연오랑이 말하기를, "내가 이 나라에 온 것은 하늘의 뜻이었다. 그러니 지금 어찌 돌아갈 것인가. 그러나 나의 왕비가 짠 생초 비단으로 하늘에 제사를 지낸다면 좋은 결과를 얻을 것이다" 하고 그 생초를 내어주었다.

심부름 갔던 사람이 신라로 돌아와 사정을 아뢰고 그의 말대로 제사를 지내니 해와 달이 이전과 같아졌고, 그 생초 비단을 임금의 고방에 간직하며 국보로 삼았다. 그 고방을 귀비 고방이라 하고 당시 하늘에 제사 지낸 곳을 영일현 또는 도기야라고 했다.

포항의 향토연구가 박일천 씨는 연오랑과 세오녀로 상징되는 이 집단을 신라 초기 '근기국'으로 불리던 부족국가라고 설명했다. 진나라 멸망 뒤에 동쪽으로 이주해 온 세력 중의 하나로, 이들 부족에서 베 짜는 기술을 신라에 전해주었으나 신라가 강성해지자 무리를 지어 일본으로 건너갔다고 한다.

지금도 영일 지방에는 줄줄이 이어 수평선 위를 지나가는 행렬을 지칭해서 "왜배 가는 것 같다"라는 표현을 사용하고 있는데, 이는 아득한 옛날 이 부족들이 가축과 가재도구를 싣고 수평선 저쪽으로 왜 나라를 향해 줄줄이 사라져 가던 모습에서 유래된 표현이라고 한다.

일월지, 시 「청포도」의 무대

웃도구 남서쪽에 있는 농장동은 예전에 포도 농장이 있던 곳으로 포항 포도주가 유명했다. 농장동 남쪽으로 골짜기가 있는데, 그 아래 일월지가 있다. 일월 사당이 있는 이 부근 포도밭에 서면 아스라이 이육사 시인의 땀 내음이라도 맡을 수 있을 것 같다. 그는 이곳 청포도밭에서 위장 취업을 했고, 그때 고향 안동을 그리워하며「청포도」라는 시를 지었다고 한다.

> 내 고장 칠월은
>
> 청포도가 익어가는 시절
>
> (…)
>
> 내가 바라는 손님은 고달픈 몸으로
>
> 청포를 입고 찾아온다고 했으니

이육사李陸史(1904~1944)는 경상북도 안동시 도산면 원천리에서 출생했다. 본명은 원록 또는 원삼이었는데 개명해 활活이 되었고, 자는 태경이며 아호인 육사는 대구형무소 수감 번호 이육사二六四에서 따왔다.

중국을 자주 왕래하며 독립운동을 하던 이육사는 1943년 가을 잠시 서울에 들어왔다가 일본 관헌에서 붙잡혀 북경으로 송치되고, 그 후 1944년 1월 북경 감옥에서 생을 마감했다. 1946년, 사후에야 비로소 시집 발간이 이루어지며 청포도, 황혼, 절정, 광야 등이 그의 대표작으로 애송되었고, 1968년 안동에 그의 시비가 건립되었다.

마고할멈의 지팡이였던 선돌

동해초등학교 남쪽으로 3m 높이의 선돌이 있다. 부족국가시대 국경 표식이었다는 이야기도 있고 마고할멈이 짚던 지팡이였다는 이야기도 있지만, 이 바위에서 기도를 하면 아들을 낳는다는 말이 있어 아들을 낳고자 하는 사람들의 발길이 지금도 계속 이어지고 있다.

동쪽으로 파도가 만경이요, 서쪽으로 운하가 천태로다

장기, 영일, 홍해, 청하 네 고을을 통합하며 이루어진 도시, 포항. 『신증동
국여지승람』 '청하현 형승조' 홍여방洪汝方의 기문에 "동쪽으로 넓은 바다를 눌
러 파도가 만경이요, 서쪽으로 중첩된 봉우리와 나란히 서 있어 운하가 천태
로다"라고 기록되어 있지만 당시의 포항은 왜구 침입이 잦아 백성들의 삶이
신산하기만 했던 곳이다.

포항제철, 1970년대 중공업 산업 국가로 발돋움하는 계기

포항 지역사에서 크게 획을 그을 수 있는 일이 있다면, 그것은 형산강을
끼고 포항 남쪽으로 자리 잡은 포항종합제철 건설이다. 1970년부터 1981년까
지 장장 11년에 걸친 대공사 끝에 완공했다. 이제는 포스코로 개명 후 세계 제
일의 철강회사로 명성을 누리며 기계, 금속, 선박, 자동차, 건설 같은 굵직한
산업의 기초 소재를 공급하는 기간산업을 이루고 있다. 1968년 당시 정부가 포
항종합제철을 백만 톤 이상의 생산력을 갖춘 제철소로 건설하겠다고 했을 때,
"경제적 타당성이 없다"라며 외면당했다. 기술, 자본, 경험에서 내세울 것이 없
는 악조건을 딛고 세계적인 제철소를 이룬 것은 기적 같은 일이다.

도반 유재훈 선생의 죽마고우인 김승현 기장 덕택에 우리 일행은 건물 2
층 VIP룸에서 포스코 견학이라는 예정에 없던 선물 같은 시간을 누렸다. 물과
불이 계속 이어지면서 하나의 거대한 철근이 되고 빨간 두부가 식으며 철이 되
는, 그러나 사람은 그림자도 보이지 않고 즐비한 생산라인만이 질서 있게 가
동되어 완성품을 만들어내는 경이로운 공정 과정을 지켜보았다. 그곳에서 점
심 대접까지 누리고 송도해수욕장으로 향했다.

포항제철이 들어서며 경제 발전에 기여한 바도 크지만, 형산강에 범람도

함께 일어나 송도해수욕장은 그 빛을 잃어가고, 맛이 뛰어나 일본으로 수출까지 되었던 영일만 방어도 자취를 감추고 말았다.

포항제철 건설로 사라진 것들

현재 포스코가 자리 잡은 곳에 대송정으로 유명한 조선시대의 역, 대송역 大松驛이 있었다. 대송정은 동쪽 바닷바람을 막기 위해 소나무를 많이 심어 울창한 숲을 이루었고, 그 숲 앞에 흰 모래밭이 있으니 경관 좋은 해수욕장을 이루었으리라. 하지만 공업단지 조성으로 그 풍광은 사라졌고, 동촌 남쪽으로 부련사浮蓮寺라는 절집도 사라진 지 오래다. 포스코가 들어서 있는 포항시 남구 송내동 주진리에 조선시대 행인들의 편의를 제공하던 주진원注津院이 있었으나, 그 역시 흔적조차 찾아볼 수 없다.

포항제철 옆을 흐르는 형산강은 울산광역시 울주군 두서면斗西面에서 발원해 경주시를 지나고, 안강읍 동쪽 경계를 흐르다가 북동으로 진로를 꺾어 연일읍을 거쳐 포항시를 관류, 영일만으로 흘러드는 강이다. 유역면적 1,132.96㎢에 길이 63.34㎞에 이르는 이 강은 포항이 항구도시로 유명세를 얻는 데 일

조한 바가 크다. 형산강은 강으로는 그리 규모도 크지 않고 지류도 많지 않지만, 강 유역으로 비옥한 평야를 발달시켜 천년 고도 신라의 도읍지 경주와 세계문화유산으로 지정된 양동마을을 일구었으며, 예나 지금이나 경주·포항의 젖줄 역할을 하고 있다.

죽림산, 하늘을 날다 내려온 산

포항시 용흥동 죽림산竹林山, 산 전체가 조릿대로 가득했고 가뭄이 들 때면 기우제를 지내기도 했다. 봉우리가 묘하게 생긴 데다 삼면이 산으로 둘러있고 앞으로 영일만이 훤하게 탁 트여 있어 회재 이언적李彦適과 수운 최제우가 기문으로 칭송하기도 했다. 그 산에 얽힌 전설이 재미있다.

옛날 지금의 포항 의료원 앞에 있는 감실지甘實池에서 젊은 여인이 빨래를 하고 있었는데, 갑자기 천지를 진동시키는 듯한 우레 소리가 들려왔다. 깜짝 놀란 여인이 하늘을 쳐다보자 큰 산 하나가 동해를 향해 날아오고 있었다. 그 모습에 여인이 "아이고, 산이 날아온다" 하고 소리쳤고, 그 순간 날아오던 산이 그 자리에 우뚝 멈춰 섰다고 한다. 그때 산의 형세가 마치 봉황이 날아가고 있는 모습과 같아 봉황산이라고 하고, 또 한편으로는 다리를 움츠리고 있는 말과 같은 형세가 있다고 복마산伏馬山이라고도 불렀으나, 이후 산 전체가 대나무 숲으로 울창하다 해서 죽림산이 되었다.

형산강 지류의 하나였던 칠성강, 이제는 호수로 변해 그 흔적과 이야기만으로 남아 있다. 신라 시절 이 강 부근에 칠성七星이라는 사내가 홀어머니 함께 살고 있었다. 어머니는 밤이 되면 연인을 만나기 위해 강을 건너다녔다. 어느날 이 사실을 알게 된 칠성이 어머니의 밤마실을 위해 돌을 날라 강에 징검다리를 놓아드렸다고 한다. 그 다리를 효자孝子다리, 소자다리라고 한다.

형산강변 주진나루 청어, 그 산출량으로 다음 해 농사를 예측하다

주진注津은 현의 북쪽 15리, 즉 경주 안강현 형산포 하류에 있으며,
동쪽은 바다로 흘러 들어간다. 겨울이면 청어靑魚가 반드시 가장 먼
저 이곳에서 잡힌다는데, 이것을 나라에 먼저 바친 뒤에야 여러 읍
에서 잡기 시작했다. 또 이 청어의 산출이 많고 적음으로 다음 해
풍년일지 흉년일지를 점쳤다고 한다.

『신증동국여지승람』

아마도 그 당시 나라 전역에서 잡을 수 있었던 청어가 기온이나 기후에 민
감하게 반응하는 특성이 있어 그렇게 활용되지 않았을까 싶다. 허균許筠은『성
소부부고』에서 청어에 대해 다음과 같이 기술하고 있다.

청어는 4종이 있다. 북도 산産은 크고 속이 희다. 경상도 산은 껍질
은 검고 속은 붉다. 전라도 산은 조금 작으며, 해주에서 잡은 것은
2월에 맛이 극히 좋다.

주진리에 인접한 곳에 송정이 있고, 송정 서북쪽으로 형산강 강변에 대송
진大松津이라는 마을이 있었다. 그 마을은 월성군 강동면 국당리에 있는 부조
시장이 번성하던 시절에 모든 화물 상선들이 정박할 정도로 번창했다. 그러다
포항 개항을 맞아 부조 시장은 점차 쇠퇴해 가더니, 1969년 공업단지로 선정되
면서 옛 모습을 완전히 잃어버렸다고 한다.

송도해수욕장을 따라 걸었다. 걸어가다 보면 어디엔가 다리라도 있지 않
을까 지레짐작했는데 없다. 부두까지 이르렀던 발길을 되돌려 나와 항구동에
이른 것은 한참이나 빈 발품을 팔고서였다. 항구동 동쪽으로 자리 잡은 두호

동斗湖洞은 고려 31대 우왕 시절 통양포通洋浦 만호진*을 두었던 곳이다.

두호동 포항창

두호동 창들倉坪에는 조선 영조 7년인 1731년에 경상도 관찰사인 조현명趙顯命의 상소로 설치된 포항창이 있었다. 별장 1명, 군관 17명, 아전 지인·사령 등 43명의 인력에 배 17척으로 경주 흥해, 연일, 창하, 장기 등 여러 고을의 곡식을 보관하는 곳이었다. 해맞이공원이 있는 환호동을 지나 여남동이다. 환호동을 지나며 햇살마저 사위어가는데 바닷가 길이 끊기고 만다.

끊어진 길을 이을 수 없으니……. 어쩔 수 없이 차를 부른다. 차를 기다리며 방파제에 등을 기대어 비스듬하게 누워 파도 소리를 듣는다. 부서지고 또 부서지며 달려왔다 달아나기를 반복하며 일으키는 저 파도 소리, 하늘에 구름은 더없이 희다. 아는 이 하나 없는 포항이라는 도시, 그 끄트머리 한 자락을 차지하고 드러누워 나는 무엇을 생각하는가?

여남리, 영일만 바다가 환히 한눈에 내려다보이는 곳, 해수탕하와이를 숙소로 정했다. 도보 답사에서 정말 중요한 일은 하루 일정을 마치면 언제나 뜨끈한 방에서 숙면을 취하는 것이다. 방을 얻을 때면 습관처럼 방을 따뜻하게 데워달라는 말을 제일 먼저 건넨다. 그런데 오늘 숙소는 방바닥은 따뜻하지만 외풍이 드세다. 그래도 하는 수 없다. 새벽 두 시에 한기를 느끼고 일어나 옷을 껴입는다. 다시 누웠으나 깊게 잠들지 못했다.

---

* 조선 제11대 임금인 중종 12년에 흥해 칠포로 옮겨진다.

화진리 경계에
이르다

〰 여드레째, 2월 29일

또 다른 해가 시작되고

동해 해파랑길을 걸으며 누리는 가장 큰 혜택은 날씨가 맑기만 하다면 세상에서 가장 붉게 타오르는 일출을 보며 하루를 시작할 수 있다는 것이다. "바다에서의 아침은 세상의 처음을 보는 것과 같다"는 알베르 카뮈의 말을 빌리지 않더라도, 매일 저물고 떠오르는 태양을 볼 수 있다는 것은 일생에 얼마나 큰 행운인가?

하지만 오늘은 아니다. 구름이 자욱하다. 이번 답사에서 마지막으로 보게 될 영일만이 구름 속에 흐릿하다. 강변을 따라 걷는 길은 여남동에서 끝이 났다. 우리는 다시 20번 지방도로로 돌아가야 한다. 그렇게 돌아 걷다 보니 어느새 탁 트인 영일만이 시야에 들어온다. 흥해읍 죽천리의 죽천교다.

흥해, 동쪽 바다를 끼고 있어 어염 생산이 많은 데다, 넓게 펼쳐진 비옥한 농토가 있어 얻은 지명. 흥해는 조선시대 현이었다. 본래 신라 시대 퇴화군退火郡이었으나 수차례 변천 과정을 거쳐, 공민왕 16년에는 천희국사千熙國師의 고향이라는 이유로 지군사知郡事로 승격된 것이 조선시대까지 이어졌다.

풍요로운 땅, 흥해

흥해는 동쪽 바다를 끼고 있어 어염 생산량이 많은 데다 넓고 비옥한 평야까지 있다고 해서 붙은 지명이다. 조선 초기의 문신이었던 권근이 작성한 『신성문루기新城門樓記』에 흥해에 대한 기록을 남겼다.

> 고개를 넘어 동남쪽으로 가면 바다 위 수백 리에 이르는데, 군이 있으니 흥해다. 땅이 제일 끝까지 가다가 막혔는데, 물고기와 소금과 땅이 기름져서 이로움이 있다. 그 옛날에 여기 사는 백성들이 편안하게 살았는데, 중간에 왜적의 난을 입고 나서부터 점점 메마르고 황폐해 갔다. (…) 그러나 수령은 먼 마을에 붙어 있고, 감히 오지 못하는 것은 옛날이나 같았다.

바다와 평야에서 풍요를 산출해 온 그 땅에 왜구들의 침입이 얼마나 잦고 극심했으면 백성의 삶이 황폐해지고, 발령을 받은 고을 수령조차 발을 들이지 못했을까.

흥해에서 청하면으로 넘어가는 고개, 별래재. 옛날에 별래재에 도둑이 너무 많아서 별이 뜨거든 고개를 넘지 말라는 말까지 있을 정도였다. 이 고개가 지명 때문에 고초를 겪은 일이 있다. 선조 때 흥해군수로 발령 받은 어득강魚得江이라는 사람이 관내를 순회하다가, 이 고개의 이름을 듣게 되었다. 그는 별래재라는 지명에 깜짝 놀라며 "내 성이 어가인데, 고기가 벼리 속에 들면 죽는 것이니, 벼릿줄을 빨리 끊어야 한다"라고 하며 인부를 풀어서 이 고개를 끊게 했다. 그 과정에서 민폐가 얼마나 심했던지 경상감사가 작업을 중단시키고 군수도 파면시켰다고 한다. 그 일을 두고 이 지역 사람들 사이에서 회자되는 말이 '반풍수半風水가 집안 망친다'는 표현이다.

죽천리에서 가장 큰 마을인 지을知乙리 선착장에서 다시 바닷길은 끊긴다. 길을 돌아가니 죽천초등학교가 있는 우목리이다. 흥해읍 우목리에서 만나는 바다는 가히 환상적이다. 불그스레한 햇살이 드리운 검푸른 바다, 멀리 영일만의 끝자락인 대보리가 먼 듯 가깝다.

칠포, 고대 문화를 담은 바위 그림

흥해읍 곡강리曲江里 곡강교를 지나자 바닷가에 자리 잡은 서울대 음대 하계학교와 칠포해수욕장이 나온다. 이 근처에 칠포성七浦城이 있다.

칠포성, 중종 5년인 1510년에 축성하기 시작해서 7년 만인 1517년에 완성을 이루고, 그 해에 만호진을 두어 만호 1명, 소맹선 3척, 군사 없는 소맹선 1척, 수군 200명이 주둔했다고 한다. 고종 8년인 1871년에 만호진은 동래부로 옮겨갔

다. 들 한가운데 외따로 우뚝 솟아 흥해읍 칠포리와 황안리 경계를 이루고 있는 고령산高靈山(176m), 고령군이 본래 고령에 있다가 날아간 것이라고 주장하며 해마다 20냥兩을 바치게 만들었다는 이 산은 부근에서 가장 높아 중국 곤륜산에 비긴다고 한다.

> 빈산, 아무도 더는 오르지 않는 빈산
> 해와 바람이 부딪쳐 우는 외로운 벌거숭이 산

문득 김지하 시인의 「빈산」을 떠올리게 만드는 칠포리, 그곳 노변에 칠포바위 그림이 있다. 포항시 흥해읍 칠포리 암각화岩刻畵(바위 그림)는, 1989년 11월에 해발 176m의 곤륜산 동북쪽 골짜기에서 발견되었다. 지역에서 고대 문화 연구 활동을 하는 포철 고문화연구회에서 바위 그림의 존재를 확인하고, 그 뒤 여러 차례에 걸친 조사 활동을 통해 더 많은 암각화를 발견했다. 그 결과 행정구역상 칠포 1리와 2리를 가로지르는 소동천 남쪽으로 쌍두들, 농발재, 신흥리新興里 오줌바위 일대와 곤륜산 일대에 걸쳐 전체 5개소에 총 11종의 바위 그림이 분포되어 있음을 확인했다.

곤륜산은 바다에 인접해 있으면서도 주위와는 독립되어 있는 별봉이고, 산 남쪽으로 바다로 유입되는 곡강천이 흐르고 있다. 바다로 트인 큰 골짜기와 연결된 작은 골짜기 곳곳에 주변 산에서 굴러 내려온 바위들이 흩어져 있는데, 그것들 가운데 그림이 새겨진 바위가 있다.

그 바위 그림을 두고 해석이 분분하다. 추상화된 가면 혹은 사람 얼굴이라는 설도 있고 철기시대의 방패를 상징하는 '방패문 암각화'라는 견해가 있는가 하면 돌칼의 손잡이에서 유래한 '검파형 암각화'라는 설 등 다양한 이론이 있다. 그러나 정작 칠포 그림을 발견한 사람들은 다른 견해를 보인다. 그들은 농경 사회가 시작되면서 풍요, 재생, 다산의 이미지를 여성에게서 찾던 선사시대 사람들이 그 여성상을 간직한 '대지의 어머니에 대한 신앙과 숭배의 관념을 가시적으로 나타낸 것'이라고 보고 있다. 그 많은 가설들 가운데 그래도 설득력 있게 다가오는 내용은 칠포 바위 그림이 고인돌에서 발견된다는 점에 비추어 본 것인데, 이 일대에 고인돌을 조성한 주민과 바위 그림을 제작한 집단 사이에 밀접한 관련이 있을 것이라는 추정이다.

암각화를 바라보고 있는 그 사이에 머리 위로 헬기 한 대가 계속 우리 주변을 맴돈다. 이상하다. 나중에 알고 보니 포스코에 근무하는 유재훈 선생의 친구가 우리를 위해 공중에서 격려를 보냈다고 한다. 길에 선 나그네를 생각해 주는 그 마음이 너무 고맙다.

오도리, 영일사방준공비

경북 포항시 흥해읍 오도리, 섬목 동쪽 바닷가에 까마귀가 모여 있는 형상의 아름다운 섬 오도에서 지명을 따온 그곳에 영일 사방 준공비가 있다. 우리나라에 사방沙放 기술이 도입된 지 100년째 되는 해인 2007년에 대규모로 조성된 '사방 기념공원'에 만들어진 것이다. 이곳은 경북 동해안의 관광 자원과 연계된 지리적 이점을 최대한 살려 다른 공원에서 볼 수 없는 색다른 볼거리를 제공하며 많은 관광객을 유치하고 있다.

산림청에서 국가 산림 문화 자산으로 선정한 사방 준공비를 바라보느라 정신이 없는데, 멀찍이서 우리를 지켜보던 마을 사람이 불쑥 말을 건넨다.

"어디까지 가는교?"

"두만강까지 가는데요."

"참말로 그곳까지 간다는 말입니꺼? 허허허."

제 돈 써가며 고생해서 그 먼길을 걷다니 웃음밖에 안 나오나 보다.

청하, 하늘과 땅이 어울려 어둡고도 침침하네

사방공원을 지나니 포항시 청하면 청진리에 이른다. 청진, 두만강이 멀지 않은 곳이다. 그새 그렇게 많은 거리를 걸었다는 말인가?

청하면 청진리青津里, 푸른 나루……. 푸른 대나무가 많은 데다 대곶이 밑 바닷가에 위치해서 생긴 지명이다. 이제는 포항시에 딸린 면 소재지지만, 청하 역시 조선시대에는 독립된 현이었다. 청하를 두고 홍여방洪汝方은 "동쪽으론 넓은 푸른 바다를 누르는 듯 파도가 만경萬頃이요, 서쪽으론 중첩된 봉우리가 나란히 서 있어 구름과 놀이 온갖 모습으로 변화한다"라고 기록했고, 박효수는 "하늘과 물이 서로 어울려 어둡고도 침침하네"라고 노래하기도 했다.

청하라는 고을은
넓고 푸른 바닷가 후미진 곳에 있지
논밭의 규모와 인구 수를 보면

부유하고 번성함에 못지않은데

한 번 왜적의 침략 겪고 난 뒤부터

날이 갈수록 더더욱 쇠잔해졌다지

조선 전기의 문신 이행의 시가 남아 전하는 것과 같이 왜구들의 침략이 잦아서 살기가 힘든 고장이라서 언젠가는 바닷가 마을을 다 비우고 산골로 옮겨 가 살기도 했다.

청진 선착장과 대곶이 선착장을 지나자 이가리二加里에 이른다. 옛날 두 기생이 이곳에 들어와 살며 80세를 넘겨 늙어갔다고 해서 '이기노二妓老'라고 하던 것을 고쳐 부르게 되었다고 한다. 이가리 남쪽에 제당이 있어 매년 정월 보름이면 동제를 지내고, 9월 중순에는 날을 잡아 별신굿을 지내 풍어를 기원한다. 이때 '도씨都氏 터전에 김씨金氏 골목'이라 말하며 흥겹게 굿을 한다.

형제암 북서쪽 바닷가에 물새가 많이 앉는다는 새바위가 있고, 그 바위에서 서북쪽 바닷가로 높이 300자 둘레 1,000여 자에 이르는 큰 바위가 우뚝 솟아 있는데 그 앞바다가 거울같이 맑게 비춰준다는 뜻의 조경대다.

그 바위에서 인조 2년인 1624년에 부제학 취흘醉吃 유숙柳潚, 경주부윤 이정신李廷臣, 청하현감 구암龜岩 유사경柳思璟, 송라찰방 변효성邊孝誠이 구기주를 마시며 놀고 있었다. 때마침 임任씨 성을 가진 사람이 고래 잡는 모습을 보게 되었고 그 모습을 신기하게 지켜보던 유숙이 거울 경鏡자를 고래 경鯨자로 바꾸어 조경대釣鯨臺라고 하고 그 뜻을 시로 읊기도 했다.

이가리에서 방어리까지 해안선으로 둘러싸인 수역, 월포만이 있다. 용두리를 벗어나자 바로 월포리 월포해수욕장이다. 이곳에 만호진이 있었다. 월포리에서 돌아가자 방어리에 이른다. 월현산 모퉁이 동해 바닷가에 있어 어업으로 산다는 의미를 지닌 지명 방어리, 그곳 방어진 서쪽으로 국립수산과학원 수산종묘시험장이 있다.

보경사, 천년 세월을 버틴 원진국사비

멀리 보이는 내연산 자락에 지역 유명 사찰인 보경사寶鏡寺가 있다. 고려 시절 이송로李松老가 글을 지었다는 원진국사비圓眞國師碑가 천년 세월을 변함 없이 지키고 있는 이곳 청하 일대에도 왜구들의 침입이 잦았음을 양촌 권근의 글에서 확인할 수 있는데, 바닷가에서 산다는 것이 얼마나 힘든 삶이었는지를 미루어 짐작할 수가 있다.

기사년 겨울에 내가 영해로 귀양을 갔다가 이듬해 봄에 흥해로 양 이量移되어 바다를 따라 남쪽으로 가다가 이른바 청하현 지경을 지 나게 되었었다. 이때 왜인들의 노략질 때문에 연해변 지역이 황무 지가 되었는데, 영해는 성을 쌓은 지 겨우 1~2년이라 유민들이 생 업에 복귀하는 자가 다소 있었고, 청하등지는 적적하게 사람이 없 었다.

조사리, 원각국사의 고향

방어리에서 벗어나니 바로 송라면 조사리祖師里이다. 원각조사가 태어난 곳이어서 조사다. 고려 우왕 5년(1379) 2월 15일에 아버지 김백광, 어머니 정 덕인 사이에서 태어난 원각국사는 매우 총명해서 여섯 살에 사서四書를 통달 하고 아홉 살에 시경, 열 살에 서경, 열한 살에 주역을 읽어 시문은 물론 자연의 이치까지 터득했다. 맑은 정신에 생황처럼 청아한 음성까지 지녔으나 과거에는 응시하지 않고, 스물한 살 되던 해 최씨 성을 지닌 부인을 맞아 밭 갈고 우물을 파는 백성들 속에 섞여 평범한 삶을 살았다.

집 가까이에 있는 보경사와 성도암을 찾아 높은 스님과 문답하고 불경을 공부해 참다운 생의 진리를 깨달아가며, 마을 사람들에게 기후변화와 풍흉, 왜군의 침범, 그리고 장차 이곳 송라에 역이 생길 것을 예언하기도 해서 사람들은 그를 이인 또는 성인이라 칭송했다. 그가 숨을 거두자 불제자들이 불교의식에 따라 화장하자 수십 과의 사리가 나왔다. 그 사리를 거두어 상태사에 부도를 세웠으나 절이 폐사되는 과정에서 함께 사라졌다. 그러다 1933년 장마에 비 받침돌이 드러났고, 마을 사람들이 인근 밭에서 이 비를 발굴했다. 그 비를 보경사에 세우려고 했으나 일본인들이 이 비에 배일사상이 깃들었다며 파괴하려 들었다. 그러자 마을 사람들이 다시 이 비를 진흙 속에 감추어 두었다가 1945년 해방을 맞아 원각조사의 탄생지인 조사리로 옮겨 세웠다.

화진해수욕장, 긴 세월에도 씻기지 않는 임진왜란의 상흔

방석리에서 봉화산 자락을 지나며 11번 도로를 벗어나니 한적한 바닷가 길이다. 양양하게 펼쳐진 바다. 저 바다 너머엔 무엇이 있을까? 사뭇 한가로워진 마음으로 뒤따라오는 일행들을 돌아본다. 그 모습이 저마다 제각각이다. 빠르고 느린 걸음, 서로를 신뢰하고 의지하는가 하면 어느 한순간에 불신을 드러내고 애증이 교차하는 감정을 드러내기도 한다. "아랫길로도 못 가고 윗길로도 못 간다"라는 옛말이 우리 모습인 것 아닐까? 길 위에서 이루어야 할 어쩔 수 없는 자기 극복 과정이리라. 어느새 여정은 화진리에 이른다.

신라 시절 건축했으나 임진왜란에 사라진 절, 반룡암이 있던 화진리華進里.

반룡암에는 금으로 조성된 부처가 있었다는데 일본인들이 가져갔다고 한다. 화진리 대진大進마을, 뒤로 봉화산이 앞으로는 푸르른 동해가 활짝 펼쳐져 있다. 바다 빛의 푸르기가 마치 가을 하늘과 같다. 대진 북서쪽으로 연화산에는 물 위에 뜬 연꽃 지형의 명당이 있다고 알려져 있다.

밥때는 굳이 시계를 들여다볼 필요가 없다. 걷는 중에 점심때를 알리는 생체 시계가 작동되었다. 그런데도 일행들은 걷기 삼매경에서 빠져나올 줄을 모른다. 아무래도 화진해수욕장은 그냥 지나가야 할 것 같다. 뒤늦게 유재훈 선생과 박연숙 씨가 점심 준비를 위해 차로 떠나고 우리는 아랫길로 접어든다.

화진해수욕장은 동해의 해수욕장 가운데 비교적 규모가 큰 편이다. 가도 가도 끝을 알 수 없을 것처럼 넓게 펼쳐진 모래밭을 걷기란 멀리서 보면 아름답게 보이기도 하고 낭만적으로 보일지 몰라도 실상 걷는 사람에게는 그만한 고역이 따로 없다. 마치 타클라마칸 사막을 건너는 것처럼 몸을 가릴 그늘조차 없다. 그 끝을 가늠하기 힘든 백사장을 지나다 군 초소에 부딪쳤다. 군사구역이니 돌아가라는 초소 담당자에게 사정사정하고 건너가니, 일행 몇몇이 화전휴게소에서 점심을 먹고 있었다.

"발과 눈은 거짓말을 해서는 안 된다"

최명운 씨는 조금 늦게 도착한 우리에게 다른 사람들이 지나가며 주고받았다는 이야기를 들려주었다.

"야야, 저 사람들 좀 봐라. 해운대에서 두만강까지라 칸다."

"어데?"

"말이 된다고 생각하나?"

"볼 때는 걷고 안 볼 때는 차 타고 다 그런 기다."

"진짜로 걷는 거 같은데."

그러자 "요새 저래 걷는 사람이 어데 있다고 그라노!" 하면서 버럭 화를 내더라는 것이다. 금강을 걸을 때 우리를 취재했던 모 방송국 PD도 내게 그런 말을 건넨 적이 있다.

"선생님, 우리가 볼 때는 걸어가고 우리가 보지 않으면 차 타고 가는 것 아닙니까?"

나는 상상조차 하지 못했던 그 말, 그 말이 결국 나를 더욱 정직하게 걷게 만들었다. 옛사람들은 "발과 눈은 거짓말을 해서는 안 된다"고 말하곤 했다. 그러한 일련의 말들이 힘겨운 길에서 허우적대면서도 한 발 한 발 정직한 걸음을 걷게 했는지도 모른다.

우리가 건너온 화진해수욕장 모래사장에는 지금도 임진왜란의 자취가 남아 있다. 임진왜란 당시 이곳에 왜군들의 상륙이 일어나자, 우리 의병들이

습격하면서 수많은 사상자가 나왔고, 당시 수습되지 못한 주검들이 지금도 장마 때면 백골로 드러나고 있다. 한국전쟁 때 북한군 상륙지 역시 바로 이곳 화진해수욕장 부근이었다.

화진리를 지나자 드디어 청하와 영덕의 경계를 이루는 지경地境리이다. 이곳 산은 일부는 도씨 소유인 도씨 산이 있고, 도씨 산 서쪽으로 김씨 소유인 김씨 산이 있으며, 김씨 산 옆으로 최씨 산, 그리고 김씨 산 서쪽으로 마을 공동 소유인 동산洞山이 있다. 신기하다, 신기해. 우주 역사에 비추어보면 하루살이와 같이 그저 잠시 머물다 가는 인생살이에 붙잡아 매어두고 집착할 수 있는 것이 어디 있다고 내 것이니 네 것이니 하며 소유하고 집착하며 살아가는지, 나를 비롯한 우리네 삶의 모습이 가엾기 그지없지 않은가.

회오리바람 문득 일어 바다를 뒤엎으니, 하늘과 물이 서로 어울려
어둡고도 침침하다. 은산의 일만 봉우리 낮았다 다시 솟으니, 백천
의 천둥소리와 북소리 일시에 일어나서, 부상이 떠나갈 듯 지축이
흔들리니 누구의 장난인가. 경(숫 고래), 예(암 고래)의 짓일세.

박효수朴孝修가 시로 노래한 청하의 바다가 푸른 물결로 일렁인다. 그 사이 우리 발걸음은 영덕군 남정면 부경리阜境里에 이른다.

드디어 영덕 땅이다

"여기는 영덕군입니다"라는 팻말로 환영하는 어촌 고을, 남정면 부경阜境리다. 이곳에서는 대구, 문어, 미역 등이 주산물을 이룬다. 샛들에 정지남배기

라는 논이 있는데, 큰 정자나무가 있어 7월 7석이면 이 나무 밑에서 농민들이 놀았고 오월 단오에는 마을 여자들이 그네를 뛰고 놀았던 곳이다.

명사십리가 빼어난 장사해수욕장

지경리에서 언덕배기를 넘으니 장사리長沙里다. 그곳에는 동해안 해수욕장 가운데에서도 그 경관이 빼어나기로 소문난 해수욕장이 있다. 동쪽 동해안가로 길게 펼쳐진 모래톱 명사십리明沙十里가 있고, 소나무 군락이 숲을 이루고 해당화가 흐드러지게 피어 아름다운 풍광을 이루어서 사시사철 많은 사람들의 발길이 끊이지 않는다.

이곳에 자리 잡은 장사리 328번지 장사관 터, 앞으로 동해 푸른 바다와 넓게 펼쳐진 명사십리가 있어 풍광이 빼어나다. 이곳에 관리들이 동사를 짓고 쉬어갔는데, 세월이 흘러 쇠락해지자 동사는 헐어내고 외남면 사무소를 지었다고 한다. 장사 복판에 돛대나무가 서 있다. 장사의 지형이 배의 형상이라 돛대를 갖추어야 한다고 해서 한복판에 나무를 심었다고 한다.

부흥시장 북쪽에 모래톱에는 빨쥐(박쥐)가 많이 모여들어, 부흥리와 원착리 사이 동해 바닷가에 빨쥐가 살면서 안동까지 뚫려 안동굴이 생겼다는 말이 있을 정도다. 붓골 어귀에 자리 잡은 서낭당, 그 골목제당에서는 해마다 정월 열나흘이면 골목님을 모시고 제사를 지낸다.

MBC 드라마 〈그대 그리고 나〉의 촬영지기도 한 장사해수욕장을 지나 언덕을 휘돌아 가자 길 건너에 경보화석박물관이 보인다. 경상북도 영덕군 남정면南亭面 원척리에 있는 경보화석박물관은 국내 최초이자 최대 규모의 화석전문 박물관이다. 개인 수집가인 강해중 씨가 20여 년 동안 수집한 화석으로 1996년 6월 26일 개관했다. 한국 및 세계 20여 개국에서 모은 화석 1,500여 점을 시대별, 지역별, 계통별 특징에 따라 분류해 전시하고 있다.

원씨가 터를 잡고 살았던 원척리

박물관을 지나자 원척리다. 이 터에 원씨가 처음 자리를 잡고 살아서 원척리라고 한다. 남서쪽으로 성산령星山嶺이 있고, 비앗골 서쪽 깊은 골짜기에는 도둑들이 숨어 살았다는 도둑골도 있다. 구계항과 남호교를 넘자 넓게 펼쳐진 남호해수욕장이 보이고, 영남대학교 수련원을 지나면 드디어 강구면 삼사리 피전동이다. 한 발 한 발 걷다 보니 어느새 하루 일정을 마무리해야 하는 종착점이로구나. 오늘 밤 묵어가기로 한 삼사파크에 짐을 풀고 강구항으로 이동했다. 영덕지역의 명물, 영덕대게로 저녁을 먹고 돌아오는 강구항, 문득 보들레르의 「항구」를 떠올린다.

항구란 인생의 투쟁에 지친 영혼을 위한 매혹적 거실과 같다.

동쪽에서 끝나는 땅
영덕

～ 아흐레째, 3월 1일

강구항, 영덕 대게가 지천인데

아침에 일어나 달력을 보니 벌써 아흐렛날 3월 초하루다. 지도를 펼쳐보니 제법 먼 거리를 걸었다. 내가 지도로 확인해 보아도 한눈에 이렇게 먼 거리를 한 발 한 발 걸어왔다니!

나그네에게 유일한 즐거움이 있나니, 참고 견디는 것이 유일한 낙
樂이다.

헤르만 헤세의 『유리알 유희』의 한 구절처럼 일주일을 걸어 3월 첫날.

다시 등 돌리고 걸어가면, 등에 와 박히는 화살 같은 3월, 그대 외로움 달려와서 함께 피 흘리고 말았었지.

이성부의 시「노래 조調」를 읊어본다.

2월 마지막 밤에서 3월 첫 아침까지 우리 일행이 머무른 삼시랑리는 시랑 벼슬을 지낸 세 사람이 숨어들어 살았던 곳이라고 해서 붙은 지명이다. 바닷가로 나가니 붉게 떠오르는 해에 눈이 부시다. 바다 건너 강구항은 조업을 마치고 들어오는 몇 척의 배만이 유유히 항해할 뿐 그저 고즈넉하다. 느린 걸음으로 강구대교를 건너 강구리에 이른다.

오포영이 있던 오포리

강구항에서 오십천을 따라 올라간 오포리에 조선시대 수군만호가 지키던 오포영烏浦營이 있었다. 『신증동국여지승람』 '관방조'에 "현 남쪽 13리에 있다. 순변사巡邊使 고형산高荊山이 옛 군영이 바닷길을 내다볼 수 없다고 해 여기로 옮겨 설치하고 석성石城을 쌓았으니, 둘레는 1,490척, 높이는 9척이다"라고 기록되어 있는 오포영은 본래 소월리에 있던 것을 이곳으로 옮겼다가 다시 옮겨갔다. 그 뒤 터의 지세가 세다는 이유로 집짓기를 꺼려 지금은 밭으로 남아 있다. 그래도 이곳 오십천에서 산출되는 흰 테 두른 은어는 맛이 좋아 조선시대 궁중에 올리는 일등 진상품이었다고 한다.

한편 강구항 일대에서 많이 산출되는 어류는 노가리다. 남쪽 바다에서 알을 깨고 나온 명태가 성어가 되기 위해 한류를 따라 북쪽으로 올라가다 길목에서 잡힌 새끼 명태를 말한다.

영덕 대게의 고장 강구항, 은어 낚시터인 오십천

영덕 지방에서 가장 큰 항구인 강구항江口港은 경치가 매우 아름답기도 하

지만, 영덕 대게로 유명세를 타는 곳이다. 매년 11월부터 이듬해 4~5월까지 이어지는 대게 철에는 수많은 대게잡이 배들이 항구로 집결하고 위판장이 운영되며, 일명 '대게 거리'로도 불리는 식당가도 3㎞나 이어져 있다. 강구항 남쪽을 통해 빠져나가는 오십천五十川은 은어 낚시터로 유명하다. 드라마 촬영지로도 알려지면서 새로운 관광명소가 되어 사시사철 관광객들로 북적이는 강구항에서는 새우, 오징어, 명태도 많이 잡힌다.

강구 동쪽 바닷가에는 천지天地 방우라고 해서 하늘같이 둥근 바위와 땅처럼 모진 바위 두 개가 있었는데 축항 공사를 하며 사라지고 말았다. 강구항을 벗어나 쇠나리라고 불리는 금진리 남쪽 소하동에 이른다.

오십천에는 은어가 놀고 공북정에는 거제화가 피는 소월리

마을 앞 오십천변에서 잡히는 은어로 이름난 강구면 소월리小月里, 그곳에 또 하나 이름난 것이 있다. 입래산과 영덕읍 구미리 공북정에서 피는 거제화巨濟花다. 늦은 봄철에 붉게 피는 그 꽃은 크기도 모양도 매화와 닮았지만 정확한 학명을 알 수 없는 꽃이다.

조선 중종 때 이 지역 출신으로 무과에 급제한 신종부申從溥는 청렴결백한 사람이었다. 그가 한성판윤, 거제군수 등을 거친 뒤 벼슬을 버리고 낙향할 때, 거제도에서 몇 그루 화초만을 들고 돌아와 고향인 입래산에 심어두고 꽃 보기를 즐겼다. 거제화도 그때 들여온 것이다. 마을 사람들은 거제에서 가져온 꽃이라고 해 거제화라고 불렀고, 1979년에 그의 후손들이 그가 태어난 곳에 공북정을 지으며 거제화 몇 그루를 옮겨심기도 했다.

대구대학교 수련원을 지나자 강구면 하저下渚리 임리에 이른다. 동해 바닷가에 자리 잡은 하저리에서 영덕읍으로 지방 도로가 개설되어 있다.

동쪽 바닷가에서 끝난 땅, 영덕

하저 쉼터에서 바닷가로 난 길을 따라가자 영덕읍 대부리에 이른다. 홍여방洪汝方은 『신증동국여지승람』에서 영덕을 두고 "땅은 동쪽 바닷가에서 끝나고, 산은 고을州과 함께 둘리었다"라고 말했으며, 권근은 영덕현 객관客館 기문에 "영덕은 바닷가에서 가장 멀리 떨어져 있는 곳이다"라고 평하기도 했다.

과메기가 숙성되어 가는 창포리

대부리에서 창포리까지는 그리 멀지 않다. 붓꽃이 많이 피는 갯가가 있어 창포라고 이름 지은 그곳에 아름다운 창포말등대가 있다. 가을 즈음 창포말을 찾으면 과메기를 만들기 위해 청어를 줄에 길게 매달아 놓은 모습을 어디

서나 볼 수 있다. 그 진풍경을 보노라면 간간이 과메기 사이에 날개를 쫙 펴고 죽은 갈매기가 매달려 있는 모습도 볼 수 있다. 그렇게 갈매기를 매달아두면 과메기를 훔쳐 가는 다른 갈매기들이 접근하지 않는단다.

강구에서 축산항까지 연결되는 해안도로는 1998년 4월부터 개발되기 시작해서 2002년 완공되었다. 2002년 월드컵을 맞아 지역을 찾는 관광객들에게 해맞이 장소를 제공하고자 개발된 이곳은 부채꽃과 패랭이꽃 등 야생화 2만 3,000여 포기와 향토 수종 900여 그루가 심겨 있다. 이곳 해맞이공원의 대게를 형상화한 창포말 등대, 공원 위쪽 산에 설치된 풍력 발전소가 지나는 사람의 눈길을 사로잡는다.

창포말 등대를 지나 바닷가로 인접한 길을 내려가니 영덕읍 대탄리大灘里다. 동해 바닷가 큰 여울 옆에 위치해 있어 해여울 또는 대탄이라고 불렸던 용바위가 있다. 대탄리 영덕 해맞이공원과 대탄해수욕장을 지나 오보리烏保里해수욕장을 만난다. 그곳에서 20번 지방도는 매정리 방향과 나뉜다. 오보에는 해마다 정월 열나흘이 되면 제사를 지내는 웃제당이 있다.

조선시대 물개를 진상했다는 노물리

동해 바닷가 어촌인 영덕읍 노물리老勿里에서는 지금 미역, 조개, 새우 등이 주로 잡히지만, 조선시대에는 물개를 잡아 나라에 진상했다고 한다. 방어가 많이 잡혔다는 방아짬, 돌매라는 사람이 미역을 따던 돌매방우, 상어 비슷한 물고기인 지투가 많이 잡히던 지투짬 등 노물리의 아름다운 옛 지명을 통해 이 지역에 해산물 종류가 다양했음을 미루어 짐작할 수 있다.

『신증동국여지승람』에도 "방어, 대구어, 홍어, 청어, 문어, 송어, 광어, 연어, 자해(대게), 고등어, 복, 해의(김), 세모(참가사리) 등이 이 지역에서 많이 잡

히던 어종이다"라고 기록되어 있는데, 그때 많이 잡히던 어종 대부분이 오늘날까지도 활발히 잡히고 있다.

풍부한 어종 때문이었는지, 궁벽진 이곳까지 광대들이 자주 찾아들어서 광대에 얽힌 지명도 많이 남아 있다. 광대가 줄을 타고 재주를 부렸다는 강대줄탄모기 고개, 광대들이 가무를 즐기며 놀았다는 깨끗개도 있다. 한가하게 물살에 흔들리는 노물항을 지나 다시 고개를 넘는다. 고개를 넘기란 힘이 든다. 물리적인 고개만이 아니라 나이 고개도 또한 그렇다. 서른 고개, 마흔 고개, 오십 고개, 그 고개를 넘기가 얼마나 힘들었던가? 어느새 숨이 가쁘다. 내 그림자도 숨이 차고 힘이 드는지 구부정하다.

돌이 많아 석리石里라고 이름 지은 석동리 예진芮津마을을 지나며 영덕읍에서 축산면으로 접어든다. 바다를 따라 이어진 바닷길이 그렇게 고울 수가 없다. 밀려와 부서지는 파도, 하얀 모래밭, 형형색색의 자갈들로 채워진 경정 3리 바닷가 길은 한적하면서도 아름답다.

경정마을에 도착해 점심으로 매운탕을 먹으며 맥주 한 잔을 곁들인다. 더위에 지쳐서인지 맥주가 마치 구세주 같다. 하지만 그것도 잠깐이다. 낮술은 취기가 금세 오른다. 취중 걸음이라……. 취한 상태에서 걷는 바닷길, 포장도

로지만 그런대로 걸을 만하다. 그리 많이 걷지 않았는데 대게 원조 차유마을
이라는 경정 2리에 이른다. '어서 오십시오, 3월의 아름다운 어촌 경정 2리'라고
쓰인 팻말을 바라보며 바다로 향하는 길을 내려가자 바다를 바라보고 지어진
정자 근처에 영덕 대게 탑이 세워져 있다.

영덕 대게

　　영덕 대게는 다리가 대통처럼 길어서 생겨난 이름이다. 1960년대만 해도
강구항에 산더미처럼 쌓일 정도로 많이 잡혔지만, 마구잡이로 포획한 결과 한
때는 한 마리에 몇십만 원을 호가할 정도로 진귀한 특산물이 되고 말았다. 그
렇게 부족해진 수효를 채우기 위해 러시아 일대에서 잡힌 대게들이 영덕으로
몰려들고 있다.

　　영덕 대게가 사람들에게 널리 알려진 것은 크기 때문만이 아니라 그 맛이
뛰어나기 때문인데, 껍질이 얇은 다리 살이 담백하면서 쫄깃하고 독특한 향마
저 띠고 있어 뒷맛도 개운하다. 특히 겨울부터 초봄까지 잡힌 대게가 살이 더

많고 맛이 좋다고 하며, 특히 음력 보름날 가까이에 잡힌 것보다 그믐 때 잡힌 것이 더 맛있다. 달이 밝으면 게가 제 그림자에 놀라 몸이 마르기 때문이다.

소 형상을 하고 있는 축산

경정 2리에서 아랫염장을 지나 말미산 자락을 따라 이어지는 바닷가 길은 아름답기 이를 데 없다. 태고의 신비를 간직한 듯한 기암괴석이 바다를 향해 돌출되어 있고, 수십여 년 동안 군부대 초소 길로만 사용해 훼손되지 않은 풍광이 그림처럼 펼쳐진다.

나라가 분단된 이래 수많은 장병들이 청춘의 시절을 보냈을 초소 아래 돌계단에 일행과 나란히 앉아 먼 산을 바라보기도 하고, 작은 모래사장에서 파도 소리에 귀를 기울이다 보면 어느새 경정리에서 축산으로 가는 길이다.

경정마을 사람들이 장 보러 가던 길, 수없이 많은 장병들이 초소에서 초소를 오가던 길일 텐데도 걷다 보니 마치 한 폭의 풍경화를 마주하는 듯 아름다웠다. 그래서 이 길이 몇 년 뒤에 영덕의 블루로드로 명명되었을 것이다. 너무나 아름다워서 아껴가며 걷고 싶었던 그 길이 끝나고 어느새 그림 같은 해수욕장 너머 축산도丑山島가 지척이다.

생김새가 마치 소와 같아서 축산이라고 부르는 섬. 그 남쪽으로 높은 봉우리는 마치 말과 같은 형상을 하고 있어 마산馬山이라고 한다. 조선 초기 안로생이라는 사람은 경상도 안렴사를 역임하고 이곳으로 유배를 왔다가 축산항을 다음과 같이 노래했다.

땅은 다하였고 바다는 크고, 구름이 걷히니 섬들이 드러나누나. 큰
물결 거세게 치솟아 천둥 울리듯 하니, 형세形勢가 눈사태 무너지는

듯하고, 만 그루의 대 수풀은 연기에 잠겨 고요하며, 일천千의 배
의 돛들은 비 맞으며 돌아온다. 비록 바다의 도적 불의不意에 올지
라도, 소문만 듣고 꺾이어 달아날 것을 나는 안다.

축산항의 자연 방파제 역할을 하는 죽도竹島는 현재 육지에 연결되어 있
으나, 옛날에는 대나무가 우거진 섬이었다고 한다.

남씨와 김씨의 조상이 표류 끝에 정착했다는 죽도

죽도竹島는 옛날 의령 남씨와 영양 김씨의 조상이 표류해 들어와 살았던
곳이다. 신라 경덕왕 14년에 일본으로 가던 당나라 현종의 사신이 태풍을 만나
이곳으로 표류해 오게 되었다. 경덕왕은 그 사신들이 남쪽에서 왔다고 하자
남씨라는 성을 주며 정착해 살게 했다. 그가 의령 남씨의 시조이다. 하지만 사
신의 아들 중 하나는 자신의 본래 성씨를 고집하며 죽도로 들어가 살았는데,
그가 영양 김씨의 시조라고 한다.

이곳이 살 만했다는 연유인데, 그렇다면 조선시대에 사람이 살 만한 곳은
어디였을까. 이중환이 쓴 『택리지』에 조선 사람들의 주거관이 기록되어 있다.

사실 바닷가는 바람이 많아서 사람의 얼굴이 검게 그을리기 쉽고,
또 각기 수종水腫, 나쁜 기운, 학질 등 여러 가지 병이 많다. 샘물이
귀하고 땅에 소금기 또한 많으며, 탁한 조수가 드나들어 맑은 운치
가 아주 적다.

이중환의 말에 의하면 그 당시에는 바닷가가 사람이 살 만하지 않았던 것

을 미루어 짐작할 수 있다. 그러나 요즘은 바닷가가 사람이 살 만한 곳인데, "순천에서는 인물 자랑하지 말고, 벌교에서는 주먹 자랑하지 말고, 여수에서는 돈 자랑하지 말아라"라는 말에서도 변하고 변한 세상의 이치를 알 수가 있는 것이다.

장터 서쪽으로 후리질을 할 때 고기 떼의 움직임을 망보았던 망재산이 있고, 축산 남쪽으로 소금을 만들던 염장동마을이 있다. 동해로 빠져드는 축산천에 갈댓잎이 서걱거린다. 아슬아슬하게 이어진 죽도를 돌아가니 축산항이다. 풍랑으로 출항을 하지 못해 항구에 정박해 있던 선박들이 강한 바람에 세차게 흔들리고 있다.

영덕군 축산면 도곡리와 영해면 벌영리, 소나무가 무성했다는 이유로 솔팃재, 송현松峴이라고도 부르는 이 산에 큰 길이 있어 영해부사가 부임할 때면 사령이 산 위에 올라 큰 기를 꽂아 부사의 행차가 어디까지 왔는가를 알렸으며, 부사가 지나고 나면 기를 눕혀 신호하던 곳이라고 한다.

도곡리, 평민 의병장 신돌석을 그리다

영덕군 축산면 도곡리는 대한제국 말 평민 출신 항일 의병장 신돌석申乭石이 태어난 곳이다. 그에 대한 많은 전설이 전해오는데, 그가 산을 타면 마치 날아다니는 호랑이 같다고 해서 '태백산 호랑이'라고 알려졌다. 신돌석은 을미사변과 을사조약 이후 일본군에게 큰 타격을 가하며 간담을 서늘하게 만들기도 했다. 어린 시절부터 장사라고 불리던 그는 열다섯 살에 이르자 의기가 굳은 사람을 찾아 교류하더니, 1896년 3월 13일 19세 젊은 나이로 영해에서 100여 명을 모아 기의했다. 1905년 을사조약을 계기로 전국 각지에서 의병 운동이 재개되자 평민의 신분으로 의병을 모집했다. 영릉의병장寧陵義兵長이라는 이름을 걸고 재차 기의한 신돌석은 100여 명의 의병을 이끌고 경상북도 영해寧海에서 항일운동을 전개했다.

첫 출정에서 그는 신식 무기로 무장한 일본군 진영으로 앞장섬으로써 부하들의 사기를 올렸고, 청도에서는 혼자서 일본 통신병 다섯 명을 때려잡았다. 1906년 4월에는 울진 장흥관에서 일본 군선 9척을 파괴하고, 6월에는 원주에서 일군들을 습격하기도 했다. 그렇게 애국적 의분을 쏟아냈던 그의 대일항쟁 활동은 양반 출신 의병들이 제대로 싸움 한 번 못했던 것과 대비되어 더욱 빛을 발했다.

1907년 서울을 공격하기 위해 이인영李麟榮을 중심으로 전국 13도 의병이 연합해 양주陽州에 집결했을 때, 신돌석도 경상도를 대표해 의병 1,000여 명을 모아 참여했다. 그러나 반상의 계급 차별이 강했던 당시의 재편 과정에서 평민 출신 신돌석은 제외되었다. 당시 의병 지휘는 양반이나 유생 출신이 주로 했기 때문이다. 결국 전국 의병 연합은 계획과 지도력의 미흡으로 서울 공격을 성사시키지 못하고 해산했다.

그 후 신돌석은 영해로 돌아와 평해의 독곡獨谷에서 일본군을 격파하고, 1908년 3월에는 수비首比에서 안동, 울진, 삼척, 강릉 등지의 의병과 결합해 세력을 강화시켜 춘양, 황지, 소봉동 등으로 진지를 이동하며 일본군을 격파해 나갔다. 그렇게 활약한 그는 1908년 10월 겨울에 다음 해 기병을 약속하며 의병들을 귀가시키고 눌곡訥谷에 있는 부하 김상열金相烈의 집에 칩거했다가 그들 형제에 의해 살해당한다. "적은 항상 가까이에 있다"라는 말을 다시 확인시켜 주는 역사적인 사건이었다. 그런 설화를 남긴 신돌석이 비명으로 생을 마치고 오랜 세월이 흐른 1962년, 뒤늦게 건국 훈장 대통령장이 추서되었다.

영해, 산은 멀고 첩첩(疊疊)하고, 바다는 넓고 평평하여라

축산면 상원리와 고곡리 경계에 높이 301m에 이르는 큰 고래산과 작은 고래산 두 봉우리가 있다. 예전에 바다였다는 이 산을 멀리서 보면 마치 고래 등 같다고 해서 붙은 이름이다. 축산 북쪽으로 새롭게 조성된 신기동마을에서 영해면 사진리로 가는 길은 마치 한 폭의 그림 같다.

축산면 신기동을 지나니 영해면이다. 조선시대에 영해도호부가 있던 곳, 좨주祭酒 우탁禹倬의 자취가 남아 있다. 그가 처음 급제해 영해사록에 임명되었을 때 영해 고을에 팔령八鈴이라는 요망한 신사神祠가 있었다. 백성들이 신사에 현혹되어 그곳에 제사를 지내야 한다며 매우 번거롭게 했다. 그 사실을 안 우탁이 그곳에 가서 신사를 부순 뒤 바다에 던진 뒤 제사 또한 근절되었다.

여러 번 승진한 그가 감찰규정에 이르렀을 때, 당시 임금인 충선왕의 내실內失이 있자 흰옷을 입은 채 도끼를 들고 거적자리를 메고서 대궐에 나아가 소를 올려 간했다. 근신들이 소 읽기를 망설이니 그가 목소리를 가다듬고 "경이 근신이 되어 임금의 잘못을 미루어 과실을 구제하지 못하고서 봉악逢惡함이 이러하니 경은 자신의 죄를 아는가?" 했다. 좌우 신하들이 부끄러워 떨고, 그 사실을 안 임금 역시 부끄러워하며 그를 너그러이 용서하고 행실을 고치자 온 나라 사람들이 우탁을 훌륭하게 여겼다.

조선 초기의 학자 양촌 권근도 『해안루기海晏樓記』에서 이곳 영해를 다음과 같이 기술했다.

영해는 옛날 덕원德原이다. 산에 가리고 바다와 가까운 외진 고장으로 여름에 서늘한 바람이 불고 겨울에 그리 춥지 않으며, 다양한 물고기와 전복, 해삼 같은 해산물이 푸짐하다. 태평하던 시절, 주민들 살림살이는 넉넉했고 송사訟事는 간단했다. 집집마다 거문고가 있어 그 줄을 고르는 솜씨 또한 빼어났으며, 노래는 맑고 춤은 아름다웠다. 정자와 누대가 어우러진 풍경은 마치 선경仙境과 같았다.

고려 말의 문장가인 이곡李穀이 급제하기 전 산수 유람길에 이곳에 들렀다가 김택金澤의 딸을 맞아 장가를 들었고, 그의 아들이 야은 길재吉再, 포은 정몽주鄭夢周와 함께 삼은으로 알려진 목은 이색이다. 이곳 영해는 목은 이색이 '동쪽이 바다에 닿아서 일본과 이웃했다'라고 기록한 곳으로, 조선시대 한양에서 아주 먼 지역으로 분류되어 많은 유배자를 받던 곳이다. 여말 선초 문신 권근과 안로생安魯生이 이곳에서 귀양살이를 했다. 조선 중기 문신 북창北窓 정렴鄭磏이 을사사화에 연루되어 이곳으로 유배당했고, 문신 하담荷潭 김시양金時讓도 이곳에 유배되어 「자해필담紫海筆談」을 지었다. 약봉藥峯 서성徐渻은 계축옥사에 연루되어, 윤선도尹善道는 병자호란에 임금을 호송하지 못했다는 죄목으로, 숙종 때의 문신 이이명李頤命은 기사환국으로 영해에 유배되었다.

바다는 편안하지만 고려 말 왜구 침입이 잦았던 곳

영해는 파도가 없이 잔잔한 시간이 많아 '바다가 편한 곳'이라는 의미가
담긴 지명이지만, 고려 말기에 왜구 침입이 잦아 아군과 적군을 가리지 않고
큰 피해를 남긴 전투가 수차례 일어났던 곳이기도 하다. 공민왕 때는 영해 앞
바다 축산도丑山島에서 왜구들의 선박을 크게 부수기도 했다. 특히 이 지역은
해안 방어의 요충지였기에 고려 말에 읍성을 쌓고, 조선시대에는 대소산大所山
과 광산廣山에 남북으로 연결하는 봉수를 세웠다.

갑오년 동학농민혁명 이전의 민중봉기, 미완의 혁명가 이필

영해는 조선 후기 혁명가 이필제가 동학 2대 교주 최시형과 함께 영해민
란을 봉기했던 지역이기도 하다. 조선 정부에서 영해적변寧海賊變이라고도 규
정지었던 영해민란은 교조 신원 운동, 반봉건 투쟁, 중국 정벌이라는 조금은
특이한 기치를 내걸었던 경우였지만, 민란 이후 동학교도에 대한 대대적인 체
포 및 탄압이 일어나 동학도인들을 찾아보기가 쉽지 않았다. 조금이라도 수상

하게 보이면 체포되는 상황에 동학도인들은 숨도 제대로 쉬지 못하고 숨어다녀야 했다. 이필제도 동학에 입교한 뒤 9년에 걸쳐 충청도 진천, 경상도 진주, 영해, 문경 등지에서 네 차례 대대적인 농민 봉기를 조직하고 주도했으나 문경에서 체포, 처형됨으로써 직업적 혁명가이자 미완의 혁명가로 생을 마친다. 최시형은 영해민란 뒤에 관군의 눈을 피해서 영월, 정선을 떠돌다가 단양 가산으로 들어가는 등 전국 2~3백여 곳으로 옮겨 다니며 동학의 불씨를 유지해 갔다. 얼마나 많은 곳을 돌아다녔으면 그 별명이 '최보따리'였을까? 그러한 그의 노력은 헛되지 않아 1894년에 이르러 동학 농민 혁명으로 분출되었다.

영해면 초입에 사진리는 실처럼 길게 뻗어 있는 나루가 있어 '실나리'라고 불리던 곳이다. 동해 바닷가 장관 가운데 하나가 오징어 말리는 풍경이다. 어느 때는 십 리도 넘는 긴 거리가 널린 오징어로 즐비하다.

항구에 열 지어 정박된 선박 위로 바다 갈매기 한가롭다

마흘동과 건리진을 지나니 드디어 바닷가 마을 대진리大津里다. 빨갛고 노랗고 파란 깃발을 꽂은 채 정박해 있는 수십 척의 선박 위로 갈매기들이 한가로이 앉아 있다. 그곳에서 우리는 오늘 밤을 머물 것이다. 나는 크지도 작지도 않은 아늑한 항구, 대진항 시멘트 바닥에 몸을 누이고 저물어가는 세상을 바라본다. 낙조! 불그스레하게 물들어가는 하늘빛에 산도 뒤질세라 붉게 물든다. 바다에 흔들리는 고깃배, 이 자리에서 그대로 꿈도 없이 잠들고 싶다. 희망은 멀리서 찾을 수 있는 것이 아니라 가까이에 있다는 말처럼, 숙박지를 찾아 멀리까지 발품을 팔았던 일행이 되돌아와 가까이에 있는 민박집을 정한다. 열시가 넘어서야 잠자리에 들 수 있었다.

울진에서의
마무리

 열흘째, 3월 2일

대진해수욕장, 이문열의 소설 '젊은 날의 초상' 배경지

이른 아침을 먹는다. 1구간 마지막 날, 오늘만 걸으면 집으로 돌아간다. 그래서인지 일행 모두 표정이 밝다. 돌아갈 곳이 있다는 것, 그리고 기다리는 사람이 있다는 것. 얼마나 가슴 벅찬 일인가?

"오늘은 천천히 걸어도 됩니다."

하지만 그렇게 말을 건네는 나도 우리 일행도 걸음 속도를 늦추지 않았다.

관어대에서 이색의 자취를 더듬다

대진항을 지난 지 얼마 되지 않았는데 대진해수욕장이다. 이곳은 해안 경치가 아름답기로 유명하다. 그 가운데 특히 관어대觀魚臺 일출이 빼어나다. 관어대는 영해면 괴시리에 위치한 조망대다. 고려 말 문신 목은 이색이 외가인 호지마을에 왔다가 바닷가 상대산上臺山(183m)에 올랐는데 넓은 바다가 내려

다 보이고 바닷물이 아주 맑아서 물고기가 뛰노는 모습까지 보일 정도였다고 한다. 그 모습에 이색은 이 산을 관어대라 이름 붙이고 글을 남겼다.

관어대는 영해부에 있다. 동해의 바위 아래에 서 있어서 노는 물고기를 셀 수 있다. 그러므로 관어대라고 이름한 것이다. 영해부는 나의 외가外家이다. 그래서 작은 부賦를 지어 놓고 혹시 중원中原에 전하여지기를 바라는 바이다. 부에 말하기를, 단양丹陽의 동쪽 언덕 일본日本의 서쪽 물가엔 큰 파도波濤가 끝없이 아득할 뿐 그 밖의 것은 알지 못하겠다. 그 큰 물결이 움직이면 산이 무너지는 것 같고, 그것이 고요할 때는 거울을 닦아 놓은 듯하다.

이색이 살았던 괴시리는 원래 호지마 또는 호지촌이라고 부르던 곳이었으나, 사신으로 중국에 다녀온 이색이 이곳 지형이 중국 괴시와 흡사하다며 붙인 지명이라 한다. 현재 괴시리는 기와집 예순 몇 채를 새롭게 정비해서 관광명소로 거듭나기를 꿈꾸고 있다. 이곳 영해에 전승되는 동해안별신굿東海岸別神儀은 부산광역시 동래구에서 강원도 고성군에 이르는 동해안 어민들이 풍어와 안전을 비는 마을굿이다. 괴시리에 송동숙 영해별신굿놀이 보유자가 살고 있다.

철 이른 바닷가, 대진해수욕장은 이문열의 출세작 『젊은 날의 초상』에 수록된 「그해 겨울」에 마치 한 폭의 산수화처럼 그려져 있다.

내가 대진에 도착한 것은 그날 오후 두 시경 다시 내리기 시작한 진눈깨비 속이었다.

(…)

바다 역시도 지금껏 우리를 현혹해 온 다른 모든 것들처럼 한 사기
사詐欺師에 지나지 않는다. 신神도 구원하기를 단념하고 떠나버린
우리를 그 어떤 것이 구원할 수 있단 말인가. 그러나 갈매기는 날
아야 하고 삶은 유지돼야 한다.

이문열은 불우한 청년기를 견디고 검정고시를 친 뒤 서울대학교에 들어
가 사법시험을 준비한다. 그러던 중 아버지가 남로당의 고위 간부로 활동하다
월북해 북측 고위 간부를 지냈다는 청천벽력 같은 사실이 알려진다. 결국 그
는 반공 이념이 지배하던 당시 연좌제로 인해 제도권역 내에서 자신에게 허용
된 영역이 없다는 사실에 절망해서 방황한다. 그리고 이곳 대진 바닷가를 찾
아 유서와 자살을 위해 가지고 다니던 약병을 던진다. 대진 바닷가는 그가 새
로운 출발을 시작한 곳이다. 진실로 예술적인 영혼은 철저한 절망 위에서 시
작된다. 이문열의 『젊은 날의 초상』은 그렇게 비롯되었다.

대진항에서 덕천, 고래불로 이어지는 해수욕장. 바다에서 바다로 이어진
모래사장을 맨발로 걸어보자. 발로 땅의 호흡을 느끼고, 바다와 하늘의 기운
에 휘감기는, 진정 자연과 내가 하나됨을 느낄 수 있지 않은가.

대진항을 지나면 울치재에서 발원한 송천松川을 만난다. 송천을 가로지르
는 다리를 건너면 덕천해수욕장이고 바로 그 옆이 송천리다. 그리고 덕천해수
욕장, 영4리해수욕장, 고래불해수욕장으로 연결된 해안에 거무역리居無驛里가
자리 잡고 있다.

한국의 포경지捕鯨地, 고래불해수욕장. 고래불은 병곡면 병곡리에서 휘리
리까지 동해 바다를 따라 약 4㎞에 이르는 긴 모래톱으로 이루어져 있다. 이곳
에서 예전에 고래를 잡았다고 한다.

조선시대에 병곡역이 있던 병곡

지형이 마치 자리(자루)와 같다고 해서 생긴 지명, 병곡리. 병곡에서 후포로 가는 길은 바닷가에 인접한 2차선 길이었는데 요즘 4차선으로 확장 공사를 하느라 어수선하다. 4차선이 완공되면 어떤 변화들이 있을지 알 수 없으나, 이 지역을 건너가는 도보 답사길을 달리 모색해야 할 것 같다.

백석회도매센터를 지나자 칠보산휴게소가 나타난다. 칠보산七寶山 (810.2m)은 경북 영덕군 병곡면과 울진군 온정면 경계에 솟아 있다. 이 산에도 전설이 깃들어 있다.

옛날 중국의 지리학자 사두충이 이 계곡에서 물을 마시게 되었는데, 물맛이 예사롭지 않다며 반드시 이 산에 일곱 가지 보물이 있을 것이라고 했다. 그 말에 사람들이 산을 샅샅이 수색했고, 돌, 옷, 더덕, 산삼, 황기, 멧돼지, 동, 철까지 7가지 보물을 찾게 되자 이 산을 칠보산이라고 부르게 되었다고 한다. 칠보산 정상에 이르면 서북으로 병풍처럼 둘러쳐진 백암산이 빼어난 풍광을 드러내고, 전면으로 울진 후포항이, 동쪽으로는 고래불해수욕장이 그림처럼 펼쳐진다. 이처럼 뛰어난 조망에 해맞이 산행처로 각광받고 있다.

영덕의 마지막 지점인 병곡면 금곡(金谷)리에 이르다

금곡 북쪽으로 서낭당이 있다. 매년 정월 대보름이면 '칠보산 토지지신 골매기님'을 모시고 제사를 지내는데, 소원 성취에 매우 영검하다고 한다. 유금 남서쪽으로 선덕여왕 시절 창건된 유금사라는 사찰이 있고, 유금 남쪽 도리봉 위로 마고할미 집터도 있다.

경상북도와 강원도 사이에 도계道界를 이루는 지경地境마을을 지나 울진군 후포면에 이른다. 드디어 첫 번째 일정인 1구간 여정이 끝났다고 생각하니 온몸이 아프다. 길가에 철푸덕 주저앉았다. 아흐레 동안을 걸었으니 아픔에도 면역이 생겼으면 좋으련만, 그만 걸어도 된다는 생각에 긴장이 풀려서인지 허리도 다리도 더 아파서 앉아 있기조차 불편하다. 길에서 보낸 아흐레. 열다섯 명이 시작한 여정을 돌아보니, 감개무량하기도 하고 쓸쓸하기도 하다. "외로운 나그네는 그림자와 동행한다"라는 옛말처럼, 여럿이 함께 걸었지만 나는 충분히 홀로였고 매 순간 외로웠다. 어쩌면 외로움이 그 먼 길을 걷게 했는지도 모른다.

홀로 여행하는 사람은 오늘이라도 떠날 수 있다.

소로의 말처럼 아직 어디에도 매이지 않았기에, 언제라도 자신의 판단대로 결단할 수 있기에 그런 것일까? 아니면 장거리 도보 답사가 끈기와 열정, 지구력 싸움이라서 그런 것일까? 재미난 일도 많았다. 아흐레 일정으로 예정된 동해 해파랑길을 느긋하게 한가로운 걸음으로 채우려 했던 사람도 있었고, 마치 극기 훈련이라도 치를 자세로 다가온 사람도 있었다. 그러다 보니 마치 물과 기름의 조합처럼 서로 융합되지 못해 어색한 모습들을 연출하더니 급기야는 각자 따로 놀기도 했다.

그렇다 해도 "습관이 오래되면 천성이 된다"라는 말이 있지 않은가? 이미 빠르게 혹은 느리게 길들여진 사람들이 단 며칠을 걷는다고 그 습관을 바꾸겠는가. "얼음과 숯불은 한 그릇에 담을 수 없다冷炭不同器"라는 『한비자韓非子』의 말을 떠올리며 식당에 들어갔다. 이번 일정 마지막 만찬, 서로 둘러앉아 마지막 시간을 정리한다.

"우리가 아흐레를 걸었습니다. 그동안 어떤 사람들은 천천히 걷고자 했고, 어떤 사람들은 빠르게 걷고자 했습니다. 비록 그 모습이 서로 다르긴 했지만, 이번 도보 답사를 시작하며 각자가 마음에 세웠던 자신과의 약속을 지키기 위해 최선을 다했던 것은 아니었을까요? 같이 먹고 자며 사흘 정도 길을 걷는다면 그것이 3년을 같이 산 것이나 마찬가지라고 하는데, 우리는 아흐레를 걸었으니, 긴 9년의 세월을 같이 산 것이나 같겠지요. 요즘 세태가 서로 만나 1년을 함께하기가 쉽지 않아 3년이라는 세월조차 길게 느껴지는데 우리는 9년을 같이 살았다고 말할 수 있는 시간을 건너왔다니 정말 대단한 인연이지 않습니까? 사흘도 아니고 닷새도 아니고 9일을 동고동락하며 함께 걸었으니, 설령 좋지 않은 감정의 여운이라도 있거들랑 다 털어버리고 술 한 잔 나눕시다."

　　서로 술 한 잔씩을 마시면서 불편하고 어색했던 마음들을 내려놓는다. 빅토르 위고도 말했었지, "세상에서 제일 넓은 것은 바다이고, 바다보다 넓은 것은 하늘이며, 하늘보다 넓은 것은 사람의 마음이다"라고. 그래, 항상 새롭게 일렁이는 바다처럼 다시 길 나서면 또 다른 세상이 펼쳐지겠지.

　　"자 고생 많으셨습니다. 1구간 마친 소감이 어떠신지요?"

　　내 선창에 일행들이 돌아가며 한마디씩 한다.

　　"노폐물이 모두 빠져나간 것 같아 기쁘고, 가야 할 길이 많이 남았다는 것이 나를 설레게 한다." (고혜경)

　　"부산에서 후포까지 걸었다니 반신반의할 정도다." (박수자)

　　"일상을 탈출해서 아름답고 푸른 바다를 원도 없이 보았고 매일 파도 소리를 벗 삼아 걸었던 것이 인상적이다." (안영숙)

　　"하루 30㎞를 정하고 걸었는데도 부족한 것 같아 너무 아쉽다." (이기춘)

　　"아흐레 동안 걸으며 계속 바다만 볼 수 있어서 행복했고 고요함 속에서 나를 만나 기뻤다." (박연숙)

　　"아쉽다는 느낌밖에 없다. 체력을 보강해야겠다는 생각도 들고, 120% 행복하다." (최명운)

"느리게 느리게 걸어서 여기까지 오다니 신기하죠." (이수아)

"다리가 무지하게 아프다." (유재훈)

"참가인원이 유동적이었는데, 9일 동안 아무 탈 없이 걸었다니 기쁘다." (김선희)

"걷다 보니 너무 힘들었는데, 자기 자신과의 싸움이 장거리 도보 답사라는 것도 깨달았다." (조경곤)

참여의 변을 한 마디씩 마치고 나서, 우리 모두 서로를 향해 활짝 웃어주며 술 한 잔씩을 나누었다.

"우린 다시 만나야지요, 걸어서 두만강까지 걸어가야 하니까."

모두가 다시 만나자는 약속을 남기고 전주로 서울로 부산으로, 그렇게 각자 삶의 터전을 향해 뿔뿔이 흩어져 갔다.

2장

해파랑길
두 번째 구간

후포에서
다시 시작

〰 열하루째, 4월 12일

경북 울진군 후포에서 다시 만나다

시간은 빠르게 흘러 어느새 2구간을 시작하기 위해 다시 만나기로 약속한 날이다. 4월 11일 밤, 우리는 지역 인심이 후하다는 울진 후포에서 다시 만났다. 나는 일행들에게 다음과 같이 물었다.

"푸르고 푸른 바닷길을 걷기 위해 다시 오니 행복한가?"

이구동성으로 '행복하다'라고 말한다.

"행복하다면 지금의 행복을 중단해도 괜찮을 만큼 행복한가?"

"아닙니다. 이 행복을 지속하기 위해 더 걷고 또 걷겠습니다."

그래야지, 연애처럼 내가 좋아하는 일을 할 때 가장 행복한 것이지. 걷고 또 걷다가 보면 더 행복해지지 않겠는가? 후포항에서 저녁 식사를 마치고 숙소에 들어가 서로 술 한 잔을 건네어 재회의 회포를 풀고 일찍 잠자리에 들었다.

언제나처럼 바다는 붉은 태양으로 하루를 연다. 후포항의 아침은 일찍부

미역을 건지는 사람들

후포의 아침

터 대게를 쪄내는 손길로 부산하다. 이른 아침을 먹고 항구에 들르니 곳곳에 싱싱한 생선들이 질펀하게 널려 있다. 본래 평해군 남면 지역으로 후리포라고도 불렸던 후포항厚浦港. 동해 중부 해역의 주요 어항漁港으로 고등어, 대게 등 동해에서 산출되는 모든 어종의 집산지이다. 교통이 불편했던 1960년대까지도 만선으로 돌아온 어선들이 부근 수요자에게 팔고 남은 고기를 누구라도 거저 가져가게 할 정도로 인심이 후한 어촌이었다. 그래서 '후포'라는 지명을 얻었다는데, 후포에서 가장 가까운 도시인 대구까지 거리가 219.4㎞나 되는 데다 냉동시설조차 변변치 않았으니 그 심정이 오죽했을까.

항구 주변은 선박 모양으로 건축된 후포 수산업 협동조합과 후포 수협 회 센터, 어판장, 후포 어시장, 횟집 등이 즐비하다. 항구 뒤쪽 등기산(64m)에 1968년부터 가동된 후포등대가 있고 그 주변으로 공원이 조성되어 있다. 항구 방파제는 이제 감성돔, 학꽁치 등이 잘 잡히는 이름난 낚시터가 되었다.

후포, 시인 김명인의 고향

후포 출신의 김명인 시인은 흔들리는 버스 차창 너머로 보이는 고향을 다음과 같이 노래했다.

그렇다, 부두에 매여 출렁거리던 빈 배들도
옷자락 풀어놓고 어서 떠나라고
해 지고 바람 불면 더욱 적막한 눈발로 재촉하던
저 헝클어진 고향의 목소리를 헤아리기라도 했을 것인가?
그것이 썩어서 만들어준 거름 몇 짐으로
내 언제나 비틀거렸을 뿐, 쓰러지지 않고 비틀거렸을 뿐임을

흐려지는, 차창 너머로 비로소 보여주는 후포
이제는 눈물겨운 풀꽃 몇 송이로 겹쳐 보이는

고향은 그렇다. 항상 아릿한 차창 너머에서 손 흔들고 있는, 여리디여린 가슴 저 깊은 곳에서 울컥 치솟아 오르는 통곡 같은 것인지도 모르겠다. 후리포에는 마축항이 있고, 앞으로는 새축항이 있다. 두 항구 사이에 '이찌몬지'라고 부르는 산이 있다.

게의 알과 같이 생긴 거일리

후포항에서 등대산 자락을 지나 월송정으로 가는 해안도로를 걸어 개바위를 지나니 직산리다. 바닷가 곳곳에서 부딪치는 팻말 내용이 무섭다.

경고, 이곳은 전복 해삼 방류양식장이므로 입수를 금하고 수영도 금함. 어획 도구를 소지하고 있을 시에는 형사 처벌함.

어촌계장

1 울산 대게 원조 마을 2 거일 2리 어촌계

길손들이 지나다가 그저 심심풀이 또는 호기심에 잡는 해산물이 어민들에게는 주요한 생존의 방편이기에 저리도 무섭게 경고를 하는 것이리라.

큰바위라고도 부르는 대암에서 불미골을 지나면 돗진과 월송리에 걸쳐 있는 큰 모래벌판인 제장불이 나온다. 월송리로 가기 위해선 제장불을 가로지르는 평해 남대천을 건너야 하는데 도저히 불가능하다. 하는 수 없이 옛 다리인 용정교로 건너기 위해 길을 돌아간다.

동남쪽은 바다에 의지하고 서북쪽은 산을 등진 곳, 평해

용정교를 건너자 울진군 평해읍 월송리다. 이제는 울진군에 편입되어 지명이 사라진 평해는 낙동정맥이 감싸고 동해 바닷가에 인접해 있어 월송포를 비롯해 구진포仇珍浦, 정명포正明浦, 후리포厚里浦 등 포구들로 이루어져 있다. 고려 말기에는 이곳 평해 해안에 왜구들의 침입이 잦았다고 한다. 하여 평해 부근 바닷가에 수군만호水軍萬戶가 주둔하는 월송포영越松浦營과 그곳을 지키던 성곽이 있었다. 백암산 기슭에는 백암온천이 있다. 신라시대 사냥꾼이 창에 맞은 노루를 쫓다가 발견한 온천인데 그 당시에 약효가 뛰어난 것으로 유명했다. 고려 때 기와집에 석조탕石造湯을 설치해 목욕을 즐기는 데서 비롯했다고 한다. 나라 안에서도 물이 좋기로 소문난 이 온천은『여지도서』에 다음과 같이 실려 있다.

백암산 아래 소태곡이에 있다. 성화 무신년(1488)에 거문을 처음 세웠다. 상석탕上石湯과 하석탕下石湯이 있다.

한편 온천에서 가까운 곳에 하암霞巖이라는 바위가 있었다고 한다. 흰 바위가 평평하게 깔려 있는 사이로 맑은 물이 빠르게 흐르는 여울져 빙빙 돌면서 물을 내뿜었다. 하암의 정경을 달밤에 바라보고 있으면 황홀해서 마치 신선이 사는 옥 궁정처럼 보였다고 한다.

평해 남쪽을 흐르는 남대천

남대천南大川은 평해읍 삼달리 성골 뒷산에서 발원해서 동남쪽으로 흐르는 하천이다. 온정면으로 흘러드는 소태천에 합수해 평해리 앞으로 감아 돌아 동쪽으로 흘러가다 직산리에 이르러 동북쪽으로 꺾어 동해로 흘러든다.

남대천을 지나면 월송리 달효마을이다. 달효 동쪽으로 당나뭇거리라고 하는 논에 아랫서낭당나무가 있다. 이곳에서 매년 정월 대보름이면 달효리 사람들이 모여 제사를 지낸다. 월송리와 오곡리 사이 바닷가에 일출봉日出峯이 있는데, 오곡리에서 바라보면 마치 산에서 해가 떠오르는 것처럼 보인다고 한다.

관동팔경에 드는 월송정

월송정 들목에서는 굵은 소나무들이 운치를 더한다. 이 소나무 숲을 성단송전城壇松田이라 부른다. 이곳에 황장군단비黃將軍壇碑가 있는데 평해, 장수, 창원 황씨 시조인 황락黃洛의 비다. 중국 당나라 고종 시절 학사를 지낸 황락이 굴미봉 아래에서 살았으며 이곳에 묘도 있어 그를 추모하기 위해 단을 쌓고 비를 세웠다. 황장군단비 앞에 황낙을 모신 추원재追遠齋가 있다. 그 소나무 숲길을 따라 한참을 가니 월송정越松亭이 나온다. 평해읍 월송리 바닷가에 위치한 관동팔경의 하나다.

『신증동국여지승람』 '누정조'에 기록된 월송정

고을 동쪽 7리에 있는 월송정은 푸른 소나무가 만 그루요, 흰 모래는 눈과 같다. 소나무 사이로는 개미도 다니지 않고 새들도 집을 짓지 않는다. 민간에서 전승되기를 신라 때는 신선들이 이곳에서 놀았다고 한다.

울창하게 숲을 이루어 누구라도 매혹되지 않은 이가 없을 정도로 빼어난 풍광을 자랑하는 이곳에 얽힌 이야기도 많다. 월송정이라는 지명을 두고도 그 유래가 여러 개 있다. 옛날 영랑, 술랑, 남속, 안양이라는 네 화랑이 이곳을 모르고 그냥 지나쳐서 월송정이라고 부르게 되었다는 이야기도 있고, 누군가는 중국 월나라 산에 있던 소나무를 배로 싣고 와 이곳에 심었다고 해 붙은 지명이라고도 했다. 더러는 비가 갠 후 맑게 떠오른 달빛이 소나무 그늘에 비칠 때 가장 아름다운 풍취를 보여준다고 해서 월송정이 되었다고 한다.

사실 월송정은 경치를 감상하기 위한 정자가 아니라 고려 시절 왜구의 침

월송 황씨 세거지

월송정

입을 살피는 망루로 세워진 것이다. 그러다 외침이 잠잠해진 조선 중기 중종 때 이르러 반정공신으로 활약했던 박원종朴元宗이 강원도 관찰사로 부임해서 이곳을 정자로 중건했다. 조선시대 성종이 화가에게 조선 8도의 시정 가운데 경치가 가장 빼어난 곳을 그려 올리라고 명했다. 화가가 함경도 영흥의 용흥 각과 월송정을 그려 올렸는데, 성종은 "용흥각의 연꽃과 버들은 다만 두 계절에 경치를 볼 수 있지만 월송정의 흰 모래와 푸른 소나무는 본래의 빛깔이 사시사철 시들지 않으니 마땅히 으뜸이다"라고 했다. 수많은 시인 묵객과 화백 또한 그 풍광을 붓끝에 실어 찬탄했다. 고려 때 안축安軸의 시다.

일은 지나가고 사람은 옛사람 아닌데, 물만 스스로 동쪽으로 흘러 천년 간 남긴 자취 정자 소나무에 있네. 겨우살이 다정한 듯 서로 엉켰으니 아교풀로 붙인 듯 풀기 어렵고, 형제죽兄弟竹이 마음으로 친하니 좁쌀 방아 찧을 것이, 어느 선랑이 있어 함께 학을 구워 먹 으리. 예전 놀던 곳 찾으니, 푸르른 옛날 모습 불현듯 부럽구나.

1 울진 초소 2 월송정 해수욕장

　겸재 정선도 아름다운 풍취를 화폭에 담아 남겼다. 월송정 주변으로 1만여 그루의 소나무가 빼곡하게 울창한 숲을 이루고, 그 앞으로 은빛 모래로 채워진 백사장 그리고 그 너머 쪽빛 동해 바다가 함께 어우러진 선경이었다. 그러나 울창했던 송림은 일제 때 모두 베어내 버려 황폐화되었다.

　오늘날 우리가 만나는 월송정 해송은 1956년 월송리 한 마을에 사는 손치후라는 사람이 사방관리소의 도움을 받아 15,000그루를 다시 심은 것이다. 게다가 다시 찾은 월송정은 공사가 한창이어서 을씨년스럽기만 하다. 신선은 고사하고 사람 그림자조차 찾아볼 수 없었다. 게다가 해수욕장 백사장도 상당량 씻겨 나가 급경사를 드러내고 있다. 지난해 가을 관동대로 답사 때 함께 왔던 일행이 "모래사장이 이렇게 줄어들다니?" 하고 탄식하더니 망연한 모습으로 거센 파도가 넘나드는 해변에서 눈을 떼지 못했다.

월송정 아래 바닷가에 월송포성 터가 있었다. 조선 명종 10년인 1555년에 둘레 499자 높이 7자로 석성을 쌓고 수군 400명과 수군만호를 두어 해적을 막았다는 곳. 이제 성은 사라지고 그 터만 남았다고 한다. 그 터일까? 정확히 알 수는 없지만 그 자리에 허물어진 초소 하나가 있다.

소나무 숲에서 구산항邱山港까지 이어진 모래사장으로 이루어진 기성면 구산리 구산해수욕장으로 걸음을 옮긴다. 중간에 황보천 하구를 만났다. 길 위에 선 나는 무모할 정도로 용감해져서 신발도 양말도 모두 벗고 황보천을 건넌다. 발이 시리다. 4월의 하천은 너무 차가웠다. 그제야 아직 여름이 아니라며 자책했다.

울릉도로 가던 뱃길 구산항

철 지난 바닷가를 찾는 발길이 뜸해졌다고는 하지만, 구산항은 너무 한가로웠다. 길을 지나는 사람조차 없다. 조선시대 후기인 19세기 말까지만 해도 이곳 구산항은 육지에서 울릉도로 가는 가장 일반적인 항로였다. 문화재자료 제493호로 지정되어 있는 대풍헌待風軒은 그 당시 구산포에서 울릉도로 가려던 수토사搜討使들이 쉬어가던 곳이다.

수 세기 전만 해도 울릉도는 삼척첨사 또는 월송만호의 관할권이었기 때문에 안무사安撫使나 경차관敬差官이 3년마다 한 번씩 수토 차 방문했다. 대풍헌은 수토 출발지이자 수토사들이 순풍順風을 기다리며 머물렀던 장소다. 그곳에서 며칠 동안 기다리다 파도가 잠잠해지면 구산포邱山浦에서 출발하는데, 출

항 후 통상 2~3일이면 울릉도에 도착했다고 한다. 대풍헌의 정확한 건립 연대
는 나와 있지 않다. 『구산동사중수기』에 '철종 2년(1851년)에 중수해 대풍헌이
란 현판을 걸었다'는 기록이 있는 걸로 보아 그 이전으로 추정한다. 정면 4칸,
측면 3칸의 일자형一字形 팔작집 양식으로 다소 조잡하게 지어졌다는 느낌이
드는 건물이다. 그렇지만 조선시대 수토사들의 출발지였다는 기록과 함께 남
아 울릉도를 지속적으로 관리했다는 사실을 보여주는 귀중한 유물이다.

　조선 후기에 고종 황제로부터 검찰사로 임명되어 1882년 4월 7일 서울을
출발한 이규원이 여러 지역을 거쳐 4월 22일 이곳 평해에 도착한 뒤, 일꾼을 징
발해서 성황제와 동해신제를 지내고 4월 29일 구산포에서 출발해 울릉도로
떠날 때의 기록이 남아 있다.

29일, 갑진, 맑음, 오전 10시

장계와 등보謄報를 모두 치보馳報했다. 구산포를 떠나 울릉도로 세
척의 배를 동시에 띄웠다. 바다로 나오자 바람이 약해지고 물은 역
류해 바다에서 머물 수밖에 없었다. 석양에 동풍이 조금 불어서 다
행히 밤새 항해를 계속했다.

30일, 을유, 맑음

오후 6시에 3척의 배가 동시에 울릉도 서쪽에 당도했다. 이 포구가
바로 소황토구미小黃土邱尾다.

　이규원의 기록을 보면 이틀도 채 안 돼서 구산포에서 울릉도에 당도했음
을 알 수 있다. 구산항을 지나니 길은 봉산리 갈매로 이어진다. 서북쪽 항곡리
에서 길이 끊어지니, 용당골로 가는 길이 없다. 국도 길 아래를 내려다보니 그
림처럼 멀리 희미하게 시골길이 이어진다. 구불구불하니 이어진 작은 길, 가슴

1 울진 대풍헌 **2** 기성리 마을 당집

이 절로 풋풋해지는 사랑스러운 옛길이다. 봄으로 물드는 나뭇잎, 엷은 분홍
과 연둣빛으로 조화를 이룬 복사꽃이 지나가려던 길손의 마음을 흔들어 놓는
다. 그저 지나치지 못하고 복사꽃 그늘을 드리운 냇가에 걸터앉아 잠시 세상
시름을 잊는다. 이 감흥을 오롯이 그려낼 필력이 없음을 한탄하며 용재 이행李
荇의 글로 나를 위로한다.

　　편안하고 한가함이 약이 되고,
　　잎이 피고 지는 것에 봄과 가을을 안다.
　　멀리 알리거니와 산중의 객客인 나는
　　길이 그러한 가운데에서 살아왔다오.

　　그렇다. 나도 길 위에서 봄을 맞고, 다시 봄을 보내고, 여름과 가을, 그리고
겨울을 맞고 보내며 한 시절을 보내고 있다. 그러니 지금 내게 가장 소중한 존
재는 바로 내 곁에서 함께 즐거워하며 길을 걷는 도반이고, 순간순간 이 마음
으로 건져 올리는 감흥이고, 때때로 나의 곤란이며 고통이고 절망일 것이다. 이

대로 조금 더 머무르고 싶다. 하지만 비를 몰고 오려는지 먹장구름에 날이 점점 더 어두워진다.

발길을 서둘러 척산천을 건너고 논두렁길을 지나 기성리 버스터미널에 도착했다. 대도시를 제외한 시골 터미널은 어디든 대동소이하다. 먼지 자욱한 과자 봉지들의 진열, 무질서하게 내걸린 간판, 표정 없는 얼굴로 사라져 가는 뒷모습이라도 쫓는 듯 멀리 시선을 두고 앉은 나이든 승객들…….

경북 울진군 기성면 기성리, 평해의 옛 고을 '기성'이라는 지명이 그대로 살아 있는 곳이다. 동해 여느 어촌처럼 기성리에도 후리질로 고기잡이를 했는데, 그때 고기 떼의 움직임을 망보던 산인 망재산이 북쪽에 있다.

정명리 동쪽 바닷가 곡대鵠臺 옆 바위, 어사대御使臺는 어느 어사가 이곳을 지나다가 아름다운 경치에 반해 시를 읊으며 풍류를 즐겼다 해서 붙여진 이름이라고 한다. 어사대는 봉우리 암석이 마치 따오기 알처럼 생겼고 10여 명 정도가 함께 앉을 수 있을 정도로 넓기도 한데, 대에 올라서면 넓게 펼쳐진 들과 동해 바다가 한눈에 들어와 아름다운 풍경을 볼 수 있다. 이곳저곳을 두리번거리고 있는 내 눈앞으로 갈매기 한 마리가 날아간다. 날아가는 갈매기를 향해 내가 물었다.

"너의 생애는 어땠었느냐? 행복했느냐, 불행했느냐?"

내 말에 대답 없이 떠나는 갈매기를 바라보며 내 살아온 인생을 뒤돌아본다. 잘못 살아온 생도, 잘 살아온 생도 돌이켜 생각해 보니 흔들리는 물결 같은 것인데, 그래서 내 삶 또한 이렇게 흔들리는 것인가? 어사대에서 내려와 기성리에서 사동리로 가려는데 바닷길이 여의치 않다. 돌아가는 길에 만나는 기성면 척산리, 그곳에는 객사 터를 비롯한 관아 자리가 아직 남아 있다.

해월헌이 있는 사동리

상사동 서쪽 길, 주막거리라고 불리던 길을 지난다. 주막거리 남쪽 주담 마을을 지나 기성면 사동리에 접어든다. 해월헌海月軒 600m라고 쓰인 표지판이 보인다. 해월헌은 조선 선조 시절 이름난 학자 해월 황여일黃汝一이 선조를 모시고 후학에게 글을 가르치던 정자다. 그 당시 영의정을 지낸 아계 이산해李山海가 현판을 쓰고, 백사 이항복李恒福과 상촌 신흠申欽, 월사 이정구李廷龜가 글로써 찬사했던 곳이다. 그러나 지금의 정자는 그 당시 지어진 게 아니다. 본래 건물이 오래되어 낡고 허술해지자 100여 년 전에 이곳으로 옮겨 지었다. 이곳 사동리 풍광은 기성에서 유배 생활을 했던 이산해의 「사동기沙銅記」라는 기문에서 살펴볼 수 있다.

처음 기성에 유배 왔을 때 망양정으로부터 남으로 6~7리가량 내려와 이른바 사동이란 마을에 들러서 보니 묏부리가 구불구불 뻗어 흡사 엎드렸다 일어나는 듯, 뛰어올랐다 달려가는 듯, 난새와 봉황이 날개를 편듯한 형국으로 둘러싸고 감싸 안아 한 동네를 이루고 있었다. 이에 마음속으로 기이하게 여겨 굽이쳐 서리고 힘차게 맺힌 기운이 필시 물物에 모이고 사람이 모였을 터이나 물은 기운을 홀로 가질 수 없으므로 반드시 걸출하고 재주가 뛰어난 선비가 이곳에 태어날 것이라고 생각했다. (…) 뿐만 아니라 망망한 대해大海가 항상 침석枕席 아래 있었으며 어촌의 집들이 백사장 사이로 은은히 비치고 고기잡이배와 갈매기가 포구에 오가고 있었으니, 참으로 빼어난 경관이었다.

사동리 일대 갯마을은 전국에서 자연산 돌김을 많이 따내는 지역 가운데

1 차마고도 같은 망양정 가는 길 2 망양정이 보이는 해수욕장

하나다. 12월 초부터 이듬해 2월 하순까지 석 달에 걸쳐 돌김 채취 작업이 이루어지는데, 그 시기가 혹한과 맞물려 있어 주민들을 분주하게 만든다.

　이곳 영남 지방은 진秦나라 백성들이 이주해 와 정착한 곳으로 그들의 풍속과 습속이 영남 지역 문화에 배어 있기도 하다. 그것은 소동파蘇東坡의『원경루기遠景樓記』에서도 확인할 수 있고 비슷한 내용이 이산해의「해빈단호기海濱蛋戶記」에도 기록되어 있다.

　기성箕城 경내로 들어서니, 날이 이미 캄캄하여 사동沙銅 서경포西京浦에 임시로 묵게 되었다. 이 포구는 바다와의 거리가 수십 보가 안되고 띠풀과 왕대 사이에 민가 10여 채가 보였는데 집들은 울타리가 없고 지붕은 겨릅과 나무껍질로 이어져 있었다. 남자는 쑥대머리에 때가 낀 얼굴로 삿갓도 쓰지 않았으며, 여자는 어른 아이 없이 모두 머리를 땋아 쇠 비녀로 자르고 옷은 근근이 팔꿈치를 가렸는데, 말은 마치 새소리와 같이 괴이해 알아들을 수가 없었다.

이처럼 진나라 사람들이 난을 피해서 우리나라 동해 쪽으로 들어오기도 했고, 일본인과 여진족 또한 이 땅으로 들어와 삶의 터전을 일구기도 했다는 것은 이미 오래전에 알려진 사실이다. 이산해보다 먼저 이곳에 왔던 매월당 김시습의 시 「도이거島夷居」(섬 오랑캐의 거처)에도 그에 대한 내용이 실려 있다.

바닷가에서 이익을 삼는 집들이
띠로 지붕 이은 것이 몇십 채 되네
성미 급한 고깃배는 작다랗구요
풍속 달라 말씨는 거만하구나
고향 멀어 청천가에 붙어 있고,
몸은 푸른 물가에서 살아간다네
우리 님의 교화 속에 돌아왔으니,
주상께서 불쌍하고 가상하게 여기네

사동항에서 바닷가로 가는 길이 막혀 있다. '경고, 이 길은 갈 수 없습니다.' 그런 문구를 볼 때 내 정신은 새롭게 고양된다. 바로 지금이지 다른 시절은 없다. 한 번밖에 못 사는 순간의 인생이다. 매 순간을 후회 없이 살 것, 자크 프레베르도 말하지 않았는가.

나는 소망한다. 내게 금지된 것을.

'출입금지'나 '입산금지'. 그것을 거꾸로 읽고 들어간 길은 해금강이 따로 없다. 차마고도와 같이 아슬아슬한 길이 펼쳐지기도 하고, 우뚝 선 절벽으로 가로막혀 갈 수 없을 것 같은 온갖 기암괴석이 즐비한 바닷가 길이다. 망양해수욕장에 이르기까지 위험하고 또 위험한 길을 매 순간 경탄하면서 걷는다.

울진과 평해의 경계 망양교

옛날에 평해군과 울진군의 경계 역할을 하던 망양리 서쪽 망양교를 지난다. 마을 앞 망양해수욕장의 바닷가에서 할머니들이 갈퀴로 파도에 밀려온 미역을 건져 올리고 있었다. 호기심이 발동한 우리 일행이 미역 *끄트머리*를 떼어 먹자, 할머니가 인심 좋은 얼굴로 미역귀 부분을 떼어 내민다.
"이게 더 맛있는 기다."
입에 넣으니 바닷물이 간간하게 밴 맛. 이것이 동해의 인심이고, 맛인가?

빈터만 남은 관동팔경, 그 복원을 꿈꾸며

기성면 망양리 망양정. 그곳에서 바다를 본다. 거세게 일어났다 쓰러지는 파도 소리가 가슴을 후려치는 듯하다. 이제는 빈터만 남았지만, 일찍이 이곳 망양정에 올랐던 이산해의 시문으로 그 아쉬움을 달랜다.

바다를 낀 높은 정자 전망이 탁 트여
올라가 보면 가슴 속이 후련히 씻기지
긴 바람이 황혼의 달을 불어 올리면
황금 궁궐이 옥 거울 속에 영롱하다네

수많은 시인 묵객들의 자취가 서린 이곳 평해군 기성면 망양리 앞 모래사장가에 있던 망양정. 조선 세종 시절에 이르러 평해군수 채신보가 오래되어 쓰러져가는 정자를 마을 남쪽 현종산 기슭으로 옮겨 세웠다고 한다. 중종 때는 안렴사 윤희인이 평해군수 김세우에게 명해 중수했으나 그 또한 오래되어 쇠

망양정 부근의 바닷길

1 새로 지은 울진 망양정 2 옛 망양정 터

락하고 말았다. 망양정이 근남면 산포리로 옮겨가면서 이곳 빈터에는 소나무
몇 그루와 표적으로 세운 비석만 남아 있다.

백 번 보는 것이 한 번 걷는 것보다 못하다

본래 이곳에 있던 망양정을 두고 조선시대 정국공신이었던 채수는 '우리
나라를 봉래, 방장과 같은 산수 좋은 신선의 고장이라 하는데, 그중에서 관동
이 제일이며 망양정이 으뜸'이라고 극찬했다. 망양정이 이름 그대로 바다를 전
망하기 좋은 승지에 위치해 있기 때문이리라.

옛말에 "백 번 보는 것이 한 번 걷는 것보다 못하다百見不如一步"라고 했다.
그곳에 가보지 않고 가본 사람에게 전해 듣거나 그림을 통해 감상하는 경우도
있다. 하지만 아무리 언변이 좋은 사람이 백 번 설명해도 한 번 걸어서 가본 것
만 못하다는 것이다. 그러나 그 먼 곳을 아무나 가볼 수 없는 것은 임금도 마
찬가지였다. 그래서 조선시대의 임금들은 그림을 잘 그리는 화가를 시켜서 명
승지의 풍경을 그려 가지고 오게 했다.

조선 후기 숙종이 강원도 관찰사에게 관동팔경을 그려 오라고 명한 뒤 그 그림을 두루 감상했다. 그 뒤 관동의 여덟 가지 경치 중 망양정이 가장 아름답다며 '관동제일루關東第一樓'라는 친필 편액을 내렸다고 한다. 화가의 실력이 좋았던 탓도 있겠지만 탁 트인 망양정 앞으로 펼쳐진 풍광이 그만큼 빼어났다는 것이다. 정조 임금도 시를 읊어 그 경치를 찬양했고, 매월당 김시습도 이곳을 찾아 시를 지었다. 조선 초기 학자 서거정도 '평해팔영'의 하나로 망양정을 꼽았다. 선조 때 송강 정철이 노래한 시문을 통해 망양정의 풍취를 가슴에 담아 보자.

하늘 끝을 끝내 보지 못해 망양정에 오르니
바다 밖은 하늘인데 하늘 밖은 무엇인고
가득 노한 고래 누가 놀래기에
불거니 뿜거니 어지러이 구는 것인가
온 산을 깎아내어 천지사방에 내리는 듯
오월 장천에 백설은 무슨 일인고

망양정 아래 임의대臨猗臺가 있어 바닷물이 출렁대는 암석에 수십 명이 앉아 놀았다는데, 지금은 7번 국도가 나면서 그 모습을 찾아볼 수가 없다.

기성면과 원남면 사이에 위치한 망양정휴게소에서 바다 전망을 보며 커피 한 잔을 마신다. 집을 떠나온 노객들이 잠시 쉬어가는 휴게소나 슈퍼마켓이 도로변에 위치해 있다. 마치 그 옛날 주막을 찾던 길손의 마음으로 들어섰으나 지친 심신을 위로하던 주모도 없고 군불로 달군 뜨끈한 아랫목도 없으니 쓸쓸함이 더욱 깊어진다. 길은 덕신해수욕장으로 이어진다.

조선시대 역이 있던 덕신리

바다에서 뜬 해가 두 장대나 올라왔는데

한쪽에는 북두칠성이 아직도 비꼈네

바람에 갈리고 비에 씻겼으니, 털끝도 깨끗하고

안개 흩어지고 구름 걷혔으니 안계眼界도 넓구나

혼자 생각해도 우스운 일, 세상 물정은 바닷속처럼 알 길 없는데

학술을 가르침은 물결 볼 줄 알겠네

분분하게 남쪽 북쪽에 오가는 사신 많은데, 이곳은 보통 역사驛舍로

보지 말게나

목은 이색의 아버지 이곡李穀이 시로 노래한 덕신역이 있던 지역, 덕신리
다. 덕신리에서 917번 지방도를 따라가니 선박 몇 척이 정박되어 있는 오산항
이 보인다. 이곳에서 산포리로 이어지는 바닷길은 차량이 적고 한가로워 여유
로운 마음으로 걸을 수 있다.

인연이 합해 삶이 되고 인연이 다해 죽음이 된다

오산리에서 가장 큰 마을 초산동의 동북쪽으로 경치 좋고 살기도 좋고다고
해서 무릉동武陵洞이라고 부르는 마을이 있고, 울진 수산종묘장을 지나니 근남
면 진복進福리다. 진복2교를 지나며 일행인 유재훈 선생의 옛 친구 집을 발견
했다.

"인연이 합해 삶이 되고, 인연이 다해 죽음이 된다"라는 부처의 말씀을 길
위에서 깨친다. 인생이 그렇지 않은가. 어느 한순간 영원히 붙잡아 놓을 수 없
다는 걸 알면서도 아스라이 사라져가는 시간의 흔적으로 채워나가는 것. 다만

기억만으로도 가슴 한켠이 따뜻해지는 그런 추억을 만들 수 있다면, 그런 인연들로 채워갈 수 있다면… 감사하고 또 감사해야 하지 않을까? 오늘 그런 인연들과 함께하는 이 순간에 또 한 번 감사한다.

진복리를 지나면 하동정리마을이다. 마을에서 냇가를 따라 올라가면 옛날부터 홍씨가 많이 살았다는 홍촌洪村이다. 길 떠나면 하루가 금세 지나간다. 주위는 금세 사위어가고 벌써 하루를 마감할 시간이다. 우연인지 필연인지 지난가을 관동대로 답사를 하며 머물렀던 바닷가 모텔에서 하루를 정리한다.

'우연으로 하여금 나에게 오도록 하라. 우연은 갓난애처럼 순진하다'라는 니체의 말처럼 있을지 없을지 모를 하루가 오늘 우리에게 우연인 듯 필연인 듯 다가왔고, 저물어가고 있다. 동해 짙푸른 파도가 넘실대는 이 순간 어둠이 장막처럼 내린다. 과연 내 삶에 내일의 태양이 다시 떠오를 수 있을까?

경상도의
마지막 마을

열이틀째, 4월 13일

지난해에 이어 오늘 또 이곳에서 아침을 맞이했으니 특별한 인연이리라. 일행과 오늘 걷게 될 경로를 상의한다. "아침에 고치고 저녁에 바꾼다"라는 『한서漢書』 구절이 일상에 들어맞긴 해도 걷기 여행에서는 미리 점검하고 떠난다면 시행착오를 줄일 수 있다.

이른 아침을 먹고 다시 바다를 바라보며 이런저런 생각에 잠긴다. 가끔씩 나는 생각했다. 진리는 '변화'라고. 그렇다면 변화라는 진리에 가장 합당한 것이 무엇일까? 항상 머물러 있지 않고 흔들리는 바다야말로 우리가 도달하기를 갈망하는 그 진리가 아닐까?

그러나 부조리하게도 대부분의 사람들은 새로운 변화의 물결에 흔들리기를 원하지 않고 평온하게 머물러 있기를 좋아한다. 그렇다면 나는 어떤가. 매 순간 흔들리는 것을 사랑하지 않았던가. 그래서 이렇게 길 위에 서고 또 서는 것은 아닐까?

산포리에서 신망양정에 오르다

　산포리 바닷가 후리마을 북쪽으로 두 개의 산봉우리가 솟아 있고 그 아래로 왕피천王避川이 흘러 동해 바다로 들어가는 곳. 원래 기성면 망양리에 있던 망양정을 이곳으로 옮겨 온 것은 그리 오래전 일이 아니다. 고종 19년인 1883년 울진현령 이희호李熙虎가 임학영林鶴英과 더불어 지금의 자리로 옮겨 세웠으나, 곧바로 허물어져 주춧돌만 남게 되었다. 그 망양정을 1959년 8월 강원도와 울진교육청이 협력해서 다시 세웠다. 그러나 숙종의 친필 편액은 읍내리 객사客舍 동대청에 보관하다가 유실되어 이제는 볼 수 없다. 망양정 서쪽으로 아름다운 경치 속에 인지정仁智亭이라는 정자가 있다. 숙종 어필이 있었다 해서 망미헌望美軒이라고도 불렀는데 이 정자 또한 사라지고 없다. 노음3리를 지나며 보이는 선유산, 그 너머 수곡리에서 천문학자인 남사고가 태어났다.

남사고가 태어난 수곡리

조선 중종 4년인 1509년에 울진군 근남면 수곡리에서 태어난 격암格菴 남사고南師古는 역학과 천문을 비롯해 모든 학문에 두루 통달했다. 하지만 과거 시험은 권세와 돈에 크게 영향을 받으며 혼탁해졌고, 그는 몇 차례 고배를 마시고 나서 벼슬에 대한 꿈을 접는다. 대신 천문 지리와 복술卜術을 깊이 연구했다. 그는 예순세 살의 나이로 죽음에 이르기까지 숱한 예언과 기행을 남겨 우리나라 전설에 가장 많이 나오는 인물이 되었다.

강원도 사람으로 풍수, 천문, 복서, 상법商法에 이르기까지 세상에 알려지지 않은 비결을 알고 있어 그가 예언하면 어긋남이 없었다고 한다. 일찍이 명종 말년에 그가 말하기를, "조정에는 당파가 만들어지고 또 오래지 않아 왜변이 일어날 것인데, 만약 진辰년에 일어나면 구할 길이 있지만 사巳년에 일어나면 구하기 어려울 것이다"라고 했다. 이수광李睟光의 『지봉유설芝峰類說』에는 "남사고가 말하길 임진년에 백마를 탄 사람이 남쪽으로부터 조선을 침범하리라"라고 했다는 기록이 있다. 예언대로 임진왜란이 일어났을 때 왜장 가토 기요마사가 백마를 타고 쳐들어왔다.

바깥잘미에 있는 달팽이 집 같은 초가집에 살며 술을 즐겼다는 그는 성품이 고결해서 그를 찾는 발길이 끊이지 않았다고 한다. 스스로의 후손 없는 삶은 물론 죽음까지 예측했다는 남사고는 장차 3·8선으로 국토가 분단될 것이며 한국전쟁이 발발할 것이라는 예언을 남긴 참서, 『격암유록』을 남겼다. 그러나 이 또한 임진왜란 때 대부분 불타 없어졌고, 이제 그의 무덤만이 안잘미라고 부르는 내성산동 북쪽 산에 남아 있다.

성류굴이 있는 선유산

경상북도 울진군 근남면近南面 구산리九山里에 1963년 5월 7일 천연기념물 제155호로 지정된 성류굴蔚珍—聖留窟이 있다. 주굴 길이 약 470m, 전체 길이 약 800m인 굴의 입구는 선유산仙遊山 절벽 아래 왕피천가에 있는 좁은 바위 구멍이다. 앞뒤 사방 경치가 아름다워서 선유굴이라 하기도 하고, 선유산 밑에 성류사聖留寺가 있어 성류굴이라고도 불렸다. 혹자는 옛날에 해일로 이 일대가 모두 물에 잠기며 산봉우리가 석류만큼 남게 되어 석류산이라고 부르면서 그 밑에 있는 굴을 석류굴이 되었다고도 한다.

이 굴에 전설처럼 슬픈 이야기가 전해진다. 임진왜란 당시 왜군이 울산을 지나 진격해 온다는 말을 들은 근남~원남 일대의 백성들이 이 굴로 피신했다. 이 사실을 알게 된 왜군들이 동굴 입구를 막아버렸고 그 안에 갇힌 사람들은 굶어 죽었다고 한다. 그때 왜적이 입구를 막은 돌이 현재 동굴 입구 경사지에 깔려 있는 바위들이고, 그때 죽은 사람들의 인골은 제5광장 동쪽에서 발견되었다고 한다.

고려 말 학자 이곡(李穀)이 성류굴을 답사하고 기행문을 남겼다

절이 돌 벼랑 아래 긴 시내 위에 있는데 벼랑 돌이 벽처럼 1천 자는 섰으며 작은 굴이 있는데 성류굴이라고 한다. 굴의 깊이를 알 수 없기에 절의 중으로 하여금 홰를 들리고 인도하게 했다. (…) 그 사람에게, '굴의 깊이가 얼마나 되느냐?' 하고 물으니 대답하기를, '아무도 그 끝에까지 가본 사람이 없다' 하며, '혹은 평해군 바닷가 에 닿을 수 있다' 했다.

도보 답사 당시 성류굴 끝을 추정하기로 평해 바닷가라고 했는데, 삼척군 원덕읍 사곡리에 있는 굴이 성류굴로 통한다고 한다. 굴 어귀는 사람 하나 드 나들 만큼 좁으나 그 안에 들어가면 마흔 사람은 앉을 만한 너럭바위가 있다. 그 앞으로는 큰 내가 흘러 더 들어가지 못한다.

수산역이 있던 수산리

울진군 근남면 수산리守山里 동쪽에 자리 잡은 비래봉飛來峯에는 재미있는 이야기가 전해진다. 이 산은 원래 삼척 호산리 해명산海明山에 붙어 있었는데 어느 날 홀연히 날아와 이곳에 자리를 잡았다. 그때부터 울진군에서 이 산을 비래봉이라고 불렀는데, 어느 날 울진군수 앞으로 삼척군수가 보낸 청구서 한 통이 날아든다. "비래봉이 본래 삼척 소유였으니 그 값을 보내달라"는 것이었 다. 이에 화가 난 울진군수가 육방관속을 불러놓고 의논한 뒤 회신했는데, '우 리 울진군 땅 위에 삼척군 땅이 마음대로 와 있으니, 지금까지 무단 점용한 비 용과 산을 가꾸고 보관한 보관료를 울진군에 납부하라'는 내용이었다. 이 회 신문을 받은 삼척군수는 뒤늦게 이 문제를 없었던 일로 하자고 답신했다. 그 제야 비래봉 땅을 둘러싸고 벌어졌던 토지비용 문제가 사라졌다고 한다. 비래 봉 밑에 소금을 굽는 염전이 있었고, 수산리 동쪽으로 남대천이 흐른다.

통일신라시대 김유신은 이곳을 두고 "산림이 울창하고 바다에 이어져 진 귀한 물산이 풍부하다"고 감탄했다. 그래서 지어진 이름이 울진이다.

울진군을 화재에서 구한 비책, 산봉우리 토병과 간수

울진군 울진읍 읍남리 오리실 남쪽 토일吐日마을은 고려 충신 정몽주鄭夢周의 현손인 정도鄭渡가 숨어 지내던 곳이다. 그는 자신의 재종조부인 정보鄭保가 단종 복위운동을 벌였다는 이유로 경북 연일로 유배되는 것을 보고 그 화가 자신에게 미칠 것을 두려워하며 이곳으로 내려와 숨어 살았다 한다. 그때그가 퇴일退逸이라는 지명을 붙였는데 시간이 지나면서 토일로 변화했다. 이곳토일마을에는 지금도 그의 후손들이 많이 살고 있다.

남쪽으로 진화봉鎭火峰이라 부르는 화산火山이 있다. 화재에 대한 방책으로 산봉우리에 토병을 묻고 크고 편편한 돌을 뚜껑 삼아 덮어두고 있다. 옛날 울진군에 화재가 잦았던 시절 한 술사가 '흙으로 만든 병에 간수를 넣어 산봉우리에 묻으면 화재가 일어나지 않을 것'이라는 비책을 알려주었다. 그때부터 산봉우리에 병을 묻고, 해마다 10월이 되면 마을 대표가 좋은 날을 받아 간수를 사서 이 병에 담아두었다. 이제 그 풍습은 사라지고 토병만이 봉우리에 남아 있다.

연꽃 연못을 이룬 고성 늪

내봉골에 연호蓮湖라는 그리 크지 않은 연못이 있다. 원래 옛날 고씨들이 모여 살던 집성촌이 늪으로 변화하며 고성 늪이라 불렸던 곳인데 둘레가 10리를 넘어설 정도였다고 한다. 이제는 늪도 상당히 메워진 데다 연꽃으로 가득 채워져 연호 또는 연지라고 고쳐 부르게 되었다.

연호 북쪽 송림 사이에 있는 정자, 연호정蓮湖亭. 조선 고종 27년인 1890년에 울진현감 박영선朴永善이 처음 세우고 향원정香遠亭이라고 불렀으나 향원정은 세월이 흐르며 허물어졌다. 1922년 7월에 임경필林敬弼이라는 사람이 울진

군수 이기원李起遠의 협조를 받아 읍내리에 있던 객사 건물을 정자로 개축하고
연호정이라고 개칭했다.

양정동에서 죽변 방향으로 해변을 따라 걸을 수 있다. 온양마을을 지나니
양정해수욕장이 펼쳐지고 곧바로 울진군 죽변면 봉평리다.

봉평, 신라시대 주요 지역이었음을 알리는 신라비

봉평리에는 동대봉이라고도 불리는 동대암이 있다. 온통 바위로 이루어
져 골기리 동쪽 바닷가에 우뚝 솟은 이 산은 그 앞으로 드넓은 동해 바다가 펼
쳐졌고, 뒤로 산이 중첩하며 북쪽으로 죽변 항구를 한눈에 조망할 수 있어 경
치가 매우 아름다운 곳이다.

봉평 양지마을 동북쪽으로 봉지鳳池 못이 있다. 조선 명종 때 서울 사람 김
계근金啓瑾의 꿈에 백발노인이 나타나 위치를 알려주며 "그곳의 바위를 흔들면

울진 봉평신라비

좋은 징조가 나타날 것이다"라고 했다고 한다. 꿈이 예사롭지 않다고 느낀 그가 이곳을 찾아 바위를 흔들자 찬란한 빛의 봉황이 나와 물을 먹고 날아갔다. 그 뒤로 이 못을 봉지라고 부르게 되었다.

이곳 죽변면 봉평리에 울진봉평신라비蔚珍鳳坪新羅碑가 있다. 1988년 11월 4일 국보 제242호로 지정된 봉평비는 신라 법흥왕 11년인 524년에 세워졌던 것이나, 오랜 세월 땅속에 묻혀 있다가 세상 빛을 본 지 얼마 되지 않는다.

1988년 1월 경북 울진군 죽변면 봉평2리 논에서 객토客土 작업 중에 장대석 하나를 발굴했으나 대수롭지 않게 생각하고 버렸다. 이를 봉평마을 이장 권대선 씨가 발견해 정원석으로 쓸 요량으로 자세히 살펴보니 희미하게 글씨가 새겨져 있었다. 뭔가 심상치 않다고 생각한 그는 군 공보실에 연락했지만 누군가 낙서한 것일지도 모른다는 의견에 그대로 방치되었다. 그 뒤 군 문화계장과 향토사가들의 노력에 힘입어 신라시대에 세워진 비석임이 밝혀졌다.

변성화강암變成花崗岩으로 만들어진 신라비 역시 고구려 광개토대왕비나 신라 진흥왕순수비처럼 자연석을 거의 그대로 이용했다. 비록 그 재질이 좋은 것이라고 할 수는 없으나 오랫동안 땅속에 묻혀 있다 보니 비교적 원래 형태를 잘 보존하고 있다. 전체적으로 불규칙한 사각형 모양을 하고 한 면에만 글씨를 새겨놓았다. 비의 일부가 떨어져 나가 비문의 전체 글자 수를 정확히 알 수 없으나 398~400자 사이로 이루어진 전체 10행 구조이다. 서체는 중국 남북조시대의 북조풍 예서隸書와 해서楷書 중간 형태로 진흥왕순수비보다 조잡한 편이지만, 문체는 독특한 신라식 한문을 사용했다. 비문 해독에 있어 약 30여 자는 논란의 대상이 되고 있으며, 16에서 17자는 정확한 판독조차 어려운 상황이다. 이 비는 현재 발견된 지점에서 북서쪽으로 50m 옮긴 지점에 두고 비각을 세워 보호하고 있다.

비문에는 거벌모라居伐牟羅와 남미지男彌只 지역에서 발생한 사건에 대해 쓰여 있다. 당시 군대를 동원해서 이를 해결한 뒤, 국왕인 법흥왕이 소를 잡아 의식을 거행한 뒤에 율律을 적용해서 이 지역 지방관과 토호들에게 책임을 물어 장형으로 다스렸다는 내용이 기록되어 있다. 기존 문헌 사료에서 발견되지 않았던 내용이어서 신라사 연구에 새로운 활력으로 작용하고 있다. 이 밖에도 부部를 초월하지 못한 왕의 정치적 성격, 17관등官等의 성립 연대, 지방통치조직과 촌락 구조, 의식행사 양상 등 다방면으로 새롭게 접근할 수 있다는 의미에서도 신라사 연구에 귀중한 사료를 제공한 것이다. 봉평신라비를 발견함으로써 이곳 울진이 신라시대 중요 지역으로 자리 잡고 있었다는 사실을 다시 확인할 수 있었다.

백사장이 길게 펼쳐진 봉평해수욕장에서 바라본 죽변항이 마치 한 폭의 명화처럼 아름답다. 그 항구에 발길을 내리고 대게집으로 들어갔다.

신우대 사이로 풍경이 아름다운 죽변

대나무가 많은 바닷가 또는 '대숲 끄트머리 마을'이라 죽빈이라고 부르던 곳, 울릉도와 직선거리에 놓여 한때는 포경선들이 줄을 섰고 지금도 동해안에서 제법 규모가 큰 항구가 있다. 울진 대게와 오징어, 정어리, 꽁치, 명태잡이로 유명한 곳, 죽변이다.

과거 포경지임을 알리듯 죽변초등학교 교문은 고래 턱뼈로 만들어졌다. 죽변 동쪽 바닷가에 해방 뒤에 개장되었다는 죽변장이 있어 3일과 8일이면 해산물 거래가 활발했다고 한다. 죽변 동쪽 바닷가 산 위에 죽변등대가 있다. 등대 아래로는 2004년 방영된 송윤아 주연의 〈폭풍 속으로〉라는 드라마 세트장임을 알리는 표지들이 서 있다. 푸른 신우대가 흔들대는 풍경 속으로 드라마

1 울진 죽변등대 2 죽변곶 영화 세트장

제작지였던 교회와 하얀 집 한 채 그리고 한적한 바다가 그림처럼 시야에 들어온다. 죽변항에서 울릉도 도동항까지는 약 140㎞ 거리에 있어, 맑은 날에는 울릉도에서 죽변항을 아슴푸레하게나마 볼 수 있다고 한다.

　죽변리 바닷가에는 수령 500년이 넘은 향나무가 천연기념물 제158호로 지정되어 있다. 밑둥치에서 두 개의 가지로 갈라져 자란 이 나무는 원래 울릉도에 있던 것이 파도에 떠밀려 온 것이라고 알려져 있는데, 아마도 울진 부근에서는 발견되지 않는 향나무가 울릉도에 많이 자생하고 있기 때문일 것이다. 죽변 봉수동烽燧洞 마을을 지나자 죽변면 후정리後亭里다. 뒷당이라고 불리기도 하는 후정리 후당동 동쪽으로 밥봉, 떡봉, 죽봉 세 봉우리로 이루어진 삼정산三亭山이 있다. 해마다 정월 보름이면 인근 마을 사람들이 이 산에 올라 달맞이를 한다. 그날 떡봉과 밥봉에서 달이 뜨면 풍년이 들고 만약 죽봉으로 달이 뜨면 흉년이 든다는 속설이 있어 떠오르는 달을 보고 그해 농사의 풍흉을 점치기도 했다. 뒷당 남쪽으로는 신선이 놀다 갔다는 옥랑봉玉郎峯이 있다.

울진 원자력이 있는 북면

후정해수욕장을 지나니 곧바로 북면 덕천리다. 북면은 울진 읍내에서 북쪽으로 가장 멀리 위치한 곳이다. 퇴천동 동남쪽 마분동은 해변에 외적 침입으로 죽은 말들이 묻힌 곳이라 붙은 지명이다. 지금도 그 무덤을 파보면 말의 다리뼈가 발견된다고 한다. 마분동 북쪽 길가에 일명 '김장군 묘'라는 무덤이 있다. 임진왜란 때 고목리에 살던 장사 김을륜金乙倫의 묘다. 원래 더 위쪽에 있다가 70여 년 전에 도로 확장 공사를 하며 현재의 위치로 이장했는데 묘에서 투구 및 긴 칼들이 나왔다. 이장 당시 묘지 아랫집에 살던 사람이 갑작스레 병마病魔에 시달리는 일이 일어났다. 그 집에서 묘를 돌보지 않아 노여움을 샀다는 말에 묘를 다시 수축했더니 뒤로는 그런 일이 없어졌다고 한다. 그 외에도 김을륜과 관련한 이야기들이 곳곳에 남아 있다. 덕금 남쪽으로 김을륜이 고목리에 살며 말을 타고 군사 훈련을 하던 장유대將遊臺 산이 있고, 장유대 남쪽으로 그가 훈련했던 천태바위가 있다.

그러나 이 지역은 현재 원자력발전소가 들어서 있어 더 이상 바닷가를 따라 걸을 수 없다. 동해 트레일을 위해선 원전 관계자들과의 긴밀한 협조가 필요할 것 같다.

송시열을 모신 옥계서원

해변을 벗어나 내륙으로 들어가는 길을 걷기란 팍팍하다. 파도 소리도 들리지 않고 흰 모래사장도 없는 길이 이어진다. 고목리 점성골 북쪽에 우암 송시열宋時烈과 석당 김상정金相定을 모신 옥계서원玉溪書院의 유허비가 있다. 화성리에 있던 옥계서원이 철폐되자 1941년 고목리에 살던 선비 전재유와 남상호가 그들의 뜻을 받들어 강당을 짓고 글을 가르치면서 유허비를 세웠다.

새말을 지나자 거북바위가 있다는 고목리古木里 구장동이다. 새말과 지당 골 사이에 있는 맹금산은 마을을 지킨다는 뜻으로 화가산이라고도 부른다. 산세가 웅장하고 아름다워 조선시대 강원관찰사를 지낸 백주白洲 이명한李明漢 이 시를 읊어 칭송하기도 했다. 화동에서 지당골로 가는 고개를 한가로이 걸 어 내려가며 울진의 북쪽을 향해 나아갔다.

효자문과 열녀문으로 인간지정을 읽는 염촌 흥부장

옛날 소금을 굽는 염전鹽田이 있던 염촌 서남쪽 흥부장은 소금, 미역 등 해 산물의 집산지로 유명했다. 흥부동 남쪽 어귀에 있는 서씨 열녀각徐氏 烈女閣은 조선 인조 때 선비 장진혁張振赫의 아내인 달성 서씨의 열녀문이다. 그녀는 남 편이 병으로 앓아눕자 5년 동안 극진히 간호해 쾌차하게 하고, 그 뒤 다시 남 편이 뇌종腦瘇으로 쓰러지자 자기 대신 남편을 살려달라고 밤낮으로 기도해 낫게 했다. 이 사실이 알려져 인조 21년인 1643년에 정문旌門이 내려졌는데 그 것을 120여 년 전에 다시 세웠다. 부모에게 효성이 지극했던 김철중金哲中에게도 정문을 내리고 그를 동몽교관에 증직했다. 그의 아내인 남양 홍씨도 효성이 극진해 고종 27년에 정문과 함께 비각을 세워주었는데 그것이 열녀문 바로 옆에 있는 효열각이다.

서쪽으로 8㎞ 떨어진 곳에 수질이 좋기로 소문난 덕구온천德邱溫泉이 있다. 울진군 북면北面 덕구리德邱里에 있는 이 온천은 국내 유일의 약알칼리성 자연 용출 온천이다. 고려 말기에 활과 창을 잘 쓰기로 소문이 자자했던 전田씨 성을 가진 사람이 사냥꾼 수십 명을 데리고 사냥을 하다가 발견했다는 전설이 있다. 그때부터 인근 주민들이 온천 용출지에 석축을 쌓고 통나무로 집을 지어 간이욕장을 만들고 온천욕을 했다고 한다. 덕구온천에서 남쪽으로 조금 내려가 만나는 울진군 북면 두천리는 십이령을 지나 소천을 거쳐 서울로 가던 중요 길목이었다.

그 들목 마을 건너편에 '울진내성행상불망비蔚珍乃城行商不忘碑'가 세워져 있다. 1890년경 울진과 봉화를 왕래하며 어염 해조류를 물물교환하는 방식으로 상행위를 하던 선질꾼들이 당시 봉화 내성에 살며 자신들의 최고 지위 격인 봉화 출신 접장 정한조鄭韓祚와 안동 출신 반수班首인 권재만權在萬의 도움에 감사하며 은공을 기리고자 세운 비다. 그래서 이 지역 사람들은 '선질꾼비'라고도 부른다.

당시 선질꾼들은 2·7일에 열리는 울진장과 3·8일에 열리는 흥부장에서 소금과 해산물을 구매한 뒤 쪽지게에 지고 '열두재'라고도 부르는 12령嶺을 넘었다. 열두 고개는 십이령(쇳칫재)부터 노룻재로 이루어졌다. 그렇게 봉화장으로 건너간 선질꾼들은 그 주위에 장을 돌며 잡화, 약품 및 양곡, 포목 등과 자신들이 지고 온 물건을 교환하고 되돌아왔다. 흔히 행상은 마상과 바지게꾼으로 나눌 수 있는데, 바지게꾼이 바로 선질꾼이다. 이제 선질꾼도 그 많던 주막도 모두 사라진 땅, 부구리를 지나 나곡리에 접어든다.

나실마을의 화포 미역

울진군 북면 나곡3리 나실마을은 뛰어난 품질로 옛날에는 궁중에서만 맛볼 수 있었다는 화포 미역을 따는 곳이다. 4월 중순부터 5월 말까지 나는 이곳 미역은 수심이 낮은 바위에서 햇빛을 많이 받으며 건조되어 검푸른 빛이 돌지만, 국을 끓여놓으면 푸른빛이 되살아나고 부드러운 식감에 향기도 뛰어나다. 나실마을 나곡해수욕장에 이르자 바다로 가는 길이 산에 가로막혀 있다. 그 산을 가로질러 갈 수 있다면 금세 고포리인데⋯⋯. 아쉽게도 산에는 등산로조차 없었다. 가까운 거리를 두고 돌아갈 생각에 발길은 더욱 무거워진다.

돌아가는 길목에 만난 고포리휴게소, 그 앞으로 지나가는 차조차도 가뭄에 콩 나듯 한다. 길이 어떻게 나는가에 따라 흥망이 결정되는 모습이다. 나곡 북쪽에 자리한 갈령葛嶺재, 강원도 삼척시 원덕읍 월천리로 이어지는 그 큰 고개를 사이에 두고 강원도와 경상북도가 나뉜다. 고개 밑으로 4차선이 뚫리면서 강원도와 경상도를 잇던 2차선 길은 그 기능을 잃었다. 이제는 30분에 차 한 대 지나갈까 하는 그 길에서 주유소를 만난다. 한때는 성업을 이루었을 가게의 주인은 속마음이 오죽할까 싶다. 이곳 갈령재에서 그리 멀지 않은 태봉산에 1619년 11월 광해군이 딸의 태를 묻고 세웠다는 비가 남아 있다.

경북의 마지막 마을 고포

숨 가쁘게 산길을 올랐다가 협곡처럼 휘도는 내리막길을 따라가니 고포리姑浦里다. 옛날 한 할머니가 큰 난리를 피해 아기를 업고 이곳에 들어왔다. 그러나 다시 떠나려 할 때 배가 없어 떠나지 못하고 이곳을 개척하고 정착했다 해서 고포리라고 부른다는 전설이 있다. 그리고 을사년 음력 4월 25일 러시아 배 두 척이 일본 배에 포위되어 쫓기다 한 척은 강원도 원덕읍 월천 앞바다에서 침몰하고 다른 한 척은 동쪽으로 도망쳤다. 그 무렵 이 마을로 어뢰가 떠내려왔는데, 구경하던 마을 주민들이 뇌관을 때려 어뢰가 폭파하면서 40여 명이 몰살을 당했다는 이야기도 있다. 바닷가에 자리 잡은 이곳 고포리는 마을 가운데로 흐르는 도랑을 사이에 두고 경상북도와 강원도로 행정구역이 나뉜다. 그러다 보니 각종 선거 때마다 경상도 울진 고포와 강원도 삼척 고포의 서로 다른 투표함을 두고 언론에 자주 회자되기도 한다.

지경에서 시작해 지경에서 끝나는 경상북도

울산광역시와 경상북도가 만나는 지점이 지경이었듯 경상북도 울진군과 강원도 삼척시 원덕읍이 만나는 이곳 고포에도 지경地境이라는 지명이 있다. 강원도 고포, 경상도 고포가 작은 내 하나를 사이에 두고 있는 이곳까지가 해파랑길 경상북도 구간이다. 이곳에서 북쪽으로 이어지는 길을 따라 해파랑길 강원도 구간이 시작된다.

동해 트레일 강원도 구간에 들어서다

삼척 고포리에서 바다를 따라 가는 길, 흰 페인트칠을 한 돌들이 끼워진 철조망으로 길게 둘러쳐진 모습이 이채롭다. 돌이 떨어져 있다거나 남아 있는 개수만 보고 적의 침입 여부를 가늠하다니 피식 웃음이 나온다. 얼마나 더 많은 세월이 흘러야 남북 간 긴장이 해소되고 이렇듯 백색 칠을 한 돌까지 동원한 우스운 모양의 철조망이 걷힐까? 벼랑길은 금세라도 무너져 내릴 듯 위태롭기만 하다. 향나무로 이국적 정취마저 느껴지는 강원도 삼척시 원덕읍 월천리, 그 남쪽 해안에 위치한 고포마을은 마치 할머니가 손자를 안고 있는 형상을 하고 있다고 해서 할무개라고도 불린다. 그곳에서 노일전쟁露日戰爭 당시 많은 일본인들이 사망했다. 해안가 길을 따라 바닷길을 거슬러 오르니 아룻다래(하월천)마을이다. 이곳에서 개목이라고도 불리는 가곡천柯谷川을 만났다. 원덕읍 풍곡리 삿갓보에서 발원해 동해로 흐르는 하천이다. 하지만 건널 수 없어 다시 돌아가는 길을 선택해야 했다.

호산리, 가로수 꽃비를 맞으며 하루를 정리하다

월천교를 지나면 바로 삼척시 원덕읍 호산리다. 하루의 여정을 마감하는 동남쪽 바닷가에 해망산海望山이 외따로 떨어져 있다. 전설에 따르면 바다 가운데에 있던 삼형제 섬이 떠내려 와 삼척 곳곳에 정착했는데 첫째는 근덕면 덕봉산이 되었고, 둘째는 선녀가 놀다 갔다는 해망산이며, 셋째는 울진의 죽산이 되었다고 한다.

저녁을 먹기 위해 찾은 호산항 횟집에서 우리 일행은 회가 나오기를 기다리며 지친 몸을 잠시 뉘었다. 호산리에서 맞는 봄밤은 달콤하면서도 쓸쓸했다. 이런 나그네의 심사를 알아챘을까. 길가에 만개한 벚꽃이 바람결에 흩날렸다. 우수수 지는 봄꽃에 도취된 우리는 나무를 흔들어 꽃잎을 함박눈처럼 내리게 했다. 가로등 불빛을 타고 내리는 꽃비에 묘하게 몽환적 향취마저 느껴지는 그 밤길을 걷는 나그네들의 마음도 꽃잎처럼 우수수 흩어져 갔다.

강원도 삼척에
이르다

～ 열사흘째, 4월 14일

아침에 아담처럼 숲을 거닐고 있느니, 나를 보라.

내 소리를 들으라. 내 살을 만지라.

두려워 말라 내 육체를.

아침에 눈 뜨자마자 월트 휘트먼의 시, 「아담처럼」을 떠올리며 다리부터 점검한다. 별 이상은 없다. 걷기 여정에 튼실한 다리만큼 중요한 것이 또 있던가. 다리만 아프지 않다면 천 리 만 리 길도 거뜬할 테니……. 어느 날 아침 갑자기 프란츠 카프카의 소설 「변신」처럼 잠들기 전과 확연히 달라진 내 모습을 만나지 않을까? 종종 이런 망상에 심리적 압박을 느끼기도 한다. 삶에 있어 그 어느 것도 확실하지 않다는 사실을 너무 일찍 깨달았기 때문일까.

바다를 따라 이어지던 길은 호산리에 이르러 끊긴다. 어쩔 수 없이 완만한 오르막길로 연결된 7번 국도를 따라 걷는다. 옛날 죽령현竹嶺縣 터였다는 옥원

1 해변이 한눈에 보이는 해신당 공원 2 신남리 전경

리로 이어지는 길을 지나자 노곡리魯谷里다. 관동대로는 노곡리에서 괴목고개 안쪽 길곡마을을 통해 임원리 절골로 이어진다. 까치나루, 노곡나루, 비화진을 먼발치에서 바라보며 걸음을 재촉했다. 멀리 임원항이 보인다. 임원리는 조선시대에 임원산臨院山 봉수가 있었다 해서 붙은 지명이다.

제법 규모가 큰 임원항에서 커피 한 잔을 마시고 우리는 다시 7번 국도를 따라 걷는다. 저 멀리 바다가 그림처럼 뒤따르는 길이다. 휘돌고 휘도는 길을 얼마쯤 걸었을까. 우리나라 국토 형상을 닮은 바위, 화암에 닿는다.

갈남리 신남마을 가는 길에 하늘을 향해 꽃처럼 활짝 핀 두릅을 만났다.

몇 개를 딴다. 봄날 잃었던 미각을 되살리기에 두릅만 한 게 없다. 살짝 데쳐서 초장에 찍어 먹는 맛도 일품이지만 밀가루와 계란 옷을 가볍게 입혀 지져내는 두릅전은 정말 둘이 먹다 하나가 죽어도 모를 정도로 맛이 좋다. 부드럽게 양 볼을 스쳐 가는 봄바람을 온몸으로 느끼며 내리막길을 걷는다. 바다가 마을을 끌어안은 듯, 혹은 울타리를 두른 듯한 형상이라 섶너머 또는 섶여울이라고 불리는 신남마을에 이른다.

갈남리의 해신당, 애랑낭자의 원혼을 달래다

바닷가에 자리 잡은 여느 마을처럼 이곳 신남리에도 해신당이 있다. 마을 북쪽 끝 동해 물결이 치오르는 벼랑 위에 마을의 수호신인 애랑낭자와 향나무를 모신 조그만 정자다. 나무를 깎아 만든 남근석을 마치 송이 두릅처럼 엮어 매달고, 향나무에는 동전을 넣은 복주머니를 여러 개 매어두고 있다.

5백여 년 전 이 마을에 결혼을 약속한 처녀, 총각이 있었다. 어느 날 총각은 해초를 따러 가는 처녀를 배에 태워 해변에서 조금 떨어진 바위에 내려주며 다시 태우러 오겠다고 약속하고 돌아갔다. 그런데 갑자기 강풍이 불고 바다는 거센 파도에 휩싸였다. 바다에 남겨진 처녀를 태우러 나갈 수 없게 된 총각은 먼발치에서 발만 동동 굴러야 했다. 결국 처녀는 물에 휩쓸려 죽고 말았다. 그후 이상하게도 마을에는 고기가 잡히지 않게 되었고, 그것이 애를 쓰다 죽은 처녀 때문에 일어난 것이라는 소문이 어민들 사이에서 번져 나갔다. 이에 처녀의 원혼을 달래주기 위해 나무로 만든 남근으로 제사를 지내주자 신기할 정도로 고기가 많이 잡혔다. 지금도 매년 정월대보름이면 제사를 지낸다.

이곳 해신당 부근에 어촌민속전시관과 남근 모양의 장승들을 열 지어 세워놓은 성 민속공원 등이 조성되어 있어 오늘날에도 사람들의 발길이 끊이지

1 해신당 2 성 민속공원

않는다. 갈남리 동북쪽으로 월미도라고 불리는 갈남섬이 있다. 잠시 멈춰 아름다운 바다를 하염없이 바라보았다. 바다 풍경에 마음을 빼앗긴 일행들은 다리 통증도, 나그네로 길 위에 서 있다는 사실도 잠시 잊은 듯 미동조차 없다. 그렇다고 오래 머물 수만도 없다. "어서 가야지"라는 누군가의 한 마디에 아쉬움을 뒤로 하고 고개를 넘어선다. 달동네마을을 지나자 용화해수욕장에 이른다.

아름다운 용화해수욕장

장호리에서 지근거리에 있는 용화리, 그곳에는 말이 굴렀다는 말구릿재, 용이 승천했다는 용구멍, 동지冬至 무렵이면 물개가 모여든다는 물개바위 등이 어우러져 그림 같은 절경을 이룬 용화해수욕장이 있는데 그 아름다움은 동해안에서도 손꼽힐 정도다.

용화마을에서 산길에 접어들어 임원 절골마을을 지나 소공대를 거쳐 호

삼척 용화해수욕장

삼척 장호리 부근

산까지의 길은 조선시대 9대로(동대문에서 울진 평해까지 이어졌던 관동대
로)의 일부를 이룬다. 발아래 펼쳐진 용화해수욕장을 내려다보며 굽이진 고개
를 넘자 근덕면 초곡리다. 초곡리에는 이 지역 출신 올림픽 마라톤의 영웅, 황
영조기념관이 있다. 황영조기념관을 지나 40여 년 전에 철로를 개설하려다 중
지되었던 초곡터널로 들어선다. 긴 세월을 거쳐 만들어진 터널을 걷자니 마음
한켠이 서늘해진다.

바다를 향해 도솔천 미륵사 사찰이 있다. 현세에서 만나는 도솔천이라.
이렇듯 가까이에 도솔천이 있건만 사람들은 그저 먼 길을 떠나려 한다. 초곡
항, 초곡해수욕장을 지나 소나무 숲길을 빠져나오자 '아름다운 초곡입니다'라
고 적힌 표지판이 보인다. 다시 뒤돌아보니 지나온 해송길이 매우 아름답다.

조선시대 제궁원과 공양왕의 무덤이 있는 곳

한 폭의 풍경화에 발을 들여놓은 듯 아름다운 초곡항을 뒤로하고 나아가
니 매원리梅院里에 이른다. 조선시대 여행자들의 숙박소였던 제궁원齊宮院이 있
던 지역이다. 궁촌마을 궁촌교를 지나 궁촌리다. 고려의 마지막 임금 공양왕
恭讓王이 이성계에게 왕위를 넘겨주고 은거하다 생을 마쳤다고 해서 궁말이라
불리기도 한다. 궁촌리에서 가래마을楸川洞로 넘어가는 고개인 사랫재는 공양
왕의 아들들이 살해당한 곳이라 해서 살해치殺害峙라고도 불린다. 궁촌마을 뒤
편 양지바른 곳에 무덤이 있다. 진위는 가릴 수 없으나 세자인 왕석王奭의 무덤
이고, 그 옆에 동생 왕우王瑀의 무덤이 있다는 말도 있다. 어쨌든 앞에 있는 것
이 공양왕의 무덤이고, 뒤의 무덤은 빈이나 시녀 또는 말馬 무덤으로 알려져 있
지만 그 크기가 보통을 넘어서 예사 무덤이 아님을 알 수 있다.

비운의 임금 공양왕(1345~1394)은 오백 년 사직을 일구었던 고려의 마지막

임금(재위 1389~1392)으로 이름은 왕요王瑤이고 신종神宗의 7대손이며, 정원부
원군定原府院君 균鈞의 아들이다. 당시 중국은 원元나라에서 명明나라로 바뀔 때
였기에, 고려 조정에서는 친원파親元派와 친명파親明派의 대립이 격심했다. 그러
다 친명파 이성계가 위화도회군威化島回軍을 하며 창왕昌王을 즉위시키더니, 곧
음모를 꾀했다는 이유로 폐위시키고 공양왕을 왕위에 앉혔다. 이때 왕요는 자
신이 이성계에게 이용당하리라는 것을 눈치채고 수차례 고사했으나 집요한
설득과 억지에 결국 1389년 왕위에 오르게 된다. 본디 과단성이 없던 공양왕은
정몽주鄭夢周를 중심으로 한 구세력에 이어 새로 권력의 중심에 오른 이성계에
게도 실권을 완전히 빼앗겼고 마침내는 권세도 없고 허수아비와 같던 그 왕좌

마저 빼앗기게 된다.

그리고 이성계가 왕위에 올랐다. 34대 475년을 유지하던 고려가 멸망하고 조선이 개국된 것이다. 폐위된 공양왕은 공양군恭讓君으로 강등되어 원주로 추방당했고, 간성에서 2년간 귀양 생활을 하다 이곳 삼척으로 옮겨졌다.

고려 마지막 임금 공양왕 비참한 죽음터

『태조실록』 3년 4월 14일 '계미癸未조'에는 다음과 같이 실려 있다.

도평의사사에서 모든 관사와 기로들을 수창궁에 모아 놓고 다음과 같이 알렸다.

"전조前朝의 왕씨는 이미 천명天命이 가버리고 인심도 떠나, 스스로 하늘의 주벌誅伐을 초래하였는데도 전하께서 호생지덕好生之德으로 생명을 보전해 주었으니 그 은덕이 지극히 중한데도, 왕씨들은 도리어 의심을 내어 몰래 반역을 도모했으니 법에 용납될 수가 없다. 그러니 왕씨를 구처區處할 일을 단단히 봉하여 계문啓聞하라."

이에 양부兩府 각 관사와 기로들 모두가 말했다.

"왕씨를 모두 제거하여 후일의 근심을 막게 하소서."

그때 서운관書雲觀·전의典醫·요물고料物庫의 관원 수십 인만은 마땅히 해도海島에 귀양보내야 한다고 주장했다. 이에 도평의사사에 명해 다시 의논하게 하니, 도평의사사에서 아뢰었다.

"마땅히 여러 사람의 의논에 따라야 될 것입니다."

그때야 임금이 전지했다.

그 내용이『태조실록』3년 4월 17일 '병술 조'에 '삼척의 공양군에게 교지를 전하고, 그와 두 아들을 교살시키다'라고 기록되어 있다. 가시밭길 같은 역사의 소용돌이에서 임금의 자리에 올랐던 것이 죄가 되어, 결국 목에 맨 노끈을 좌우 양옆에서 빨래를 짜듯이 돌려 죽이는 방법으로 살해를 당해 세상을 하직했다. 그때 공양왕 나이 45세로 이곳 삼척으로 온 지 한 달이 지났을 때였다. 그렇게 죽임을 당하고 22년이 지나 태종 16년인 1416년, 다시 왕으로 복위되어 이곳에 묻혔다고 한다.

현재 고양시 원당에 있는 무덤을 공양왕릉으로 공식 인정한 것은 세종실록에 근거하고 있다.『세종실록』에 "안성군 청룡에 봉안했던 공양왕의 초상을 고양군의 무덤 곁에 있는 암자로 옮기라"고 기록되어 있기 때문이다. 공양왕 무덤에 대해서는 쉽게 진위를 가릴 수 없을 정도로 많은 이론이 있다. 태종 복위를 전후로 고양으로 이장할 때 봉분은 이곳에 그대로 남겨두었다는 이야기도 있고, 사형을 집행했던 관리들이 공양왕의 주검을 분리해 상부에 보인 뒤 목을 고양에 묻고 몸은 삼척에 남겨두었다는 주장도 있으나 진위를 단정 짓기가 쉽지 않다. 1660년 조선 중기에 미수 허목許穆이 삼척부사로 재직하며 지은 「척주지陟州誌」에 실린 글에서 그 당시 상황을 읽어본다.

부노父老들이 전하기를 고려 공양왕이 원주로 추방되고 후에 간성으로 옮기고 태조 3년에 삼척에서 돌아갔다고 한다. 당시 왕이 거처하던 곳이 백성의 집과 같았고, 왕이 돌아감에 그 장례 또한 이와 같았다. 그 땅에 산지기 한 사람이 있을 뿐이다.

당시 초라했던 무덤에 1837년 이규헌李圭憲이 삼척부사로 재직하며 봉토를 다시 했으나, 그 뒤 산지기도 없어지고 봉분이 무너져 내리는 것을 1977년에 삼척군수 원락희元洛熙와 근덕면장이 오늘날과 같이 만들었다고 한다.

나그네마저 아름다운 풍경으로 품어주는 동막리 대진항

궁촌리에서 동막리로 넘어가는 바닷길, 나그네의 모습마저 아름다운 풍경으로 만들어주는 그 길을 따라 여정을 재촉해 동막리 대진항大津港에 이른다. 부남리가 멀지 않다. 부남진 바다에도 바위들이 많다. 용이 살았다는 용굴바위, 당머릿바위, 촛대처럼 삐쪽하게 생긴 촛대바위, 장사바위가 있다.

우리의 두 번째 여정은 이곳에서 막을 내린다.『공자가어孔子家語』에 "백 리를 걸어온 노고가 하루의 즐거움이다百里之勞 一日之樂"라는 글이 있듯이 이미 이백 리도 넘는 길을 걸어온 도반들의 얼굴마다 행복한 기운이 가득하다. 그래도 아쉬움을 남기지 않는 맺음과 헤어짐이 있던가. 얼핏 서운한 표정을 내비치며 우리 각자는 서로의 집을 찾아 뿔뿔이 흩어져 갔다.

3장

해파랑길
세 번째 구간

동해에서
다시 만나다

 열나흘째, 5월 3일

그리운 얼굴들이 삼척으로 모였다. 불과 몇 년 전 길을 걷고 있으면 사람들이 내게 물었다.

"어디를 그렇게 서둘러 가시오?"

"옛길을 따라 서울까지 가고 있습니다."

"돈 안 주면 걷지 마소."

그런데 천지가 개벽을 했다. 하루 몇십 ㎞씩을 걷겠다고 자비를 들여 서울, 하동, 용인, 전주 등 각지에서 버스나 기차를 타고 이 먼 곳까지 오다니 얼마나 신기한 일인가? 그들의 원동력은 도대체 무엇일까? 건강 또는 스스로를 찾기 위한 간절한 열망도 있겠지만, 정작 중요한 것은 '보보유경步步遊景', 즉 '내딛는 발걸음마다 기분 좋은 감동을 새기는' 감흥을 터득한 것인지도 모른다. 저녁을 먹고 숙소에 들어 자리에 눕고 보니 10시가 훨씬 지났다.

이른 아침을 먹고 남암포로 향했다. 한산한 포구의 아침, 간혹 날아오르는 갈매기와 파도 소리가 큰 울림을 만든다. 포구에 동화된 모습이 주민인 듯 보이는 몇 사람이 서성인다. 어느새 우리 일행도 카메라 셔터를 누르며 포구의 여백을 채워나갔다.

정박된 몇 척의 배가 물결을 따라 작게 일렁이는 남암포에서 덕봉을 우측에 두고 고개를 넘어 덕산해수욕장에 이른다. 그 위쪽에 덕봉산이 있다. 동해안에 외따로 있는 덕봉德峯은 옛날 옛적에 관북 지방에 있던 것이 바닷물에 떠밀려 이곳으로 온 것이라 한다. 덕봉 정상에 봉수대가 있고, 그 옛날 신선이 모여 놀았다는 회선대와 용바우가 있다. 이곳에서 조선 선조 때 홍견洪堅이라는 사람이 어느 날 대竹 우는 소리를 듣고 그 대를 찾기 위해 이레 동안 밤마다 치성을 드린 끝에 한 포기에 다섯 줄기가 있는 대를 발견하게 되었고, 그것으로 화살을 만들어 무과에 급제했다는 전설도 있다.

마읍천 하류의 아름다운 나무다리

맹방해수욕장 사이, 이곳에 길이 있을까 우려하며 바라보니 S자형으로 돌고 돌아 흐르는 마읍천의 아름다움이 마음을 사로잡는다. 멀리 나무다리가 보였다. 누구일까, 이렇게 아름다운 나무다리를 놓은 이는. 결 고운 마음을 가졌을 누군가에게 감사하며 다리를 건너니 맹방해수욕장이다. 근덕면 하맹방리에서부터 상맹방리까지 펼쳐진 해수욕장은 그 길이가 방대해서 끝이 보이지 않을 정도이다. 인적이 끊긴 해수욕장 초입에서 신발을 벗는다. 뒤따라 몇 사람이 맨발로 선다. 발에 닿는 감촉이 좋다. 앙드레 지드의『지상의 양식』에서 읽었던 한 구절을 절감한다. 그래, 맨발이어야 이 모래의 감촉을 온전히 느낄 수 있는 것을⋯⋯.

서책書冊을 불살라버려라. 강변의 모래들이 아름답다고 읽는 것만으로는 만족할 수가 없다. 원컨대 맨발로 그것을 느끼고 싶은 것이다. 어떠한 지식도 우선 감각感覺을 통해서 받아들인 것이 아니면 아무 값어치도 없다.

1 마읍천에 걸린 나무다리 2 마읍천과 덕봉산

한치 담쟁이넝쿨이 만든 큰 바위 얼굴

　한치마을을 지나는데 길 옆에 얽히고설킨 담쟁이넝쿨을 둘러쓴 바위가 흡사 사람의 얼굴을 닮았다. 얼굴을 닮은 바위가 이 나라에 여러 곳 있는데, 장성 갈재를 넘으면 갈애바위가 그중 하나고 숫마이산도 꼭 사람 얼굴을 하고 있다. 자연의 일부인 바위들도 사람이 되기를 원해서 그런 걸까? 나다니엘 호손의 〈큰 바위 얼굴〉을 연상시키는 이국적 분위기의 묘한 바위에 대한 감상도 잠시, 이내 난감한 상황을 맞았다. 막다른 길이다. 돌아가기도 애매해서 가로질러 가니, 상맹방리에서 삼척읍으로 넘어가는 한치寒峙고개로 향한다. 급경사진 고가도로다. 그 아래 위치한 흑염소 방목장을 지나 겨우 고개에 올라서니 땀이 비 오듯 나는 게 마치 유격 훈련을 치른 것 같다. 멀리 내려다보이는 맹방해수욕장, 가쁜 호흡을 토해내는 나와 달리 바다는 평온하기 이를 데 없다. 그 평화로움에 매혹되어 한치고개에 닿은 우리의 발길도 잠시 정지된다.

오십천에 도착하다

오십천은 삼척시 도계읍 구사리 미인폭포 위쪽 백산에서 원통골로 넘어가는 큰덕샘에서 발원해서 삼척시 정상리에서 동해로 들어가는 59.5㎞ 길이의 강이다. 그 아름다움을 류사눌柳思訥 또한 시로 노래했다.

천길 푸른 석벽이 겹겹으로 둘러 있고
오십 맑은 냇물이 졸졸 흐른다

『동국여지승람』에는 '부에서 물 근원까지 마흔일곱 번을 건너야 하므로 대충 헤아려서 오십천이라 일컫는다'라고 기록되어 있다.

관동팔경의 하나인 죽서루

삼척 오십천 하류 깎아지른 절벽 위에 관동팔경의 하나이자 보물 제213호로 지정된 죽서루가 있다. 관동팔경 가운데 바다에 접하지 않은 유일한 건축물이자 제일 큰 누정인 이곳은 고려 충렬왕 시절『제왕운기帝王韻紀』를 지은 이승휴李承休가 창건했고 태종 3년에 삼척부사 김효손金孝孫이 중창했다. 정면 7칸에 측면 2칸짜리 장방형 구조다. 창건 당시 '죽죽선竹竹仙'이라는 이름난 기생이 살던 집이 있어 죽서루라고 이름 지었다 한다. 『여지승람』에 "절벽이 천길이고 기이한 바위가 총총 섰다. 그 위에 날 듯한 누를 지었는데 죽서루라 한다. 아래로 오십천에 임했고 냇물이 휘돌아서 못을 이루었다. 물이 맑아서 햇빛이 밑바닥까지 통하며 헤엄치는 물고기도 낱낱이 헤아릴 수 있어서 영동 절경이 된다"라고 언급된 이곳은 시인 문객들이 칭송을 아끼지 않았다.

죽서루 단청 빛이 강 하늘과 어울린 곳

천상의 노래가 인간 세계에 들려라

강가에는 봉우리 서넛, 사람은 하나 없고

바다 구름 걷힌 뒤 달이 참 아름답군

송강 정철이 시로 노래한 죽서루에는 율곡 이이를 비롯해 여러 명사들의 시가 걸려 있다. 허목은 '제일계정第一溪亭', 이성조는 '관동제일루關東第一樓', 이규헌은 '해선유희지소海仙遊戱之所'을 썼다.

미수(眉叟) 허목으로 보는 조선 당쟁

선조 28년(1595)에 태어난 허목은 일찍이 그림과 글씨와 문장에 능했으며, 특히 전서篆書에 뛰어나 동방의 일인자라고 불렸다. 효종이 세상을 떠난 후 계모인 조대비(인조의 계비)의 복상 기간을 두고 남인과 서인 사이에서 이념논쟁, 즉 예송논쟁禮訟論爭이 일어났다. 이때 남인 편에 섰던 허목은 삼척부사로 좌천되었다. 1675년 효종의 아내이자 현종의 어머니인 인선왕후仁宣王后의 죽음으로 다시 불붙은 2차 예송논쟁에서 남인의 득세로 좌천지인 삼척에서 나와 대사헌 및 이조판서를 역임했다.

숙종은 남인을 견제했고, 조정이 다시 서인의 손에 들어가자 송시열은 귀양살이에서 풀려났다. 송시열이 등장하자 서인은 남인 처벌 문제를 두고 강경파와 온건파로 대립해 송시열을 영수領袖로 한 노론과 소론으로 각각 갈라졌다. 남인과 노론은 이후 서로 상종하지 않고 사사건건 적대관계를 이루어왔다. 이후에 영조나 정조가 탕평책 등을 펼치며 당파 간의 화해를 도모했으나 결코 쉽지 않았다.

동해송, 해일을 잠재운 미수 허목의 주술가

오십천을 가로지르는 삼척교를 지나자 삼척시 정라동이다. 삼척항이 내려다보이는 육향산六香山 언덕에 허목이 세운 척주동해비陟州東海碑가 있다.

허목이 삼척부사로 재임할 당시 심한 폭풍으로 바닷물이 민가까지 덮치며 오십천 일대에 난리가 났다. 그때 허목이 동해를 예찬하는 주술가를 지어비를 세우자 물난리가 가라앉았더니, 그 뒤 거센 풍랑이 일 때도 비가 서 있는 지점을 넘어서지 않았다고 한다. 조수潮水를 물리친다는 뜻으로 퇴조비退潮碑라고 불리기도 하는데 본래 만리도萬里島에 세웠으나, 풍랑으로 섬이 파괴되자 숙종 48년에 이곳으로 옮겨 다시 세웠다고 한다. 허목의 척주동해비에 쓰인 「동해송東海頌」이다.

> 바다가 넓고 넓어 온갖 냇물 모여드니
> 그 큼이 끝이 없어라
> 동북은 사해여서 밀물 썰물이 없으므로
> 대택이라 이름했네
> 파란 물 하늘에 닿아 출렁댐이 넓고도 아득하니
> 바다가 움직이고 음산하네

정상동과 정하동에 걸쳐 있는 동해 모래톱마을, 정라진에서 바다에 연한 길을 따라 소망탑과 비치조각공원을 지나니, 냇가에 갈대가 많았다고 전해지는 갈천리에 이른다. 삼척해수욕장 거쳐 추암에 이르는 길을 새천년도로라고 한다. 해수욕장에는 철 이른 바다에 취해 서성이는 사람들이 제법 있었다.

해가사 터, 수로부인에게 꽃을 바치다

추암해수욕장을 한눈에 볼 수 있는 해안가에 해가사 터가 있다. 그곳을 수로부인공원으로 개칭한 것은 그리 오래전 일이 아니다. 강릉시에서 수로부인 설화를 관광 상품화하고자 '헌화로'를 만들자, 삼척시에서도 이 일대를 공원으로 조성하더니 2006년 4월 6일에는 임해정 앞에 바다 용의 신통력을 형상화한 여의주 조형물을 세웠다. 일명 '드래곤볼'이라고 불리는 높이 1.6m에 지름 1.3m로 만들어진 이 여의주는 빙빙 돌려볼 수도 있다.

일연의 『삼국유사』에 실린 「수로부인」과 「헌화가」의 내용이다.

성덕왕 시절 순정공이 강릉태수에 부임하기 위해 내려가는 도중에 바닷가에서 점심을 먹었다. 천길만길 높이의 돌이 병풍처럼 바다를 둘러서 있는데, 그 꼭대기에 진달래꽃이 만발했다. 순정공의 부인 수로가 주변 사람들에게 물었다.

"거기 누가 꽃을 꺾어다가 주지 않겠는가?"

그에 수종군들은 "사람이 발붙여 올라갈 데가 못됩니다"라며 회피했다. 그때 마침 새끼 밴 암소를 몰고 길을 지나던 한 노인이 부인의 말을 듣고 그 꽃을 꺾고는 노래를 지어 부르며 꽃을 바쳤다.

붉은 바위 가에서
손에 잡은 어미 소 놓으시고
나를 부끄러워 아니 하시면
꽃을 꺾어 드리오리다

그러나 그 노인이 어떤 사람인가는 알 수 없었다. 그들은 이틀 뒤에 또 다른 바닷가 정자를 발견했고, 그곳에서 점심을 먹었다. 그때 홀연히 용이 나타나더니 점심을 먹던 부인을 낚아채어 바다로 사라졌다. 순정공이 발을 동동 구르며 어쩔 줄을 몰라 하는데 또다시 노인이 나타나 말했다.

"옛사람 말에 여러 입이 떠들면 쇠라도 녹여낸다고 했는데 그까짓 바닷속 미물이 어찌 여러 입을 겁내지 않을 것입니까? 이 경내 백성들로 하여금 노래를 지어 부르며 막대기로 언덕을 두드리게 한다면 부인을 볼 수 있을 것입니다."

순정공이 노인의 말에 따라 백성들에게 노래를 지어 부르게 했더

니 바다에서 용이 부인을 모시고 올라왔다. 부인을 만난 순정공은
바닷속 일을 물었다.

"7보로 꾸민 궁전에 먹는 음식들도 달콤하고 부드러우며 향기롭
고도 깨끗하여 인간 세상의 음식이 아니더이다."

그렇듯 대답을 하는 수로부인의 입은 옷에서도 이 세상에서 맡아
보지 못했던 진귀한 향내가 풍겼다.

강릉과 삼척이 서로 헌화가 설화를 이용해 개발 주도권을 잡으려는 모습
이 안타깝다. 얼마나 많은 국고 손실과 국토 훼손이 일어날 것인가. 그냥 설화
는 설화로 남겨놓는 것이 좋지 않을까?

촛대바위가 있는 추암

수로부인공원에서 추암으로 가는 길은 바닷가에 근접해 있는데 걷기에는 그리 편하지 않다. 바위벽을 오르내리는 묘기를 부리고서야 겨우 추암동에 닿을 수 있었다. 추암湫岩은 용추龍湫에 기이한 바위가 있다 해서 생긴 명칭으로 도제찰사 한명회韓明澮는 이곳에 올라 능파대凌波臺라고 했다 한다. 추암 동쪽 바닷가에 촛대처럼 삐쭉하게 솟은 촛대바위가 있다. 새해 첫날, 그리고 주말이면 떠오르는 해를 보기 위해 모여든 많은 인파로 붐비는데 언젠가부터 방송 시작을 알리는 애국가 연주의 배경이 되어 일명 '애국가 바위'라고 불리기도 했다.

촛대바위 바로 아래에 해암정海岩亭이 있는데, 고려 공민왕 시절 삼척 심씨 시조인 심동로沈東老라는 사람이 지었다. 추암리 남쪽으로는 고려 충렬왕 때 직신直臣이었던 이승휴李承休가 바른말로 임금에게 간하다 몰리게 되자 찾아와 은거했다는 휴퇴산休退山이 있다.

길다운 길을 만나기가 쉽지 않다. 군사 시설을 막무가내로 지날 수도 없어 철길을 걷기도 하고 북평 산업단지도 걸었다. 보통 인내심이 필요한 게 아니었다. 어찌할까 멈칫거리기를 몇 차례, 마침 지나는 트럭을 세워 사정을 말

했다. 기사의 대답도 듣기 전에 일행들은 우르르 차에 오른다. 후덕한 인상을 한 기사는 웃기만 한다. 이런 일이 어디 한두 번이랴. 트럭에 실려 구호동, 북평동, 전천교를 지나 송정동에 이른다. 송정동에 삼척부사를 지낸 김효원金孝元과 미수 허목을 배향한 경행서원景行書院이 있었으나 지금은 그 터만 남아 있다.

평릉도 역이 있던 동해

동해항으로 이름을 바꾼 북평항北坪港에 접어든다. 이곳은 영동 지방의 풍부한 지하자원의 개발 촉진, 임해 공업단지 조성 지원과 관광지 개발에 따른 국제 교류 확대 등을 목적으로 1974년 4월 22일 1종항으로 지정되기도 했다. 동해항 근처 평릉에 조선시대 평릉도역平陵道驛이 있었는데, 강릉·삼척·울진·평해 관내의 동덕冬德, 대창大昌, 구산丘山, 목계木界, 안인安仁 등 15개 역참驛站을 관할하던 곳이다. 『만기요람』에 의하면 이 역에 속해 있는 말은 3등마 503필이었고, 아전과 군졸은 모두 9,034명이었다.

멈춤 없이 계속된 우리의 발길은 묵호진墨湖津에 도착한다. 그 옛날 고깃배가 드나들던 어항이었던 묵호항은 이제 국제항구로 크게 발전했다.

동해 바다는 투명한 유리잔에 담긴 술묵

묵호항은 심상대의 소설『묵호를 아는가』를 통해 사람들의 주목을 받기도 했는데, 그가 그린 묵호항의 옛 모습을 보자.

묵호는 술과 바람의 도시다. 그곳에서 사람들은 서둘러 독한 술로 몸을 적시고, (…) 어떤 이는 멀고 낯선 고장으로, 그리고 어떤 이는 울렁울렁하고 니글니글한 지구에게 욕설을 퍼부으며 멀리 무덤 속으로 떠나갔다. 가끔은 돌아온 이도 있었다. 플라타너스 낙엽을 밟고 서서 시내버스를 기다리다가 문득 무언가 서러움에 복받쳐 오르면, 그들은 이 도시를 기억해 냈다. 바다가 그리워지거나, 흠씬 술이 젖고 싶어지거나 엉엉 울고 싶어지기라도 하면 사람들은 허둥지둥 이 술과 바람의 도시를 찾아 나서는 것이었다.

우리가 태를 묻고 자란 고향, 일상에 지치고 피폐해질 때면 막연한 그리움의 대상이 되는 그곳이 가끔은 짐처럼 버겁게 느껴지기도 한다. 어쩌면 잔혹한 유년의 기억을 가진 사람에게 고향이란 그저 잡다한 상념만 일으키는 곳이지 않을까. 오랜 세월 묵혀 있던 애증이 되살아난 듯 불편한 심기에도 돌아오게 만드는 고향이란 내게 정녕 무엇일까? 스스로에게 말한다.

"애정이라는 건 때에 따라 맹목적이고 본능적이어야 해, 그게 더 숭고한 때도 있단 말이야. 문제가 있으면 답이 있어. 어렵든 쉽든 모든 문제는 답을 가

지고 있으니까. 답, 답을 찾아."

그 답이라는 것을 이생에서 찾을 수 있는 것일까? 쓸쓸한 마음에 몇 잔 마신 술이 가슴을 적신다. 다시 나가 바라본 밤바다에는 파도 소리를 자장가 삼아 잠든 배들이 무심히 떠 있다. 흔들리는 뱃전에 기대어 앉아본다. 나는 누구인가, 그리고 나를 따라나선 도반들은 누구인가. 방랑자인가 여행자인가? 문득 헤르만 헤세의 『방랑』이 떠오른다.

우리들은 사랑을 어떤 대상으로부터 떼어낸다. 우리들은 사랑 그 자체만으로 만족한다. 마치 우리들이 방랑을 하면서도 어떤 목적지를 찾는 게 아니라 방랑 그 자체를 즐겨 언제나 방랑의 길 위에 있기를 바라듯이.

그렇다면 나는 누구일까? 수많은 세월 정처 없이 도처를 떠돌고 있는 나는 진정 누구인가? 그 의문이 살아 있는 화두가 되어 가슴을 후려친다. 애잔함으로 흐르는 시간, 바람결에 배가 드세게 흔들리고 어둠은 홀로 깊어져 간다.

새로운 비경
정동진

열닷새째, 5월 4일

망상해수욕장을 지나다

또 부산한 항구의 아침이다. 갈 길이 먼 우리도 부산하기는 마찬가지겠으나 하루가 시작되는 아침 기운이어서인지 얼굴들이 생생하다. 빠듯한 일정을 소화하기 위해 이른 출발을 한다. 요즘 우리의 하루 벌이는 얼마나 될까? 우리가 도보로 닿는 목적지까지 차편을 이용한다면 지불해야 할 1만 원 정도의 차비를 수입으로 잡아야 할까. 안정적인 수익이 보장된 일상을 뒤로하고 나와 고작 1만 원 수익? 잠들어 있던 소가 깨어나 웃을 일 아닌가. 그런데도 온종일 길을 걷다 객지 숙소에서 하루를 마감할 때면 참으로 부자 된 마음에 뿌듯해하지 않는가. 그래, 세상에는 결코 돈으로 환산할 수 없는 것들이 많았지. 육체노동으로 이루어지는 자원봉사, 애틋함, 그리움, 슬픔과 기쁨, 그 많은 것들에 느리게 걷는 도보 답사도 해당될 것이다.

어느덧 여정은 어달리於達里에 이른다. 인적은 드물지만 횟집과 민박집이 즐비하게 늘어서 있다. 어달리에서 조금 올라가서 만난 대진해수욕장은 파도

200

가 높다. 서울대 해양 연구 센터를 지나 노봉해수욕장. 그곳에서부터 망상해수욕장이 펼쳐진다. 바다와 철길이 더불어 가는 그곳에 높고 푸른 파도가 함께한다. 우리가 걸어온 해변이 풍경으로 펼쳐지는 길을 따라 걸어 강릉시 옥계면에 이른다.

강릉시, 깊은 산골짜기 마을 심곡리

도직리에서 시작되는 오르막길을 올라 철조망 사이로 도직·기곡해수욕장이 아스라이 보이는 고개를 넘어가니 한라 시멘트공장이 육중한 몸체를 드러낸다. 쉼 없는 우리의 발길은 새터마을 가까이에 있는 주수천을 건넌다. 옥계 삼거리, 몇 개의 다리가 걸쳐진 길을 지나 옥계해수욕장으로 향했다. 바닷가로 가는 그 길에서 울창한 소나무 숲을 만난다. 청량한 풍경에 '이런 소나

무 숲이 통일전망대까지 이어진다면 얼마나 좋을까?' 하고 헛된 바람을 품어
본다.

　　금진초등학교를 지나 철조망을 두른 바닷가 길을 따라가니 1958년에 방
파제를 만들어 이루어진 금진항에 도착한다. 금진항에서 정동진 거쳐 안인진
으로 이어지는 해안 단구段丘는 2004년 4월에 천연기념물 제437호로 지정되어
보호하고 있다.

　　신생대 제3기 말에 일어난 경동성 요곡 운동 영향으로 형성된 정동진 해
안 단구는 해안을 따라 발달해 있는 해식애*와 단구 위 평탄한 지면에 쌓인 퇴
적층이 중요 구성 요소를 이루고 있다. 우리나라 지괴가 약 200~250만 년 전에
는 현재보다 약 80m 높이 위치해 있던 해수면이 그 후 지반 융기 작용으로 현
위치까지 후퇴했다는 것을 알 수 있다. 우리나라의 지질구조 발달 과정 등에
있어 중요한 학술적 가치를 띠고 있다. 하지만 정동진 해안 단구 주변으로 '썬

---

*　해수면에 접하는 곳에는 경사가 급한 암벽

크루즈' 등 여러 상업 시설들이 조성되어 있어 가치 훼손이 우려된다. 한술 더 떠 심곡에서 정동진에 이르는 구역을 대단위 관광 레저단지로 조성하고 27홀 규모의 골프장까지 지을 계획이라니. 인간의 이욕과 아만 그리고 무관심이 병합해 일으킨 생태계 훼손과 그 참상이 극에 달해가는 듯하다. 언제가 될까, 생태계가 우리의 허파와 같은 존재임을 깨닫는 순간이. 그저 실기하지 않기만을 바랄 뿐이다.

건남리에서 지척의 깊은 산골짜기 마을, 강릉시 강동면 심곡深谷리가 있다. 심곡리에서 정동진으로 가는 도로는 가파른 산길이다. 드문드문 자동차가 지나는 그 길을 등에 무거운 배낭 하나씩을 짊어지고 걷는다. 그렇게 얼마를 휘돌아 올랐을까, 선박 형상의 썬크루즈 리조트가 보이더니 정동진이다.

신 관동의 비경, 정동진

명소도 시대를 탄다. 이제 관동팔경을 아는 이가 얼마나 있을까. 오늘날 강릉 일대에서 가장 많은 이의 발길이 닿는 명소는 결코 관동팔경에 드는 곳이 아닌 바로 정동진正東津이다. 강릉 답사를 끝내고 동해로 향하는 길에 꼭 들러야 할 새로운 답사처가 생긴 것이다. 정동진역이 바로 그곳이다.

서울 광화문에서 정동 쪽에 자리 잡았다고 해서 정동진이라 불리는 이곳은 원래 군사주둔지였다. 스산하게 느껴질 정도로 한적했던 시골 간이역, 정동진역이 세상에 널리 알려진 것은 드라마 〈모래시계〉를 통해서였다. 여명 이전의 어둠으로 묘사된 공안 정국 체제에 저항했던 젊은이들의 아픈 역사를 담은 드라마 〈모래시계〉를 통해 정동진의 아름다움이 전국에 알려졌다. 극 중 윤혜린(고현정 분)이 운동권 신분으로 수배되어 경찰에 쫓기다가 정동진역에 이른다. 그녀는 역 쪽으로 휘어진 소나무 앞에서 기차가 느릿하게 역 구내로 들어오는 모습을 지켜보고 있었다. 그때 갑자기 들이닥친 경찰에 의해 혜린의 손목에 수갑이 채워진다. 그사이 정차했다 다시 떠나는 기차를 바라보는 혜린의 시선이 전파를 타고 세상에 전해졌을 때, 그 모습을 지켜본 수많은 시청자는 안타까움에 가슴이 아렸고 동시에 스산한 정동진역의 풍경에 매료되었다. 드라마의 유명세를 반영하듯 역 플랫폼에 서 있던 소나무는 당시 혜린 역의 고현정의 이름이 붙여져 '고현정소나무'라고 불린다.

> 겨울이 다른 곳보다 일찍 도착하는 바닷가
> 그 마을에 가면
> 정동진이라는 억새꽃 같은 간이역이 있다

김영남의 시 「정동진역」을 읊조리며 과거 등명사燈明寺가 있었다는 등명해수욕장에 이른다.

등명사 터가 있는 동해

어둠을 밝혀준다는 사찰, 등명사는 화비령火飛嶺 북쪽 줄기인 괘방산 허리에 있었다. 옛날 어느 임금이 눈병을 심하게 앓게 되자 점쟁이에게 그 원인과 치유 방법을 물었다. 점쟁이가 대답하기를 눈병의 원인이 서울 정동 쪽의 사찰에서 쌀뜨물을 동해 바다로 흘려보내 용왕으로부터 노여움을 샀기 때문이라고 했다. 그 말을 들은 왕이 신하를 시켜 진위를 확인해 보라고 했다. 신하는 원산부터 조사하기 시작했는데 정동진에 이르기 전 바닷물이 흐려진 것을 보고 그 물줄기를 따라가다가 등명사에서 많은 쌀뜨물이 흘러나오는 것을 발견했다. 보고를 받은 임금은 그 사찰을 없애버렸다. 사찰이 있던 자리에는 1940

년 개인이 세운 암자가 있다.

등명 낙가사를 지나 바닷길을 따라 강릉시 강동면 안인진리에 있는 통일공원에 이르렀다. 안인항과 등명해수욕장 중간쯤 위치한 공원은 바다가 한눈에 내려다보이는 4,200평 터에 통일안보전시관과 함정전시관이 있다. 1996년 9월 18일 무장간첩이 잠수함을 이용해 안인진에 잠입했고 당시 우리 사회에 커다란 충격과 불안을 초래했다. 그 사건을 계기로 국민의 통일 염원과 안보 의식을 고취시킬 목적으로 2001년 9월 통일공원을 개관했다. 공원에는 함정과 탱크·장갑차·대포 등을 전시했고 대포와 기관총에 침실 및 회의실까지 갖춘 4,000톤급 잠수함도 찾아볼 수 있는데 당시 무장간첩들이 타고 온 것이라고 한다.

통일공원에서 안인진항은 멀지 않다. 조선시대 안인포安仁浦 수군만호영水軍萬戶營이 있었던 안인진에 해령산海靈山이 있고, 산 끝에는 문 모양으로 솟아 있는 큰 바위, 명선문溟仙門이 있다. 현종 때 강릉부사 이집두가 명선문이라고 새겨놓은 이 바위에 봉화불을 올려 남쪽으로 오근산吾近山, 북쪽으로 소동산所洞山으로 전했다.

해령사, 애달픈 처녀 혼령을 위로하라

해령산 위에 슬픈 전설이 깃든 사당이 있는데, 그 사당을 해령사海靈祠라고 부른다. 옛날 안인진에 신랑감을 너무 오래 고르다가 혼기를 놓친 처자가 살고 있었다. 그런데 하루는 인물이 아주 출중한 총각이 배를 타고 이 마을에 들어왔다. 처자는 한눈에 반했고, 연모하는 마음을 주체할 수 없었던 나머지 총각을 쫓아가 무작정 말을 건넸다. 그러나 총각은 홀연히 배를 몰아 마을을 떠나버렸다. 매정한 총각의 모습에 처자는 낙심천만하더니 병으로 죽고 말았다. 그때부터 밤마다 마을에 처녀 귀신이 나타나 배회하며 같은 말을 반복했다고 한다.

"바다가 보이는 곳에서 남근 형상을 모시면 고기가 잡히리라."

결국 마을 사람들이 사당을 지어 해령지신海靈之神 위패를 모시고, 나무로 만든 남자의 성기를 매달아 제사를 지내자 고기가 잘 잡히게 되었다고 한다.

그런데 1930년경에 이르러 안인진리 구장의 아내가 "김대부와 결혼하겠다"라고 떠들며 날마다 이 사당에 오르내리는 일이 발생했다. 마을 사람들은 해령신이 들린 것이라 생각하고 위패에 김대지신金大之神이라 고쳐 적어 제사를 지냈다. 그러자 얼마 안 가 구장 아내의 정신이 회복되었다고 한다. 이때부터 남근 형상은 매달지 않고 제사를 지내고 있다.

나릿말 철길 옆에 허리대許李臺라고 부르는 바위가 있다. 대략 200여 명이 앉을 정도로 넓은 이 바위에 조선 성종 때 상우당尙友堂 허종許琮이 강원도 축성사로 파견되어 병기를 만들고 있었다. 그때 지방을 순회하다가 이곳에서 쉬게 된 청파거사靑坡居士 이륙李陸과 만나게 되었고, 그때 이륙이 시를 지어 이곳을 허리대라고 했다. 그 뒤 숙종 대에 이르러 강릉부사를 지낸 허영이 이를 기념해 바위에 '허리대' 속자를 크게 새겼으나, 일제 때 강릉과 삼척을 잇는 철길 공사를 하며 바위는 파손되었다. 『연려실기술練藜室記述』 '성종조 고사본말'에 이륙에 대한 글이 실려 있다.

천성이 총명하고 행동이 민첩하며, 품행이 단정하고 엄숙해 기개가 곧았다. 뭇 서적에 널리 통달했는데, 더욱이 역사에 관해서는 능통했다. 저술한 책으로는 『청파극담靑坡劇談』이 있다.

'시와 문장에는 능했으며 행정 수완이 있었지만 도량이 좁았고 축재에 힘 쓰기도 했다'는 기록도 있다. 그와 함께 한 시절을 함께했던 허종은 어땠을까?

공은 얼굴이 웅장하고 이마가 넓었으며, 수염이 아름답고 키가 11 척 2촌이나 되었다. 몸의 태도가 천만 명 위에 뛰어나서 멀리서 바라보면 엄연히 큰 산악山岳과 같고, 가까이 접해 보면 온화하기가 화한 바람이나 좋은 날씨와 같았다. 성을 내지 않아도 사람들이 두려워하고 말하지 않아도 사람들이 스스로 굴복했다.

이 또한 『연려실기술』의 기록이다. 벼슬은 우의정에 이르렀으며, 성종조에 청백리로 녹선되었다.

안인진 무장 공비 침투 흔적

풍호정이 있는 하시동리

안인진에서 염전을 지나 하시동리에 이른다. 이 마을에 풍호라는 연못이 있는데, 2.5㎞쯤 되는 연못 둘레로 단풍나무가 즐비하다. 본래 이곳은 연꽃으로 채워져 있어 해마다 연꽃이 피어오르는 모습을 보고 그해 농사의 길흉을 점쳤다고 한다. 연못 가에 정자 풍호정楓湖亭이 있다.

연못이 연꽃으로 가득했던 조선 후기에 그 연꽃 보기를 즐겼던 정우복鄭愚福이라는 사람이 세우고 연정蓮亭 또는 연화정이라 부르던 것이었는데, 1936년 이 마을 사람 박원동이 정자를 수리하고 단풍나무를 많이 심은 후에 풍호정이라 불렀다.

이곳 하시동리에서 바다로 가는 길이 차단되어 있다. 강릉 비행장과 군사 시설 때문이다. 바닷길이 막혀 먼길을 돌아가야만 하는 우리는 차를 타고 돌아가 강릉시 남항진동에 도착한다.

시·서예 묵객들의 마음을 빼앗은 절경지

산 첩첩 내 고향 천 리건마는
자나 깨나 꿈속에도 돌아가고파
한송정 가에는 외로이 뜬 달
경포대 앞에는 한 줄기 바람
갈매기는 모래 위로 흩어졌다 모이고
고깃배는 바다 위로 오고 가리니
언제나 강릉길 다시 밟아
색동옷 입고 앉아 바느질할꼬

신사임당(1504~1551)이 「사친」이라는 시를 통해 그리움을 노래한 고향, 강릉. 일찍이 서거정 역시 '나는 생각하건대 우리나라 산수의 훌륭한 경치는 관동이 첫째고 관동 중에서도 강릉이 제일이다'라고 운금루雲錦樓 기문記文에 적어넣었다.

강릉을 대표하던 정자, 한송정

지금은 공군부대가 있는 강릉 남항진동에 한송사寒松寺라는 절이 있었다. 문수 보현보살이 돌배를 타고 바다를 건너와 건축했다는 이야기도 있는 이 사찰은 신라 중기에 창건한 것으로 알려졌으나 약 400년 전에 황폐화되고 이제는 작은 암자만 남아 있어 본래의 규모와 위용은 확인할 수 없다. 이 절에 보물 제81호로 지정된 석불좌상이 있다. 이제는 사라져 자취를 찾을 수 없는 정자 한송정寒松亭은 그 풍취로 강릉을 대표했으며, 우리나라에서 가장 오래된 차 유적지라고도 전해진다.

신라 진흥왕眞興王(540~575) 시절에 화랑 4명(사선)이 찾아와 차를 끓여 마시기도 했다는 이곳에 관해 고려 문장가 이곡이 남긴 글이다.

한송정에서 전송으로 마시니, 이 정자 또한 사선四仙이 노닌 곳인데 고을 사람들이 유람자遊覽者가 너무 많은 것을 귀찮게 여겨 헐어버렸고 소나무도 야화野火에 타버렸으며 다만 돌 풍로, 석지石池와 돌 우물石#이 그 곁에 있을 뿐 역시 사선의 다구茶具다.

그렇다면 이곳을 거쳐 간 중 가장 많은 수를 차지했을 화랑花郎이란 도대체 무엇일까? 화랑의 뜻은 '꽃처럼 아름다운 남성'이라는 뜻이다. 화판花判, 선

랑仙郎, 국선國仙, 풍월주風月主라고도 부르는 화랑은 단체 정신이 매우 강한 청
소년 집단으로 교육적, 군사적, 사교단체적 기능을 했다. 그들 중 나라의 인재
들이 많이 배출되어 삼국통일에 크게 이바지했다. 화랑도가 제정된 것은 삼국
이 치열하게 세력 다툼을 하기 시작한 진흥왕 때로 보고 있다. 통일신라 초기
의 역사가였던 김대문金大問이 지은 『화랑세기花郞世記』에는 화랑에 대한 글이
다음과 같이 실려 있다.

> 현명한 재상과 충성스러운 신하가 여기서 솟아 나오고, 훌륭한 장
> 수와 용감한 병사가 이로 말미암아 생겨났다.

그 당시 백제, 고구려와 백여 년간에 걸친 전쟁을 치르는 국가적 위기에
화랑도가 전사단의 역할을 훌륭하게 해냈음을 미루어 짐작할 수 있다. 삼국통
일의 원대한 꿈을 달성한 뒤 나라가 안정되자 화랑들의 국토 순례였던 명승지
순례가 풍류를 즐기는 것 자체를 목적으로 한 극단적인 놀이의 성격으로 변모
되어 갔다. 도교의 신선 사상이 크게 침투한 것도 하나의 원인이었다. 그러한
저간의 사정을 꿰뚫은 신라 말의 대학자인 최치원崔致遠은 화랑이었던 난랑鸞

郞을 기념하는 비문의 서두에서 다음과 같이 언급했다.

우리나라에 현묘한 도가 있으니 이를 풍류風流라고 일컫는다. 그 가
르침의 기원은 선사仙史*에 자세히 실려 있는데 실로 이는 유교, 불
교, 도교, 선교를 포함해 중생을 교화한다. 그리하여 그들이 집에
돌아오면 효도하고, 나아가면 나라에 충성하는 것은 공자孔子의 가
르침 바로 그대로이며, 또 그 행함이 없는 일에 처하고 말 없는 가
르침을 행하는 것은 노자老子의 종지宗늡 그대로이며, 모든 악한 일
을 하지 않고 착한 일만을 행함은 석가의 교화 그대로다.

화랑 집단은 화랑 한 명과 승려 몇 명, 그리고 화랑을 따르는 다수의 낭도
로 구성되어 있었다. 낭도의 수효가 많을 때는 1,000여 명이 되기도 했다. 화랑
은 집단의 중심인물로 대개 용모가 단정하고 사교성이 풍부한 진골 귀족 가운
데서 뽑혔다. 화랑이 많았을 때인 진평왕 때는 7개 이상의 집단이 존재했다고
한다. 혜공왕 4년인 768년에 사신으로 왔던 당나라 사람 고음顧愔이 지은『신
라국기新羅國記』를 보자.

귀인 자제 가운데 어여쁜 자를 뽑아 분粉을 바르고 곱게 단장해 그
이름을 화랑이라고 했으니 나라 사람들이 모두 높이 섬긴다.

화랑은 신라시대를 통틀어 약 200여 명이었다고 하는데, 이러한 가르침을
제대로 이어받은 화랑들의 기록이『삼국유사三國遺事』에 여러 편이 전해온다.

———
* 화랑의 역사를 기록한 책으로 짐작된다.

그 중 월명사月明師가 「도솔가」를 짓게 된 연유가 다음과 같이 실려 있다.

경덕왕 19년 경자년 4월 초하룻날 해가 둘이 나란히 나타나서 열흘이 되도록 그대로 있었다. 천문을 맡은 관리가 아뢰기를, "인연이 닿는 중을 청해 산화 공덕을 베풀면 액막이를 할 수 있다"라고 하자 왕이 청양루로 거동해 인연이 닿는 중을 기다렸다. 이때 월명 스님이 절 남쪽 길인 밭둑으로 가는 것을 왕이 불러온 뒤 단에 올라 기도를 시작하라고 시켰다. 월명이 아뢰기를, "소승이 화랑의 무리國仙之徒에 속했을 따름이라 안다는 것이 향가뿐이요, 불교 노래梵聲는 서투릅니다" 했다. 이 말을 들은 왕이 말하기를, "이왕 인연 닿는 중을 만났으매 향가를 사용하더라도 좋다" 했다. 월명이 곧 도솔가를 지어 읊으니 그 가사가 다음과 같았다.

오늘 이에 산화가 불러
솟아오르게 한 꽃아 너희는
참다운 마음의 명에 부리어져
미륵 좌주 모셔 벌이라

이 노래를 일연스님은 다음과 같이 해석했다.

청양루에서 부른 이 날의 산화가를 한 송이 꽃인 양 하늘로 보냅니다. 지극한 정성 다하여 도솔궁의 부처님 모시려고.

지금 이것을 두고 산화가散花歌라 함은 잘못이요 도솔가라 해야 옳을 것이다. 얼마 후에 해외 괴변이 없어져 버리니 왕이 이를 가상히 여겨 좋은 차 한 봉과 수정 염주 108개를 주었다. 이때 난데없는 아이 하나가 깨끗한 몸차림으로 무릎을 꿇고 차와 염주를 받아 가지고 전각 서쪽 작은 문으로부터 나갔다. 월명은 안 대궐에서 심부름하는 아이겠거니 생각했고, 왕은 아이를 월명의 상좌라고 여겼으나 알아본즉 이도 저도 아니었다.

왕이 매우 이상하게 여겨 사람을 시켜 뒤를 따르게 하니 아이는 내원탑 속으로 사라지고 차와 염주는 남쪽 벽에 그려진 보살님 앞에 놓여 있었다. 월명의 지극한 덕과 정성이 이렇게도 부처님을 감동시킬 수 있음을 알았다. 전국에 소문이 퍼졌으니 왕은 더욱 그를 존경해 다시 비단 백 필을 선사하는 것으로 크나큰 정성을 표창했다.

화랑으로 활동했던 그 월명이 일찍이 죽은 누이동생을 위해 재를 올리고 향을 지어 제를 지낸 뒤 지은 노래가 「제망매가祭亡妹歌」다. 이 시를 일연스님은 거듭 신통하다고 하면서 소개했다.

> 생사 길은 이에 있으매 머뭇거리고
> 나는 간다는 말도 못다 이르고 가버리는가
> 어느 가을날 이른 바람에
> 이리저리 떨어질 나뭇잎처럼
> 한 가지에서 나고, 가는 곳 모르는구나
> 아아 미타찰에서 만날 것이니 도 닦아 기다리리라

월명과 함께 화랑으로 이름이 높은 사람이 바로 김품일金品日의 아들인 관창이다. 관창에 대한 이야기는 『삼국사기三國史記』 열전 제7 '관창官昌'에서 찾아볼 수 있다.

당나라 현경 5년 정신에 왕이 군사를 동원해 당나라 장군과 함께 백제를 침공하는 데 관창으로 부장을 삼았다. 황산벌에 이르러 두 쪽 군사가 맞서게 되었는데 그의 아버지 품일이 관창에게 이르기를 "네가 비록 나이는 어리나 굳은 의지와 기개가 있구나. 오늘이 야말로 공훈을 세워 부귀를 얻을 때이니 어찌 용기를 내지 않겠느냐?" 하니 관창이 "그렇게 하오리다" 하고 곧 말에 올라 창을 비껴들고 바로 적진에 쳐들어가 말을 달리면서 적 두어 명을 죽였다. 그러나 적은 많고 우리 편은 적었기 때문에 적에게 사로잡혀서 산 채로 백제 원수 계백의 앞으로 끌려갔다. 계백이 투구를 벗겨보고 그를 아깝게 여겨 차마 죽이지 못했다. 이에 탄식하며 말하기를 "신라에는 특출한 사람이 많다. 소년이 이러거든 하물며 장사들이야 어떻겠는가?" 하고 그냥 살아 돌아갈 것을 허락했다. 관창이 돌아와서 말하기를 "아까 내가 들어가서 장수를 베고 깃발을 빼앗지 못한 것을 매우 한스럽게 여기는 바이다. 다시 적진에 들어가면 반드시 성공하리라" 하고 손으로 물을 움켜 마시고는 다시 격렬하게 싸웠는데 계백이 그를 사로잡아 머리를 베어낸 뒤에 베어낸 머리를 말안장에 메여 돌려보냈다. 품일이 관창의 머리를 잡고 소매로 피를 씻으며 말하기를 "내 아들의 얼굴이 산 것과 같구나. 나랏일에 잘 죽었으니 후회할 것이 없다"라고 했다. 3군이 이것을 보고 모두 격분해 뜻을 가다듬고 북을 울리고 고함을 치면서 쳐들어가니 백제가 크게 패했다. 왕이 관창에게 급찬 위품을 주고 예를 갖추어 장사했으며 그 가족들에게 당 명주 30필과 스무새 30필과 곡식 백 섬을 부의로 주었다.

관창의 죽음으로 분개한 신라군이 백제군을 무찔러 백제가 패했다는 이야기가 생겨난 것도 모두 다 화랑에서 비롯된 것이었다. 또 하나의 이야기는 신라 화랑 김흠운金歆運에 대한 이야기다. 지금의 행정구역으로는 충북 영동군 양산면에서 비롯된 「양산가」에 그러한 사실이 기록되어 있다.

신라 화랑 김흠운에서 비롯된 양산가

신라와 백제는 한반도의 남쪽에서 각각 동과 서를 차지하고 있었기 때문에 가까우면서도 먼 나라였다. 평화의 나날은 짧고 대부분 전시戰時 상황이었다. 태종 무열왕 때는 말 그대로 일촉즉발一觸卽發의 시대였다. 그때 김흠운이라는 화랑이 있었고, 그에 대한 기록이 『삼국사기』 권 제47 '김흠운' 편에 자세히 실려 있다.

강릉 남당항

영휘 6년에 태종대왕이 백제와 고구려가 변경을 막고 있음을 분하게 여겨 이를 치기로 계획했는데, 군사를 동원하자 흠운으로 랑당郞幢대감을 삼았다. 흠운이 행군할 때 집 안에서 자지 않으며 바람과 비를 무릅쓰고 군사들과 고락을 같이했다. 백제 지역에 도달해 양산陽山 밑에 진을 치고 조천성助川城을 진공하려 했더니 백제의 군사가 밤을 이용해 급격히 달려와서 먼동이 틀 무렵에 성가퀴를 넘어 들어오므로 우리 군사가 놀라 자빠지고 엎어져서 진정시킬 수가 없었다. 날아오는 화살이 빗발처럼 쏟아지는데 흠운이 말에 앉아 창을 잡고 적을 막았다. (…) 좌우에서 말 고삐를 잡고 돌아가기를 권하니 흠운이 칼을 뽑아 뿌리치고 적 두어 명을 죽이고 자기도 죽었다. 보기당주步騎幢主 보용나寶用那가 흠운이 죽었다고 말하기를 "그는 가벌이 귀족이며 세도가 등등해서 남들이 그를 사랑하고 아끼는 처지에 있음에도 오히려 절개를 지키어 죽었거니 더군다나 나는 살아도 이익될 것 없고 죽어도 손실될 것 없다" 하고 드디어 적진으로 달려가서 적 서너 명을 죽이고 자기도 죽었다. 당시 사람들이 이 소문을 듣고 「양산가」를 지어 그들을 애도했다.

이러한 이야기를 두고 일연스님은 다음과 같이 평했다.

신라에서 인재를 놓칠까 염려하므로 동류끼리 모여서 함께 놀도록 하는 것은 거기에서 그들의 행동과 지향을 관찰한 뒤에 등용하려는 것이었다. 그리하여 얼굴이 잘난 남자를 뽑아 화려한 옷을 입혀서 '화랑花郞'이라 부름으로써 그를 받들게 했다. 여러 낭도가 사방에서 모여들어 도리와 의기로써 서로 충고하기도 하고 노래와 음악으로써 즐겁게 놀기도 하며 좋은 산수들을 유람하는데 아무리 멀어도 못 가는 데가 없었다. 이런 것으로 성품이 간사幹事하고 정직함을 알아내어 조정에 추천했다. 그러므로 김대문金大問이 "어진 재상과 충신이 여기에서 나오고 훌륭한 장수와 용감한 군사가 양성된다"라고 한 것이 바로 이것이다. 3대 왕조의 화랑이 무려 2백여 명이나 되었으며 그들의 빛나는 이름과 아름다운 사적들이 기재된 바와 같다. 흠운도 역시 화랑 무리의 한 사람으로서 그가 능히 나랏일에 목숨을 바쳤으니 화랑의 이름을 욕되게 하지 않았다고 이를 만하다.

그러나 그때 불리던 「양산가」는 전해오지 않고, 이 지역 사람들의 입에서 입으로 구전되어 온 「양산가」만 남아 있을 뿐이다.

양산을 가세 양산을 가요 모링이 돌아서 양산을 가요 난들 가서 배 잡아타고 양산을 가세 양산을 가요 자라가 논다 자라가 논다 양산 백사장에 자라가 논다 양산을 가세 양산을 가요 장끼가 논다 장끼가 논다 양산 수풀 속에 장끼가 논다

나라가 태평스러워지자 국가의 권력 기구를 지지하고 옹호한다는 본래의 성격과는 거리가 먼 청소년 단체로 변했고, 신라가 망하면서 화랑 제도마저 사라지게 되었다. 그러나 그 맥이 완전히 끊어진 것은 아니고 고려 때 궁중의 연중행사였던 '팔관회八關會'나 '국자감國子監' 등으로 이어졌다고 볼 수 있다. 고려의 역사를 기록한 『고려사』 '세가世家'에는 화랑에 대해 다음과 같이 실려 있다.

예전에 신라에서는 선풍仙風이 크게 행해졌는데, 이로 말미암아 용
천龍天(국가의 왕실)이 환열歡悅하고 민물民物이 안녕安寧했다. 이런
까닭에 역대의 왕들이 선풍을 숭상하는 것이 오래되었다.

조선시대에 접어들면서 화랑의 유풍은 사라지고 말았고, 오로지 노래나
춤을 즐기는 가무조합적 기능만 남게 되었다. 그런 연유로 화랑이라고 하면
남자무당巫夫, 창우倡優, 유녀遊女, 무동舞童 등을 가리키는 말로 쓰이게 되었다.
마침내 오랜 역사 속에 실재했던 화랑도의 본질적인 개념은 사라지게 되었고
시인 묵객들의 시와 그림 속에서만 살아남게 되었다.

붉게 새긴 글씨 완연한데, 네 화랑은 어디로 갔는가. 예서 사흘 머
문 후에 어디 가서 또 머물렀는가. 선유담 영랑호 거기에나 가 있
는가. 청간정 만경대 몇 군데나 앉았던고. 신선의 술 가득 부어 달
더러 묻는 말이 영웅은 어디 가고 네 화랑은 그 누구던가. 아무나
만나보아 옛 소식을 묻자 하니, 신선의 산 동해에 갈 길이 멀고도
멀구나.

정철이 관동팔경을 다 돌아보고 지은 「관동별곡」에 나오는 시 구절이다.
관동지방 하면 제일 먼저 떠오르는 인물이 바로 송강 정철이다. 조선시대 가
장 빼어난 문장가이자 조선을 뒤흔든 가장 큰 역모 사건인 기축옥사의 사령탑
으로 강원감사로 왔던 당시 상황을 있는 그대로 묘사한 「강원감사 때 일도폐
막—道弊瘼을 진술한 소」를 올렸다. 다음은 강원도에서 구전되는 내용이다.

신이 엎드려 도내를 살펴보건대 자식이 어미를 고발한 자, 종이 상

전을 간통한 자, 아내가 남편을 배신한 자, 한 이랑의 밭으로 형제끼리 소송을 한 자며 수절한 여자를 강제로 더럽히고, 숙질과 동족끼리 쟁송을 한 자, 그 수를 헤아릴 수 없이 많습니다. 신이 처음에는 놀라서 방을 붙여 깨우치기도 하고 말로 타이르기도 하며 글을 지어 효유하기도 했는데, 오늘과 내일이 달라지지 않고 이 같은 일이 가는 고을마다 잇달아 일어나니, 말만으로는 금하지 못할 것을 이제야 알았습니다.

그러나 정철의 간절한 소는 묻혀버리고 나라는 점점 더 어둠 속으로 향해 가던 끝에 결국 1592년 임진왜란이 일어났다.

전설 속 술랑선인述郎仙人들이 노닐던 이곳은 악부樂府에 한송정곡寒松亭曲으로 남아 있을 정도인데, 전해오는 이야기에 따르면 이 곡조를 바닥에 새긴 비파琵琶가 바다 물결을 타고 중국 강남 지방으로 떠밀려 갔다고 한다. 그 뜻을 알 수 없었던 강남 사람들이 고려 광종光宗 때 사신으로 건너간 장진산張晉山에게 그 내용을 물으니, "달 밝은 한송정 밤이요. 물결 고요한 경포의 가을이라. 슬피 울며 오고 가니 모래 위에 갈매기는 신信이 있도다"라고 알려주었다 한다. 한송정에 얽힌 재미있는 이야기가 『해동잡록』에 실려 있다.

어느 날 운문사雲門寺 중이 태수를 배알했는데, 태수가 '너의 절 폭포瀑布가 올해 볼 만하겠구나?'라고 물었다. 폭포가 무엇인지를 몰랐던 중은 태수가 또 그것을 거둬들일지 모른다는 생각에 '올해는 멧돼지가 다 먹어버렸습니다'라고 대답했다. 어느 시인이 이 말을 듣고 조소하는 시를 남겼다고 한다.

찬 소나무는 어느 날 호랑이가 물어갈 것인가
폭포는 올해 멧돼지가 다 먹어버렸는데

그런데 이 시가 한송정을 빗대어 지은 것이라 한다. 관동에서 경치로는 제
일이라는 강릉 한송정에 사신들과 손님들의 내왕이 잦아 그들을 접대하는 비
용이 너무 많이 들자 강릉 사람들이 '한송정은 호랑이가 어느 때 물어갈 것인
고?'라며 불평했다고 한다.

강릉은 볼거리, 놀 거리가 많은 고장이다. "산수에는 가볼 만한 곳과 구경
할 만한 곳과 노닐 만한 곳과 살 만한 곳이 있다"라는 옛사람들의 말에 가장
부합하는 고을이다. 한편 강릉은 조선시대의 혁명가이자 문장가 허균許筠과
그의 누이 허난설헌許蘭雪軒의 고향이기도 하다.

강릉 진또배기 부근

허난설헌 생가

허난설헌의 고향, 강릉

허봉의 동생이자 허균의 누이인 허난설헌은 삼당시인三唐詩人 가운데 첫손에 꼽히는 손곡蓀谷 이달李達의 영향을 크게 받았다. 남편 김성립金誠立에 비해 뛰어난 재주를 보였던 그녀는 중국 사신史臣 주지번朱之蕃에게 발견되어 많은 칭찬을 받았으며, 중국에서 펴낸『조선시선朝鮮詩選』에 소개되기도 했다. 조선 중기 대표 시인이었던 허난설헌은 바느질이나 살림보다 독서와 작문을 좋아했다. 그런 연유로 출가해서는 시어머니와 뜻이 맞지 않았고 남편과의 사이도 그리 좋지 않았다. 어쩌면 그러한 가정환경에서 느끼게 된 소외감, 공허함으로 시문과 독서에 더욱 매진하게 되지 않았을까. 그녀의 본격적인 시작詩作 활동은 결혼 생활을 하며 시작되었다. 순탄하지 않은 삶의 역경, 인습의 사슬에 얽힌 자신의 삶이 일으킨 시심詩心을 억제할 수 없었을 것이다. 분방하고 다정다감한 성품과 충돌하는 환경을 돌파하기 위해 항거와 도피의 수단으로 들게 된 붓을 멈출 수 없었던 것이다. 그러다 보니 그녀의 글은 간절한 육성肉聲으로 이루어졌다. 아래는 상촌象村 신흠申欽이 그의 저서『청창연어晴窓軟語』에 난설헌을 평한 글이다.

이 초당의 여주인은 김성립의 처로 경번당景樊堂이란 이름을 가졌다. 그의 시집이 세상에 나오자 모두 깜짝 놀랐다. 그의 「광한전 상량문」은 곱고 맑고 굳센 글이어서 소위 사걸四傑의 작품과도 같다.

이수광이 『지봉유설』 중 「문장부 규중文章部 閨中」에 실은 글이다.

난설헌 허씨는 김성립의 처인데 근대 규수 중 제일이다. 요절했고 시집은 세상에 알려지고 있으나 평생의 금술은 고르지 않았다.

'근대 규수 중 제일'이란 물론 그녀의 재주와 문장을 두고 한 말이다. 유성룡柳成龍도 그의 저서 『서애별집西厓別集』 제4권 「장일잡저여자능시張一雜著女子能詩」에서 그녀를 칭찬했다.

근대 여자 중 시에 능한 이가 수 명 되지만, 그 첫째는 허난설헌으로서 감사 허엽의 딸이다. 재주가 출중하다.

신사임당申師任堂이 당대 서화 부문에서 일인자였다면 규중 시인으로는 난설헌이 첫손에 꼽혔을 것이다. 그녀의 시재에 대해서는 중국에서도 칭송이 이어졌다. 중국인 주지번은 『난설헌집』 서문에서 최대의 찬사를 보냈다.

허씨 형제의 문필은 뛰어났고 특히 난설헌의 시는 가벼이 진애 밖에 있는 것 같은 감을 준다. 그 시구는 모두 주옥 같고 그 형제들은 동국의 귀중한 존재들이다.

주지번과 함께『난설헌집』을 편한 명나라 부사副詞 양유년梁有年 또한 최고의 찬탄을 표했다.

『난설헌집』은 내용이 옛 시들보다 낫다. 그러나 그녀는 아깝게도 가벼이 세상을 떠났다. 이는 동국 산천의 신령이 허씨 가문에 내린 것이라 하겠다. 난설헌의 시는 그 아름다움이 더욱 뛰어났기에 당나라 시집 속에 들게 한다.

신라의 진덕여왕 이후 처음 가는 여류 시인이라고 칭송할 정도였으니, 분명 허난설헌은 뛰어난 시재를 타고난 청구靑丘의 별로써 그중 새벽녘에 빛을 발하다 일찍이 사라져버리는 샛별이었다. '가인박명佳人薄命'이란 성어를 다시 생각하게 한다.

관동제일루 경포대

강릉시 경포호수 북쪽, 경포대해수욕장 가까이에 경포대鏡浦臺라는 누각이 있다. 경포대해수욕장을 찾는 사람은 많아도, 아름드리 소나무 숲과 어우러진 경포대 누각까지 발길을 옮기는 사람은 그리 많지 않다.

이중환은 저서『택리지』를 통해 '경포대는 작은 산기슭 하나가 동쪽을 향해 우뚝한데, 대臺는 그 산 위에 있다. 앞에 호수가 있는데 주위는 20리나 되고 깊이는 사람의 배꼽에 닿을 정도여서 작은 배만 다닐 수 있다. 동편에 강문교江門橋가 있고, 다리 너머 흰 모래 둑이 겹겹으로 막혀 있다. 한편 호수는 바다와 통하고, 모래 둑 너머로 바다가 하늘에 잇닿아 있다'라고 기술하고 있다.

선경에 한 번 들어가니 삼천 년이라

은빛 바다 아득한데 물은 맑고도 얕다

오늘 홀로서 새를 타고 피리 불면서 날아왔으나

벽도화(복숭아나무 중 벽도나무의 꽃) 밑에는 보는 사람 없어라

옛날 최전崔殿이 열아홉 살에 경포대에 올라 지은 시이다. 이 시를 두고 어떤 사람은 '시에 한 점의 속俗됨이 없으니, 이는 신선의 말이다' 했고, 어떤 사람은 '이 시가 너무 으슥하니 이것은 귀신의 말이다'라고 할 정도여서 그 이전에도 이후에도 다시 없을 절창으로 알려졌다.

전설에 의하면 이 호수는 옛날에 어느 부자가 살던 집이었다. 하루는 스님이 그 집에 들어가 쌀을 구걸하는데, 주인이 나와 스님의 바랑에 똥을 퍼 담았다. 그러자 갑자기 물이 들이닥쳐 집은 물론 주변까지 호수를 만들고, 부잣집에 쌓여 있던 곡식은 모두 작은 조개들로 변했다고 한다. 그 조개를 적곡조개라고 하는데, 그 후 이곳에는 흉년이 드는 해에 조개가 많고 풍년일 때 조개가 적게 났다고 한다. 호수 밑바닥에는 아직 기와 부스러기와 그릇들이 남아 있어 봄, 여름이면 조개를 주우려는 사람들이 헤엄을 치다가 주워 올리기도 한다.

호수 남쪽 언덕에 조선시대 심언광沈彦光*이 살았던 곳이 있는데, 그가 조정에 벼슬을 할 때 좌우에다 이 호수의 그림을 두고 '내게 이와 같은 호수와 산이 있으니 내 자손은 능히 떨치지 못하고, 반드시 쇠망할 것이다'라고 했다.

경포대는 본래 신라 사선四仙이 놀던 방해정 뒷산 인월사 터에 1326년(충

---

* 조선 전기의 문신으로 공조판서와 우참찬을 지냈다.

숙왕 13) 강원도 안렴사였던 박숙朴淑이 세웠는데, 1508년(중종 3) 강릉부사 한급이 지금의 자리로 옮겨 지었다고 전해진다. 정면 5칸, 측면 5칸의 웅장한 규모로 팔작지붕에 연등천장을 하고(흔히 우물천장을 한다) 주춧돌도 자연석 그대로에 기둥에 딸린 부위만 둥글게 다듬어 놓았던 것을 1626년(인조 4) 강릉부사 이명준李命俊이 크게 중수했다고 한다. 인조 때 우의정을 지냈던 장유張維는 '태조와 세조도 친히 이 경포대에 올라 사면에 펼쳐진 경치에 찬사를 아끼지 않았으며 임진왜란 때 허물어진 것을 다시 지었다'라고 기록해 놓았다. 현재 건물은 영조 21년인 1745년 부사 조하망曺夏望이 낡은 건물을 헐어내고 홍수에 사천면 앞바다로 떠내려 온 아름드리나무들로 세웠다고 한다.

누각에는 여러 명사들의 기문과 시판들을 볼 수 있다. 숙종의 어제시와 명문으로 널리 알려진 조하망의 상량문을 비롯해 순조 때 한성판윤 이익회李翊會가 해서체로 쓴 현판, 조선 후기 서예가 유한지兪漢芝가 전서체로 쓴 또 하나의 현판이 있다. '하늘은 유유하여 더욱 멀고 달은 교교해 빛을 더하더라'로 알려진 율곡 이이가 열 살 무렵 지은『경포대부鏡浦臺賦』도 편액되어 있다. 관동팔경 가운데 경치가 제일 뛰어나다는 것을 강조하듯 쓰인 현판 제일강산第一江山은 전주 객사의 풍패지관豊沛之館을 쓴 주지번의 글씨라는 말도 있고, 조선 전기 4대 서예가에 꼽히는 양사언이 썼다고 하는 말도 있어 확실치 않다. 뒷부분 파손된 두 글자는 후세에 덧붙인 것이다.

'해 뜨는 이른 아침이나 달 밝은 가을밤에 경포대에 올라 경포호를 굽어보거나 호수 너머 동해의 푸른 바다를 대하면 속세는 간데없이 온통 선경이요'라는 옛사람의 시에 젖게 만드는 운치 어린 경관, 소나무와 상수리나무 등이 알맞게 어우러진 경포대에서 강릉 사람들은 일찍이 관동팔경을 만났다.

'해돋이와 낙조 그리고 달맞이, 고기잡이배의 야경, 노송에 들어앉은 강문동, 초당마을에서 피어오르는 저녁연기'라는 경포팔경의 비경을 오늘을 사는 우리가 모두 만날 수는 없다. 하지만 잃어버린 비경이 그것만은 아닐 것이다.

경포대에서 만나는 경포호, '거울처럼 맑다'고 이름 붙은 그곳에는 네 개의 달이 뜬다고 한다. 하늘에 뜬 달이 하나요 바다에 하나, 호수에 하나 그리고 술잔에 뜬 달이다. 그런데 거기에 하나를 덧붙이기도 한다. 마주 앉은 이의 눈동자에 걸리는 또 하나의 달까지. 경포호는 사람에게 유익함을 준다고 해서 군자호라고 불리기도 했는데, 조선 초기 청백리 황희도 시가로 찬탄했다.

맑고 맑은 경포 물엔 새달新月이 잠겼고
낙락한 한 송은 푸른 연기에 잠겼다
구름 비단 연꽃은 못에 가득하고 대臺엔 대나무가 가득한데
티 끝 세상에도 또한 해중海中 신선이 있다

세조도 어느 가을 달밤에 경포대를 찾아 호수를 바라보며 글을 남겼다.

속세는 간데없이 온갖 선경이라

나오느니 서경시요, 들리느니 노래라
바다에는 갈매기와 호수에는 철새들이 쌍쌍이 날고
천병만마 늘어선 송림 사이로
거니는 선남선녀의 모습이 그림 같구나

옛사람들의 풍류에 함께 젖어 잠시 시절을 잊을 수 있는 이곳에는 경치만 빼어난 것이 아니다.

경포대에 들러 잉어회와 초당두부를 먹지 않고 가는 사람은 멋은 알아도 맛은 알지 못한다고 할 정도라니 식도락의 즐거움도 누려본다. 경포대해수욕장에서 저문 해를 보았으니 이곳에서 여장을 풀기로 한다. 가벼운 몸으로 잠시 밖에 나와보니 낮게 내려앉은 구름이 비라도 쏟아 놓을 기세다.

허균의 고향
강릉

열엿새째, 5월 5일

강릉 활래정

안현동 바닷길을 걷다

잠에서 깨어 창문을 열자 거센 바람 속에 비가 내린다. 그것도 예사 바람이 아니고 예사 비도 아니다. 그렇다고 도보 답사를 미룰 수도 없으니, 우장을 갖춰 만반의 준비를 하고 해변 길로 접어든다. 온몸에 부딪히는 드센 바람에 우비도 말짱 헛것이다. 혹여 카메라가 젖을세라 가슴에 깊이 묻고 고개 숙여 빗속에서 겨우 발길을 옮겨 나가는 우리의 모습이 처량해 보일 듯하다. '한 번 비에 젖은 자는 다시 젖지 않는다'라는 속담을 되뇌며 걷는데, 문득 떠오르는 보들레르의 시가 있다.

바다는 그대의 거울, 그대는 그대의 영혼을, 파도가 펼치는 무한의
되풀이에서 본다. 그리고 그대의 정신 또한 바다 못지않게 통렬한
심연이거니.

그렇다. 이 세상을 살아가는 동안, 그 누구라도 정지된 시간을 살지 않는다. 하지만 잠시 멈춰 마음의 평정을 누리는 시간은 손에 꼽을 만큼밖에 없다. 그래서 모든 사람이 그런 나날을 끊임없이 기다린다.

바람을 부여안고 바람과 싸우며 경포대해수욕장에서 오리바위, 십리바위를 지나 바닷길을 따라가니 안현동에 이른다. 대전동으로 넘어가기 위해 만나는 고개의 형세가 두루미 목처럼 생겨서 두루미고개, 또는 안고개라고 부르던 것이 안현雁峴으로 바뀌었다 한다.

매가 날아가는 형국을 하고 있는 매봉산 아래 은가락지바위가 있는데, 옛날에 바닷물이 이 바위 밑까지 들었을 때 갓 시집온 새댁이 잃어버린 은가락지를 찾으려다 발을 헛디뎌 익사했다는 이야기가 전해진다.

허균이 태어난 사천

순포해수욕장과 가둔지마을을 지나자 사천해수욕장이 펼쳐진다. 강릉시 사천면 사천리에서 최초의 한글 소설인 『홍길동전洪吉童傳』을 지은 조선시대 혁명가이며 빼어난 문장가였던 교산 허균이 태어났다. 오대산에서부터 뻗어내린 산자락의 굽이진 모양이 마치 용이 되지 못한 이무기가 기어가는 듯한 형상의 교산. 그 아래 허균의 외가이자 생가였던 '애일당愛日堂'이 있었다. 중종 때 예조참의를 지낸 김광철金光轍이 부모를 위한 정자를 세워 날日이 감을 아낀다는 의미로 애일당이라 짓고, 벼슬마저 내놓고 부모를 섬겼는데 이제 흔적조차 찾을 수 없다. 고향 사랑이 지극했던 허균은 자신의 호를 교산이라 지었다. 그 산 중턱에는 '누실명陋室銘'이라는 그의 시비가 세워져 있다.

차를 반 항아리 달이고
향 한 심지를 피웠네
외딴 집에 누워
건곤고금乾坤古今을 가늠하노니
사람들은 누추한 집이라 하여
살지 못하려니 하건만
나에게는 신선의 세계인저

선조 2년 양천陽川이 본관인 경상감사 허엽許曄과 강릉이 본관인 예조판서 김광철의 딸 사이에서 태어난 3남 2녀 가운데 막내둥이였던 허균은 자는 단보端甫이며 호는 교산蛟山, 학산鶴山, 성소惺所, 백월거사白月居士라고 불렸다. 총명하고 뛰어난 재기를 타고났던 허균은 역모죄에 몰려 죽은 인물 가운데 조선시대 기축옥사의 주인공인 정여립과 함께 오늘날까지 신원되지 못했다. 그러나

1 허균이 태어난 애일당 2 허균 시비

『홍길동전』 및 그가 지은 수많은 글은 오늘날까지 전해져 뭇사람들의 심금을 울리고 있으니, 한 개인의 삶의 족적이나 국가의 역사를 당대에 평가한다는 것이 얼마나 위험한 일인가?

박공달이 놀았던 쌍한정

사천면 미노리에 연산군 시절 효자로 알려진 삼가 박수량의 무덤인 삼가 묘三可墓가 있으며, 미노리 동쪽 해변가 작은 산봉우리 아래 쌍한정雙閒亭이 있다. 박수량과 병조좌랑을 지낸 사휴四休 박공달朴公達이 낙향 후 함께 세운 정자로 그곳에서 풍류를 즐기며 한가로이 여생을 보냈다 한다. 쌍한정 옆에 박수량을 추모하며 약 140여 년 전에 후손들이 지은 정자, 삼가정이 있다.

박공달의 본관은 강릉이며, 자는 대관大觀이다. 천과薦科에 올라 관작이 좌랑佐郎에 이르렀으나 중종 시절 기묘사화가 일어나자 세상에 환멸을 느껴 박수량과 함께 냇물을 사이에 두고 살았다. 그들은 나이를 떠나 쌍한정에서 술벗을 하며 시간을 보냈다. 비가 많이 내려 냇물이 불어날 때는 양쪽 언덕에서 마주 보고 잔을 들어 권하며 흥겨운 시절을 보냈다고 한다. 그때 수량이 시를 지어 공달에게 주며 이르기를, "삼강오상三綱五常 따위가 나에게 무슨 상관이랴. 한 고을의 전적으로 아름다운 것도 그대에게 많이 있네. 세상 사람들은 한결같이 두 늙은이로만 보겠지마는, 쑥대가 곧은 것을 뉘라서 삼대에 힘입을 줄 알리요" 했다. 그랬던 수량이 먼저 세상을 떠나니, 공달은 글로써 곡해 이르기를, "환해宦海(벼슬살이를 바다에 비유한 말)의 풍파에서 기묘년을 만나

박수량 기념비

그대 이미 신을 벗었고, 나도 집에 돌아와 먹고 앉았노라. 주진朱陳의 옛 마을에 개 짖고 닭 우짖도다. 3간 백옥白屋(가난한 집)에 한 사내가 남북을 갈랐도다. 하늘은 어찌 돕지 않아 갑자기 죽었는고, 쌍한정의 달은 만고에 길이 빛나리라" 했다. 홀로 남겨진 박공달은 나이 80세에 죽었다. 상진尚震이 강원감사가 되어 일찍이 박공달을 방문하고 이르기를, "이 사람은 옥으로 만든 병에 담긴 가을 물 같다"라고 했다.

조광조와 함께 혁신 정치를 펼치다 비운의 죽임을 맞은 김정의 일화가 있다. 그는 금강산 유람 길에 강릉을 지나게 되어 박수량의 집을 찾아갔다. 그때 가난한 박수량은 머슴들 틈에 끼어 함께 새끼를 꼬고 있었는데, 그 모습으로는 누가 주인인지 머슴인지 식별할 수 없었다. 반갑게 김정을 맞이한 박수량은 마당에 자리를 깔고 나물을 술안주 삼아 이틀간 함께 놀고 가게 했다. 그리고 작별의 순간, 박수량은 철쭉 지팡이를 선사하며 헌시 한편을 지었다.

깊은 산골짜기 층층 바위 뒤 안에
늦가을에 눈서리 맞은 이 가지
이 가지를 가져다 군자에게 주노니
늘그막에 그처럼 살아보자는 걸세

박공달과 함께 풍류를 즐기며 살다 간 박수량에 대한 글이 『기묘록己卯錄』에 다음과 같이 실려 있다.

본관은 강릉으로 자는 군거君擧이다. 소박하고 목눌木訥(순직하고 지둔하여 말이 적음)하여 호화스러움이 없었다. 기묘년에 관직을 파면당하고 돌아와 스스로 삼가정三可亭이라 호를 짓고, 박공달과 시주詩酒로써 스스로 즐기다 죽었다.

자신의 의지대로 살다가 죽는 것이야말로 인생의 더없는 복이라고 한다면, 가노들과 함께 새끼를 꼬고 벗과 어울려 풍류를 즐기며 살다 간 박수량과 박공달의 삶은 현대인들에게 시사하는 바가 크다고 하겠다. 한편 강원감사를 지냈던 상진에 대한 일화도 『어우야담於于野談』에 다음과 같이 실려 있다.

상진은 사람됨이 관대하고 후덕하며 도량이 넓고 컸다. 평생을 두고 남의 허물을 말하지 않았다. 어떤 사람이 있었는데, 한쪽 다리가 짧았다. 어떤 사람이 그를 평하기를 '저 사람은 다리가 짧다'고 말하자 '그대는 어찌하여 저 사람의 단점을 말하십니까? 마땅히 한 다리가 길다고 말해야 하지 않겠습니까?'라고 물었고 이 말은 당대에 가장 유명한 말로 뭇 사람들로부터 칭송을 받았다.

사천진리 사천항을 헤매다가 겨우 찾은 해장국집에 들어 몸을 녹이며 허기를 채웠다. 그 사이 날이 풀렸다. 참으로 다행스러웠다. 마지막 날, 맑게 갠 하늘과 푸른 바다를 볼 수 있다니.

조선시대의 동덕역

여정은 사천면을 지나 연곡면 동덕리冬德里에 이른다. 동덕리는 조선시대 대창도大昌道에 딸렸던 동덕역이 있었다 해서 붙은 지명이다. 연곡천을 가로질러 놓인 영진교를 건너 영진리에 이른다. 동해 바닷가 마을 영진 남쪽에 조선시대 동덕역에서 관리하던 말이 죽으면 그 사체를 묻었다는 마산馬山이 있다.

따스한 햇살을 받으며 걷는 우리는 영진교회를 지나 주문진읍에 당도했다. 먼발치로 주문진이 보이는 영진해수욕장, 낮게 날아오르는 갈매기의 동작과 파도의 일렁임이 조응한다. 멀리 주문진 등대가 보이는 저곳, 진정한 동해다.

이곳에서 우리의 도보 답사, 삼척에서 시작된 두 번째 구간 여정을 마무리한다. 이제 우리는 다시 일상으로 돌아갈 것이다. 그리고 다시 돌아올 것이다. 대관령 넘어 떠나갔다가 다시 대관령 넘어 돌아오는 그날, 지금 먼발치로 보이는 주문진항구는 어떤 모습으로 우리를 맞아줄까.

4장

해파랑길
네 번째 구간

주문진에서
통일전망대까지

 열이레째, 6월 6일

전주에서 강릉으로 가서 차를 갈아타고 주문진에 도착했다. 그리 크지도 작지도 않은 주문진항, 각기 다른 지역에서 모인 일행들을 만나 숙소에 들었다. 다음 날 아침밥은 걷다가 먹기로 하고 이른 아침에 도보 답사를 시작했다.

생명 구제의 보살행으로 스님의 절은 받은 어린아이

용소동과 교황리를 잇는 다리 사이에 제주솔이라는 소나무가 있다. 조선 인조 시절 이상혐李尚馦이 제주목사로 있을 때 씨를 얻어 둑을 쌓고 심었다.

오리진을 거쳐 1918년에 세웠다는 주문진등대를 지나자 주문진해수욕장이 넓게 펼쳐진 향호香湖리다. 향호해수욕장을 지나자 양양군 현남면이다. 화상천和尚川가에 있는 현남면 원포리에서 500m쯤 떨어진 곳에 화상천바위에는 최운우崔雲遇의 일화가 전해진다. 그는 어린 시절 이곳 해변에서 물고기를 잡았다가 도로 물속에 넣어주어 살려 돌려보냈다고 한다. 마침 길을 지나다 그 모습을 보고 기특하게 생각하게 된 스님이 아이를 화상천바위 위에 앉히고 절을 했다. 남애리 동쪽 바다에 바위섬으로 떠 있던 양야도陽野島는 1938년 방파제 공사를 하며 육지에 연하게 되었다.

광나루 휴휴암

　　양양군 현남면 광진리, 큰 나루가 있어 광나루라고 불리는 그곳에 동해의 숨겨진 비경으로 근래 들어 많은 사람들의 발길을 모으는 휴휴암休休庵이라는 암자가 있다. '몸도 쉬고 마음도 쉬어 팔만사천 번뇌 망상을 모두 내려놓고 또 쉰다'라는 뜻을 가진 암자. 쉰다! 얼마나 가슴 설레는 말인가. 다만 우리는 그 말이 주는 설렘은 그저 설렘으로 남겨둔 채 결코 멈추지 못한다.

　　사람이 넉넉함만 기다리나 어느 때 넉넉하리. 늙기 전에 한가해야
　　이게 바로 한가한 것.

　　『순오지』에 실린 글처럼 늙기 전에 한가해야 쉬고 또 쉴 것인데, 사람들 대부분이 그때를 알지 못하고 산다. 그래서일 것이다. 우리가 횡거橫渠 선생의 말을 따르며 사는 것도.

　　살아 있을 때 나는 우주를 따르고 섬기며
　　죽으면 편히 쉰다生吾順事設吾寧也.

모두 내려놓고 오래도록 쉬고 싶지만 가야 할 길이 있다. 아직 오지 않은 시간에 마음을 두어 일어난 이 번뇌를 떨치지 못한 채 애써 발길을 옮긴다.

휴휴암에는 바닷물에 잠겨 있다가 해수면이 낮아질 때 수면 밖으로 모습을 드러낸다는 관세음보살을 보기 위해 많은 관광객이 찾는다. 관세음보살이란 사실 13m 길이의 바위인데, 묘적전 법당이 올려다보이는 해변에 낮은 절벽 아래 바닷물이 들락날락거리는 돌무덤에 위치해 있다. 보면 볼수록 누워서 휴식을 취하는 관세음보살을 닮았다. 뿐만 아니라 바닷가 주변에서 선명한 발가락 모습 등 온갖 기이한 형상의 바위들을 발견할 수 있다.

돌이 다 닳으면 세상이 바뀌리라, 인구리 죽도

조선시대 인구역麟邱驛이 있었다는 인구리, 마을 앞에 약 800여 석의 곡식을 소출할 수 있는 너른 들판이 있다. 그래서인지 인구평 안 신당에 지신을 모시고 매년 단옷날이면 제사를 올리는 굿을 한다.

인구리 아래로 동쪽 60m 지점에 기이한 바위로 둘러져 장관을 이룬 죽도 竹島에서는 질 좋은 대나무가 많이 나서 화살용으로 나라에 진상했다고 한다.

『동국여지승람』에 "양양대도호부 남쪽 45리 관란정 앞에 푸른 대나무가 온 섬에 가득했다"라고 기록된 것처럼 이곳 죽도에 관란정觀瀾亭이라는 정자가 있었다. 고려 때 학자인 가정 이곡李穀, 근재 안축安軸, 통정 강회백姜淮伯, 그리고 조선 성종 때 창파거사 이육李陸이 아름다운 경치를 시로 읊기도 했지만 지금은 사라져 빈터만 남아 있다.

죽도에는 북쪽 입구에 방선암訪仙岩이라 새겨진 큰 바위가 있고, 중허리에는 주절암駐節岩이라 새겨진 바위가 있다. 동해 연사대鍊沙臺라는 바위도 있는데, 바위 위에 무어라 설명하기 어려운 자국들이 있다. 일설에는 옛날 옛적 신

선이 주사朱砂를 연마하던 자리라고 한다. 연사대 앞으로 학 형상의 바위가 있는데 한국전쟁 당시 날개 한쪽이 떨어져 나갔다.

죽도 북쪽으로 신선이 수도를 했다는 청허대淸虛臺가 있다.『신증동국여지승람』'산천조'에 "섬 밑 바닷가에 구유같이 오목한 돌이 있는데, 닳고 갈려서 교묘하게 되었고, 오목한 속에 자그마한 둥근 돌이 있다"라고 설명되었고, 전서에는 "둥근 돌이 그 속에서 이리저리 구르므로 닳아서 오목하게 된 것이며 다 닳으면 세상이 바뀐다"고 기록되어 있다.

7번 국도를 따라가는 통일전망대 가는 길

통일전망대에 이르는 길은 간간이 마을 길이나 바닷가로 연해 있지만 대부분은 7번 국도를 따라 걸어야 한다. 차와 함께 걷는 7번 국도, 우리 일행이 고개를 숙인 채 장거리를 걸어 나가는 그 모습이 자동차에 익숙한 사람들에게 어떻게 보일까. 어쩌면 우리네 여정에 동참하기란 상상조차 하지 않을 것이다.

온 감각을 열어 대지와 호흡을 나누며 살아 있는 관계를 맺어, 땅이 품어온 무수한 시간의 역사를 끌어올려 기억하는 작업, 걷기란 그런 것이다. 그것을 모르는 이가 있을까마는 그래도 걷기를 선호하지 않는 사람이 많다. 편리에 기대어 자동차에 실려 이동하는 것에 중독되어 있는 것 같다.

양양군 현남면 하월천리에 시루바위가 있는 시루봉이 있다. 속설에는 시루 모양의 바위가 강릉 쪽으로 기울어져 있어 강릉은 발전되고 이 마을은 발전이 되지 않는다는 이야기가 있다.

기우제를 지내는 지속소

화동 입구에서 만나는 10여 미터 높이의 화동폭포를 만난다. 폭포 아래 지속소가 있는데, 한발이 심할 때면 주민들이 게를 잡아 짓이겨 바위에 바르고 껍데기를 소에 넣어 부정을 피우는 제사를 지내면 비가 온다고 했다. 이러한 형식은 전남 곡성의 동악산 기우제와 비슷하다. 흔히 제사란 정성스레 제물을 차려 올리며 이루어지는데, 특이하게도 동악산 기우제는 신을 성나게 하기 위해 바위에 똥오줌을 누고 아낙네들이 술을 마시며 뛰고 구르며 제를 지낸다. 더럽고 무엄하다며 화가 난 신이 뇌성 번개를 내려쳐서 큰비를 내리게 한다는 것이다. 화동폭포 기우제도 같은 취지에서 이루어졌다.

잔교리 남쪽으로 산이 있는데, 수복되기 전 국군 주둔지였던 이곳에 38선 휴게소가 지나는 길손을 맞이한다. 그때 당시 3·8선 북쪽 기사문리의 고삼봉高參峯에 있던 북한군을 감시했다. '여기는 3·8선입니다'라는 표지판이 세워진 기사문리其士門里는 한국전쟁 발발 이전에 삼팔선이 있었던 곳이라 삼팔교라고도 부른다. 기사문리 포구 방파제에 약 10척의 배들이 정박해 있다. 38선휴게소 부근 하조대해수욕장을 지나 예약해 놓은 식당에서 점심으로 물회를 먹은 게 탈이었는지 그날 이후 몇 달 동안 배앓이를 했다.

하륜과 조준이 놀았던 하조대

하광정리 서쪽 불개미가 많아서 발개미라고 부르는 마을이 있는데, 마을 동쪽 동해 바닷가에 하조대河趙臺가 있다. 바닷가에 기이하게 솟은 이 바위는 조선 개국 공신 하륜河崙과 조준趙浚이 놀았던 곳이라 하는데,『여지도서』에 다음과 같은 글이 실려 있다.

> 나지막한 산기슭이 바닷속으로 뻗어 들어가다가 갑자기 끊어져 하조대를 이룬다. 하조대 좌우에 바위벼랑이 기이하고 예스럽다. 큰 파도가 세차게 부딪치면 눈보라가 휘날리는듯하다. 민간에서 전하기를, 조선 건국 초기에 하륜과 조준이 노닐며 구경하던 곳이 라고 한다. 그 까닭으로 이렇게 이름을 지었다.

이세근李世謹이라는 사람이 그들의 성을 따서 '하조대'라는 석 자를 바위에 새겼다. 이곳에 1939년 팔각정을 건립했으나, 6·25 때 소실되어 1955년에 다시 건축했다. 하조대해수욕장을 지나 양양군 손양면巽陽面에 당도했다. 손양면 상 운리는 조선시대 상운역祥雲驛이 있었다고 해서 역말이라고도 했다. 상운리 동 북쪽 상운정 터는 바닷가에 낙락장송이 10리를 연해 있어서 낮에도 해가 보이 지 않으며, 소나무 사이에는 오직 철쭉만 있어서 봄이 되면 만발해서 붉은 비 단을 펴놓은 것 같았다고 한다. 고려 때 시인 김극기가 이 지역을 지나다 시 한 편을 남겼다.

꽃 피고 새 우는 것도 모두 즐거워한다. 천 수레 흰 눈 같은 실을 켜는 땅이요, 만 이랑에 누런 구름 같은 보리를 베는 시절이라, 어부 낚시터엔 이끼가 뒤섞였고, 초동樵童 앉은 두렁 위엔 풀이 우거졌네. 오가며 훌륭한 경개 더욱 구경할 만한데, 일찍이 시인을 시켜 몇 편이나 지었나.

연어의 회귀처, 남대천

소나무가 무성했다던 가평리에서 양양 남대천이 동해로 합류한다. 남대천에 연어가 올라온다. "북태평양 베링해와 캄차카 반도를 거치는 장장 1만 6천㎞를 헤엄쳐 고향에 돌아온 연어 한 마리가 그렇게 반갑고 소중할 수가 없습니다"라는 양양 내수면연구소 측의 말이 아니더라도 모천회귀라는 숙명을 지고 거슬러오는 그 먼 여정에 성공할 확률을 생각한다면 반갑다는 표현으로 다할 수 없는 마음이다. 시인 안도현은 어른들을 위한 우화 『연어』에서 "거슬러 오른다는 것은 지금은 보이지 않는 것을 찾아간다는 뜻이지, 꿈이랄까, 희망 같은 것 말이야. 그리고 그 연어가 아름다운 것은 떼를 지어 거슬러 오를 줄

알기 때문이야"라고 말하면서 "좁고 가파른 강의 상류로 그들의 고향인 남대천으로 힘겹게 헤엄쳐 오르는 한 마리 은빛 연어를 아십니까?"라고 묻고 있다. 연어들이 어떻게 자기들의 고향인 모천을 잊지 않고 찾아오는지는 제대로 알려져 있지 않다. 모천 특유의 냄새를 찾아간다고도 하고 별을 보고 방향을 짐작하며 찾아간다고도 한다. 어쨌든 연어는 시속 2~3백 ㎞ 정도의 속도를 낼 수 있어 북태평양에서 이곳 남대천까지 보름 정도면 당도할 수 있다고 한다. 연어가 올라오는 양양에 호랑이를 물고 사라진 큰 뱀에 대한 이야기가 유몽인의 『어우야담』에 실려 있다.

> 양양부襄陽府는 동쪽으로는 큰 바다가 있고 서쪽으로는 높은 고개와 접해 있는데, 암석이 기이하고 산등성이가 겹치고 초목이 울창하다. 만력 18년(1590)에 어떤 마을 아낙네가 산에 들어가 뽕을 따다가 멀리서 큰 호랑이가 어슬렁거리며 오는 것을 보고는 높은 나무로 올라가 피했다. 그러자 호랑이가 나무 아래로 와 지키므로 아낙네는 끝내 호랑이 입에 들어가겠구나, 하고 스스로 생각했다. 잠시 후 큰 소리가 나며 산이 놀라고 골짜기가 진동했다. 세찬 바람이 몰아닥치더니 호랑이가 미친 듯이 돌아보고는 어찌할 줄 모르고 허겁지겁 달아났다. 수십 걸음을 못 가서 큰 뱀이 나타나 호랑이를 삼키고는 동해로 들어갔는데 그 뱀이 지나간 자리의 수풀이 꺾여 있었다. 그 해에 윤경기尹慶祺가 부사가 되어 직접 그 아낙의 말을 들었다.

망망하게 펼쳐진 바다에는 맛이 좋은 고기들만 사는 것이 아니고, 조선 사람이 가장 무서워했던 호랑이를 사냥하는 뱀이 살고 있다는 이야기다. 호랑이에 대한 이야기가 이 땅에 얼마나 많은가? '호랑이 똥을 뿌리면 멧돼지가 무서워서 발길을 끊는다'라는 내용의 시도 있으며, '호랑이 밥 먹듯 한다'는 말은 식사를 많이 하거나 굶주린 사람이 음식을 게걸스레 먹는 것을 표현한 말이다. 조선시대 후기인 1893년에서 1895년까지 우리나라와 일본, 그리고 중국을 여행했던 영국 왕실 소속의 지리학자 이사벨라 버드 비숍 여사가 쓴 『한국과 그 이웃 나라들』을 보면, "해가 저문 뒤에 여행하는 것은 한국의 관습에 위배되는 것이다"라고 전제한 뒤에 이렇게 소개하고 있다.

> 호랑이와 귀신에 대한 공포 때문에 밤에는 거의 여행을 하지 않는다. 관리의 신분으로 부득이 밤에 여행할 경우에는 마을에 들러 횃불 가진 사람들의 호위를 부탁하는 것은 당연한 일이다. 야행을 할 경우 길손들은 보통 몇몇이 서로를 끈으로 묶고 등롱을 밝히고 횃불을 흔들며, 고함을 지르고 꽹과리를 치며 길을 간다. 한국 사람의 호랑이에 대한 공포는 너무나 유명해서, 한국 사람은 일 년의 반을 호랑이를 쫓느라 보내고 나머지 반을 호랑이에게 잡아먹힌 사람의 문상을 가느라 보낸다는 중국의 속담이 거짓말이 아님을 알 수 있다.

그뿐만이 아니다. W. E. 그리피스가 1890년대 무렵 한반도 구석구석을 여행한 뒤에 지은 『은자의 나라 한국』이라는 책에도 비슷한 글이 실려 있다.

> 조선 사람들은 반년 동안 호랑이를 사냥하고 나머지 반년 동안은 호랑이가 조선 사람을 사냥한다.

오죽했으면 호랑이보다 더 무섭다는 '뒈'라는 가상의 동물을 만들어 어디를 갈 때마다 '뒈뒈' 하고 침을 뱉으며 갔을까? '뒈'라는 말은 어쩌면 해태의 변질된 말인지도 모르겠다. 이러한 기록들을 보면 조선시대 후기까지만 해도 호랑이에 대한 공포가 얼마나 심했는지를 알 수 있다.

낙산사, 의상이 관세음보살을 친견하고 세우다

남대천을 가로질러 놓인 낙산대교를 건너며 바라본 백두대간에 헌헌장부처럼 설악산이 우뚝 서 있고 그 아래에 양양읍이 보인다. 조선시대의 문장가인 강희맹姜希孟이 "큰 들녘 동쪽 끝에 바다 해를 보고, 긴 숲 일면에 강 하늘이 보인다"라고 노래했던 양양 땅은 백두대간이 지나는 길목에 푸른 바다를 바라보며 높고도 험한 산들을 일으켜 세웠다. 누릴 수 있는 것이 어디 장엄한 경관뿐이겠는가? 양양부사로 부임하는 조카 상일商一에게 추사 김정희가 보

냈던 편지를 읽으면 그 당시 양양 사람들이 누렸을 식복에 군침이 흐른다.

『대역大易』에서 '집에서 먹지 않는 것이 좋다'고 한 것은 집에서 먹는 것에 비할 바가 아니니, 기쁜대로 순리대로 지낸다면 어디 간들 여유작작하지 않겠느냐. 또 큰 바다가 앞에 가로질러 있어 푸른 고래鯨와 붉은 게는 나의 소유이고, 방어와 연어도 돈을 따지지 않을 것이니, 이것이 어찌 집에서 먹는 사람에게 있을 수 있는 일이겠느냐. 나 같은 노탐老貪은 벌써 입 언저리에 침을 흘리면서 봄 방어를 한껏 먹으리라 자부하는 마음을 감당하지 못하겠다. 다시 구복口福을 축하하노니, 능히 자잘한 알이 붉은 꼬리(방어를 말함)로 바뀐다면 어찌 식지食指가 크게 움직이지 않겠느냐. 더 말하지 않는다.

제주도에서 아내에게 부친 편지에서도 항상 먹을 것을 보내달라고 한 것이나 스스로를 노탐이라고 한 것을 보면 추사가 먹는 것을 즐겨 했음을 알 수 있다. 다시 바닷가로 나가자 양양읍 조산리다. 이곳에 외따로 솟은 딴봉이라는 산이 있다. 마을 주산으로 하기에는 너무 낮아서 좋지 않다고 여겨 인공적으로 높이 쌓아 올렸다고 한다.

조산리 동남쪽으로 동해신묘東海神廟가 있어 봄가을이면 나라에서 향香과 축祝을 내려 제사를 지냈다. 성안말 뒷산으로는 수목이 울창한 곳에 전면으로 동해 바다를 훤히 볼 수 있어 경치가 아름다운 해월정이라는 정자가 있다.

조산리를 지나자 길게 펼쳐진 낙산해수욕장이다. 이제 낙산사洛山寺가 바로 지척이다. 낙산사는 설악산에서 동쪽으로 뻗어 내린 산줄기가 바닷가에 이르러 다섯 봉우리를 이룬 오봉산 아래 자리 잡고 있다. 낙산이라고도 불리는 오봉산은 인도 남해 봄베이, 주산열도의 한 섬, 경기도 강화군 삼산면의 매음리 등과 함께 부처님이 머무는 곳으로 이름이 높다.

낙산 기슭에 세워져 망망대해인 동해를 바라보고 있는 사찰, 낙산사는 관동팔경의 하나에 드는 문화유산이기도 하지만 천혜의 절경으로 사람들의 발길을 끌어모으는 곳이다. 그런데 2005년 봄 산불로 홍련암과 의상대를 제외하고 전소되는 일이 있었다. 귀한 문화유산들이 인재로 사라져갈 때 느껴지는 무력감을 어찌 표현해야 할까.

우리나라 3대 관음 기도 도량에 드는 낙산사. 낙산이라는 이름은 관세음보살이 항상 머무르고 있다는 인도 보타 낙가산에서 유래한 것이다. 사찰은 671년(문무왕 11년) 의상대사가 창건했다.

당나라에서 귀국한 의상은 관세음보살 전신이 낙산 동쪽 바닷가 굴속에 있다는 말을 듣고 찾아간다. 그는 굴 입구에서 7일 동안 기도했으나 관세음보살을 친견하지 못하자 그만 물로 뛰어들고 만다. 그런데 바로 그 순간 팔부신중(불법을 수호하는 8종류의 신)이 나타나 의상을 굴속으로 안내했다.

관음굴에 들게 된 의상이 예를 올리자 동해 용이 수정 염주 한 꾸러미와 여의보주 한 알을 주었다. 그것을 받아들고 나온 의상은 다시 7일 동안 기도를 올렸다. 그러자 관세음보살이 현현하시어 말씀하셨다. '앉은자리 위쪽 산꼭대기에 한 쌍의 대가 솟아날 것이니 그 자리에 불전을 지어라.' 의상은 쌍 죽이 솟은 자리에 홍련암을 짓고 관세음보살을 모신 후 절 이름을 낙산사라 짓고서 그때 받았던 염주와 여의주를 성전에 모셨다고 한다.

그 후 조선 중기에 이르러 광해군 11년인 1619년에 관음상을 모신 전각을 다시 세웠다. 그때 상량식을 올리는데 별안간 파랑새가 나타나 춤을 추었다고 한다. 그 뒤 65년이 지난 숙종 9년인 1683년에 다시 관음상을 도금하는데 별안간 향기가 나더니 광채가 찬란한 한 덩이 구슬이 공중으로부터 탁자에 떨어졌다. 모두 이를 보고 상서롭다 했다. 구슬을 안치하기 위해 비상比上, 석험釋嫌 등이 탑을 만들기까지 약 9년 여의 세월이 소요되었다고 한다.

원효가 찾아온 낙산사

의상과 함께 신라 불교의 쌍벽을 이루던 원효 역시 관세음보살을 친견하고자 이곳을 찾았다고 한다. 하지만 그는 이곳으로 오던 중에 관세음보살의 화신을 만났는데도 알아보지 못했다고 한다. 『삼국유사』에 기록된 설화이다.

원효가 양양 부근에 이르렀을 때 흰옷을 입은 여자가 벼를 베고 있었다. 장난기가 발동된 원효가 여자에게 '벼를 줄 수 없겠는가?' 하고 물었다. 여자는 냉담하게 '벼가 아직 익지 않았습니다'라고 대답했다. 다시 발길을 재촉해서 가던 원효는 개울 다리 밑에서 빨래를 하고 있는 여인을 만나 물을 청했다. 그러자 여인은 빨래하던 물을 한 바가지 떠주었다. 화가 치밀어 오른 원효는 그 물을 쏟아버리더니 냇물을 떠서 마셨다. 그 순간 들 가운데 서 있던 소나무에서 파랑새 한 마리가 푸드덕 날아오르며 '휴제호 화상아'라고 부르짖으며 사라져 버렸고 파랑새가 날아간 소나무 아래와 관음상 아래 신발이 떨어져 있었다. 원효는 벼를 베고 있던 여인과 빨래하던 여인이 관세음보살의 화신이었음을 깨달았다.

의상은 관음보살을 만나고 원효는 관음을 만나지 못했다는 삼국유사의 기록처럼 두 스님은 신라 불교를 대표하지만 서로 큰 차이가 있었다. 신라의 귀족 진골 출신이었던 의상은 당나라로 유학 가서 화엄종華嚴宗을 공부하고 돌아와 신라 왕실의 절대적 지지를 받으며 명산마다 화엄십찰華嚴十刹을 세우고 수많은 제자를 길러냈다. 그러나 육두품 출신 원효는 의상과 함께 당나라 유학 길에 나섰으나 도중에 해골에 담긴 물을 마신 것을 계기로 '모든 것은 마음먹기에 달렸다'는 깨달음을 얻게 되어 그 길로 유학을 포기했다. 그 뒤 원효는 나이 들어 누더기 옷을 걸치고 깨달음의 노래, 「무애가無㝵歌」를 부르고 다녔다. 그렇게 누구나 쉽게 이해할 수 있는 노래와 저작으로 불교사상을 대중 속에 뿌리내릴 수 있게 했던 원효는 속세에 연연하지 않고 개인적 실천과 깨달음을 중요하게 여겼다.

신라 왕실의 비호를 받으며 활발히 호국 신앙을 펼쳤던 진골 출신 의상과 속세에 연연함이 없이 민중들의 신앙생활을 중시했던 원효. 그렇다면 의상이 만났던 관음을 원효는 만나지 못했다는 이 설화를 우리는 어떻게 해석해야 할까? 어쩌면 통일 신라 초기 원효에게 쏠리는 민심을 의상에게 돌리기 위해 그러한 설화가 탄생한 것은 아닐까? 원효보다 의상의 법력이 한 수 위였다는 것을 은연중에 암시하려 했을 것이다. 원효는 70세의 나이로 깊은 토굴에서 입적했다.

헛된 꿈에서 깨어나라! 승려 조신 제행무상을 깨우치다

이곳 낙산사 관음상은 승려 조신調信이 꿈으로 깨우침을 일으켜 참회를 했다는 설화를 안고 있다. 신라시대에 세규사라는 절의 장원莊園이 명주 날리군에 있었다. 본사에서는 조신을 그 절의 관리인으로 파견했다. 어느 날 조신은 파견지 장원에서 생활하게 된 고을 태수 김흔의 딸을 보고 깊은 사랑에 빠진다. 그는 영험하기로 소문난 낙산사 관음보살 앞으로 누차 나아가 김흔의 딸과 부부의 연을 맺게 해달라는 기도를 했다. 그렇게 몇 년을 기도로 염원하는 동안 그 여자는 다른 남자에게 시집을 가고 만다. 조신은 관음상 앞에서 날이 저물도록 원망하며 울다 지쳐 쓰러져 잠이 들었다.

그런데 사모하던 그 여인이 문을 열고 들어와 미소 지으며 말하기를, 부모의 명으로 다른 사람에게 시집을 가게 되었으나 일찍이 조신을 사모해서 부부를 이루어 살기 위해 왔노라고 고백하는 것이었다. 조신은 뛸 듯이 기뻐하며 여인을 데리고 고향에 돌아가 살림을 차리고, 약 50여 년을 함께 살며 5남매를 두었다. 하지만 그들은 가난에서 벗어나지 못해 10여 년 동안을 유랑걸식했다. 명주 해현령에서 굶주리던 15살 큰애가 죽어 길가에 묻는다. 우곡령에 도착해 초막을 짓고 정착했으나 부부는 병이 들었다. 10살 된 딸아이가 얻어오는 음식으로 연명을 했으나 딸마저 개에게 물려 병석에 눕고 만다.

부부는 늙고 병든 몸을 맞대고 울다가 지난 50년 동안 이어져 온 고통스러운 인연에 대해 이야기를 나누었고, 결국 아이 2명씩을 데리고 헤어져 살기로 한다. 길을 떠나려는 순간, 조신은 꿈에서 깨어난다. 잠시간의 꿈인가 했는데 조신의 머리는 백발이 되어 있었다. 넋이 나간 듯, 속세에 대한 집착이 모두 끊어졌다. 인생에 대한 허무와 회한이 물밀 듯이 밀려오며 탐욕마저 말끔히 사라졌다. 해현령으로 가서 꿈속에서 굶어 죽은 큰아이를 묻었던 자리를 파보았더니 돌미륵이 나왔다. 조신은 돌미륵을 이웃한 절에 봉안하고 정토사를 창건해 부지런히 불법에 정진했다고 한다. 일연이 설화 말미를 장식한 글이다.

하필 조신의 꿈만 그렇다고 하랴. 여기서 저 인간 세상의 낙樂이라 하는 것은 즐겁기도 하고 괴롭기도 하되 별로 그것을 깨닫지 못함을 알 수 있을 것이다. 이에 노래를 지어 경계하노라.

달콤한 한 시절도 지내보니 허망하다.

나도 모르게 근심 속에 이 몸이 다 늙었네.

허무한 부귀공명 다시 생각하지 마소.

괴로운 한평생이 '꿈'결인 줄 알레라.

조신의 설화를 떠올리니 낙산사는 '헛된 꿈에서 깨어나라'는 부처님의 가르침이 살아 숨 쉬는 청정 도량이라는 생각을 떨칠 수 없다. 그런데도 이곳에 발을 들여놓는 우리들 대부분 '도적은 창고를 털려는 꿈만 꾼다'는 말처럼 속세의 헛된 꿈들로 가득 채운 마음이지 않은가.

역사의 모진 풍파를 견디고 거듭 중창된 낙산사

무수한 역사적 설화를 낳은 낙산사, 입구에 있는 홍예문紅霓門(강원도 유형문화재 제33호)은 세조가 1446년 상원사를 참배하고 세운 무지개 모양의 석문으로, 당시 도내 고을 수를 상징하는 26개의 화강석으로 조성되어 있다.

낙산사는 의상대사에 의해 창건된 이후 화재로 소실되었다가 강릉시 굴산사掘山寺를 창건한 범일이 853년 중창했다. 고려 때 몽고의 침입으로 건물은 모두 폐허가 되었고 여의주와 수정 염주는 사찰 노비가 땅에 묻어두었다가 난이 평정된 후 명주 관아에서 맡아 보관해 왔다. 1466년 세조가 크게 중창시키면서 원래 3층이었던 석탑을 7층으로 올리고 의상이 관음보살에게 얻었다는 수정 염주와 여의주를 안치했다. 현재 낙산사가 보유한 문화재 가운데 7층 석탑(보물 499호), 동종(보물 제476호, 현재 소실됨), 홍예문(지방문화 제33호)은 그 무렵에 만들어졌다고 한다. 그후 낙산사는 임진왜란, 병자호란 그리고 한국전쟁을 치르며 소실되어 현재 남아 있는 원통보전이나 범종각 등은 1953년 이후 새로 세워진 건축물이다.

　동해 바닷가 석벽에 자리 잡아 이제는 일출 명소로 알려진 의상대는 의상 대사가 낙산사를 창건할 당시 자주 찾아 좌선 입정하던 장소였다. 만해 한용운韓龍雲이 이 절에 머물러 있던 1926년에 6각 정자를 세웠다. 1936년 폭풍으로 전복되어 1937년에 재건했고 1975년 지금의 모습으로 개축했다.

　홍련암은 문무왕 16년 676년에 의상대사가 창건한 것을 조선 광해군 때 중건했다가 한국전쟁 때 소실되어 1953년에 재건했다. 홍련암에서는 불당 바닥 마루에 뚫린 구멍으로 굴처럼 생긴 바위 사이에 푸른 파도가 들고나는 모습을 볼 수 있는데 가히 장관이라 할 수 있다.

흰 눈빛을 보는 듯한 해안 모래

　해안은 모두 반짝이는 흰 눈빛 같은 모래로, 밟으면 사박사박 소리가 나는 것이 마치 구슬 위를 걷는 듯하다. 모래 위로 새빨간 해당화가 피었고 간간이 소나무 숲이 우거져 하늘을 찌를 듯하다.

이중환이 『택리지』에 기록한 낙산사의 아름다운 경관이다. 뿐만 아니라 의상대는 관동팔경 어디보다도 해돋이 광경이 장엄하고 빼어난 곳으로 유명하다.

낙산사 뒤쪽 길을 따라 내려가자 설악해수욕장이 있는 전진항에 이르고, 조금 더 나아가자 정암리이다. 커다란 바위를 깨뜨리려고 정釘으로 내려치자 바위가 울며 피를 흘렸다고 해서 정암釘岩 또는 정바위라고 불리었다고 한다. 정암리에서 바닷가로 연한 길에 정암해수욕장이 펼쳐진다. 오늘 하루 걷기 일

설악산 넘어
큰 나루 거진

～～열여드레째, 6월 7일

햇살은 찬연하고 문득 바라본 설악산이 한 폭의 그림 같다. 아침을 먹고 다시 도착한 곳 양양군 강현면 정암리 바다 빛깔은 더없이 푸르다.

천천히 걸어서 도착한 강현면 물치리勿淄里는 본래 강선면의 지역으로 물치소가 있어 이름 지어졌다. 그곳에 물치기둥 터가 남아 있다. 이곳 물치가 사람들에게 알려지면서 조선시대에 택말장이라고 부르던 시장을 물치장으로 바꿔 부르고, 옛날에 신선을 맞이한 다리였다고 영선교迎仙橋라고 부르던 다리도 물치교로 바꿔 부르고 있다.

설악산 아래 고을 속초

물치리를 지나자 속초시 대포동에 이른다. 조선 성종 21년에 강릉 안인포에서 대포영大浦營을 옮겨오며 붙은 지명이라고 한다. 대포영을 옮겨오면서 쌓은 성이 대포성이다. 대포 북쪽에 솟은 말처럼 생긴 마산째(마성대)라는 산에

중종 15년인 1520년 쌓은 것으로 높이가 12척에 둘레가 1,469척이었다는데 지금은 모두 무너져 그 자취만 더듬을 수 있을 정도이다. 대포항에 줄지어 있는 횟집 단지를 지나 좁은 골목으로 이어지는 길을 따라가니 외옹치에 이른다.

우리나라의 대표적인 골산, 설악산

속초해수욕장을 지나며 바라보니 백두대간에 우뚝 솟은 설악산이 보인다. 설악산은 악獄이라는 자구에서 알 수 있듯이 우리나라 대표적인 골산骨山이다. 빼어난 자연경관이 금강산에 버금가는 명승으로 1970년 국립 공원으로 지정되었다.

『신증동국여지승람』에는 '한가위에 덮이기 시작한 눈이 하지夏至에 이르러 녹아서 설악이라 한다' 했고, 『증보문헌비고』에는 '산마루에 오래도록 눈이 덮이고 암석이 눈같이 희다고 해 설악이라 이름 지었다'고 적고 있다. 그래서 설산雪山 또는 설봉산雪峰山, 설화산雪花山이라고도 하는데, 사계절마다 독특한 아름다움을 드러낸다. 신라시대에는 영산靈山으로 추앙해 나라에서 제사를 지냈고, 과거에는 선박의 길잡이 역할을 하기도 했다.

대청봉(1,708m)과 북쪽 마등령, 미시령 그리고 한계령에 이르는 능선을 설악산맥이라 하고, 한계령을 중심으로 서쪽 지역을 내설악, 동쪽 지역을 외설악으로 나눈다. 호채봉과 서쪽 귀떼기청봉, 대승령, 그리고 안산을 경계로 해서 남쪽을 남설악이라 한다.

내설악은 깊은 계곡이 많고 수량이 풍부해 설악에서도 풍광이 가장 빼어난 경승지景勝地로 꼽히며 백담사百潭寺를 기준으로 백운동계곡, 수렴동계곡, 가야동계곡이 이어진다. 가야동계곡에서 출발해 마등령을 지나 조금 더 오르다 보면 우리나라 암자 중에서 가장 높이 위치한 5대 적멸보궁 봉정암에 이른다. 외설악은 기암절벽이 웅장한 천불동계곡을 끼고 있다. 설악동에서 신흥사를 거쳐 계조암에 이르면 흔들바위를 만나고, 그곳에서 조금 더 오르면 사방이 절벽을 이룬 높이 950m의 울산바위가 보인다. 울산바위 신흥사 일주문을 지나 왼쪽으로 가자 천불동계곡이다. 계곡에는 와선대와 비선대, 금강굴이 있는데, 비선대에서 등산로를 따라 계곡을 타고 오르면 대청봉에 이른다.

'금강산이 수려하기는 하되 웅장한 맛이 없고 지리산이 웅장하기는 하되 수려하지 못한데 설악산은 수려하면서도 웅장하다'는 옛말이 있다. 한 전설 내용에 따르면 옛날 조물주가 천하에 으뜸가는 경승을 하나 만들고 싶어 세상 모든 산의 봉우리들을 금강산으로 불러들여 심사했다. 형상이 울타리처럼 생긴 데다 천둥 칠 때마다 울리는 울산바위도 그 소식을 듣고 울산에서 급히 금강산을 향해 달려갔다고 한다. 그러나 너무 늦어 금강산에는 들지 못했다. 체면이 우스워질 것이라고 걱정을 하던 울산바위는 결국 고향으로 되돌아가지 않고 새로이 정착할 곳을 물색하다가 하룻밤 쉬어갔던 설악이 괜찮다 싶어 지금의 자리에 눌러앉기로 했다고 한다.

울산바위 전설에 연계된 전설

조선시대 울산부사가 설악산 유람을 왔다가 울산바위 전설을 들었다. 부사는 곧바로 신흥사로 찾아가 주지스님을 불러 세우고, '울산바위가 너의 사찰림에 와 있는데 산세를 물지 않으니 괘씸하기 그지없다, 산세를 내놓아라'라고 주장했다. 주지스님은 억울했지만 어쩔 수 없이 산세를 지불했다. 그러던 어느 해였다. 울산부에서 다시 세금을 받으러 오자 동자승이 자신에게 맡겨달라고 나가더니 '어떻게 오셨습니까?' 하고 물었다. 울산부 사람이 이 말을 듣고 '울산바위에 대한 세금을 받으러 왔다'라고 하자 동자승은 '우리에게 필요 없으니 이 산을 원래대로 가져가십시오' 했다. 당황한 울산부 사람은 할 수 없이 그냥 되돌아갔고 그때부터 산세를 내지 않게 되었다고 한다.

전설 속 울산바위는 외설악 팔기八奇로 꼽히며, 비가 내리고 천둥이 치면 산 전체에 뇌성이 울려 마치 으르렁거리는 것 같아 천후산天吼山이라고도 부른다. 이 지역은 유난히 바람이 많은데, 그것 또한 울산바위 때문이라고 한다.

이곳 강원도 지방에 '양간지풍 통고지설襄杆地風 通高地雪'이라는 말이 있다. 양양과 더불어 간성에는 바람이 많고, 통천과 고성에는 눈이 많이 내린다는 뜻이다. 실제로 동해안에 바람이 불면 소나무가 통째로 부러질 정도였고, 눈이 내렸다 하면 통행이 두절되기도 한다.

사실 설악산은 해방 이전까지만 해도 금강산의 절경에 치여 사람들에게 그다지 알려지지 않았으나, 한국전쟁 이후 휴전선에 가로막혀 더 이상 금강산을 찾지 못하게 된 사람들이 설악산으로 발길을 돌리며 미처 알려지지 않았던 진면목이 드러나게 되었고 이제는 남한 제일가는 명산으로 손꼽는다.

길흉을 점치던 청초호

속초시 청호변에 자리 잡은 청호동이다. 청초호는 둘레가 5㎞에 이르는 규모에 술 단지 모양을 하고 있는 큰 호수다. 호수 어귀가 동해 바다에 잇대어 있어 조선시대 수군만호영을 두었던 곳으로 병선을 정박하곤 했다. 이중환은 낙산사 대신 경치가 빼어난 청초호를 관동팔경으로 꼽기도 했다. 겨울이 되면 호수가 얼어붙는데, 마치 갈아 놓은 논두렁 모양이어서 마을 사람들은 얼음이 어는 형상을 보고 다음 해 길흉까지 예측했다고 한다.

청초호는 500톤급 선박들이 자유롭게 입출항할 수 있는 내항으로 태풍 혹은 해일이 닥칠 때면 어선들이 대피하는 정박지로도 이용되고 있다. 속초에

는 청초호 이외에도 36만 평 면적에 둘레 7.8㎞ 수심 8.5m에 이르는 석호와 영랑호가 있다. 영랑호는 '호수 동쪽 작은 봉우리가 절반쯤 호수 가운데로 들어갔는데 옛 정자 터가 있으니 영랑 신선 무리의 구경하던 곳이다'라고 『신증동국여지승람』 '간성군' 조에 실려 있다.

아바이마을, 한류열풍을 일으킨 〈겨울동화〉의 무대

아바이마을이 사람들에게 널리 알려진 것은 드라마 KBS 드라마 〈겨울동화〉를 통해서다. 마을 전체가 드라마 세트장이 되었던 이 마을에는 '은서네 집'이 되었던 '은서슈퍼'가 여전히 남아 있고 음식점마다 은서 역을 맡았던 송혜교 사진을 걸어두고 있다. 그런 풍경을 보며 새삼 방송 매체의 위력을 실감한다. 우리 일행은 은서슈퍼 앞 청호 고향로 649번지 단천식당에서 반주를 곁들여 순댓국을 먹었다.

그리고 사람의 힘으로 운항하는 갯배를 탔다. 배 삯이 편도 2백 원이다. 예전에는 3백 원이었는데, 언제 내렸는가? 세상 물가가 온통 오르기만 하는데 가격을 내린 그 심정이 어땠을까. 모르는 이의 마음을 헤아리다 무어라 설명할 수 없는 서글픔을 느낀다. 그렇게 싼 가격인데도 사람들은 작은 내川를 건너는 데 돈을 받는다고 불만을 드러낸다.

배를 타고 건너 걷다 보니 동명동이다. 지금은 흔적조차 찾기 힘들지만 이곳에 반부득 또는 반부평이라고 부르던 들판이 있었다. 마치 호수에 떠 있는 것처럼 보이기도 했던 그 들판에 연못과 연깨마을이 있었다. 오늘 또 기억 속 풍경을 끄집어내어 추억할 거리를 만난 것이다. 새삼 주변 풍경 하나하나에 잠시 길게 시선을 둔다. 지금 눈앞에 펼쳐진 것들 가운데 또 어느 것이 훗날 이곳을 찾았을 때 추억해야 할 자리로 그렇게 사라질지 모르지 않는가.

동명항을 지나 영랑동에 이르러 설악비치리조텔과 영랑교를 지나자 장사 횟집 단지다. 속초에서 산출되는 수산물 가운데 도루묵이 있다. 원래 이름은 묵이었다고 한다. 임진왜란 때 왜군에 밀려 함경도 의주 지방까지 피난을 가게 된 선조의 밥상에 묵이 올랐는데 피난살이에 지쳐 있던 선조는 묵을 아주 맛있게 먹었다. 그리고 맛이 그렇게 좋은 생선을 그냥 묵이라고 부르는 것이 마땅치 않다고 여겨, 은빛이 도는 맛좋은 이 생선을 은어라고 부르게 했다. 그 뒤 피난살이를 끝내고 환궁한 선조는 그 맛을 잊지 못하고 다시 찾았다. 하지만 은어는 피난 시절 먹은 것처럼 맛있게 느껴지지 않았다. 선조는 은어라는 이름을 도로 거두고 그 생선을 원래 명칭인 묵으로 부르게 했고, 다시 묵 즉 도루묵이 되었다고 한다. 그렇게 맛이 없다고 푸대접을 받던 이 도루묵이 일본에서는 고혈압에 좋다고 알려지면서 전량 일본으로 수출되고 있다.

나루가 모래톱에 있는 영랑동 사진리沙津里, 그곳 동쪽 바다에 다정스레 포즈를 취하고 있는 두 개의 바위가 있어 형제바위라고 부른다.

영랑호, 그 풍취에 화랑 영랑이 매혹되다

둘레가 30리쯤 되는 사진리 영랑호永郎湖, 호숫가에 기암괴석이 많고 호수 가운데로 솟은 작은 봉우리 위에 옛 정자 터가 있다. 이곳 풍광이 얼마나 빼어났던지 신라시대 무술대회를 치르기 위해 길을 나선 네 화랑이 이곳 호수를 지나게 되었을 때, 화랑 영랑이 호수의 풍취에 매혹되어 무술대회 참가조차 잊을 정도였다고 한다. 전설을 입증이라도 하듯이 이곳을 찾았던 옛 선인들이 수많은 글을 남겼다. 그 가운데 고려 때 문장가 안축의 글을 보자.

평평한 호수 거울인 양 맑은데, 푸른 물결 엉기어 흐르지 않네. 놀

잇배 가는 대로 놓아두니, 둥실둥실 떠서 갈매기 따라가네.

우는 모래, 명사鳴沙. 이곳 고성과 간성 바닷가 일대의 모래를 부르는 말이다. 『신증동국여지승람』 기록이다.

명사 고을 남쪽 18리에 있다. 모래색이 눈 같고, 사람과 말이 지날
때면 부딪쳐 나는 소리가 쟁쟁하여 마치 쇳소리 같다.

해양 경찰 충혼탑을 지나 토성면 용촌리를 거치니 새하얀 모래밭이 활짝
펼쳐진 하일라비치해수욕장이다. 길은 봉포, 천진해수욕장으로 이어진다.
더위를 견딜 수 없어 아이스크림을 입에 물고 걷는다. 면 소재지를 벗어나
자 멀리 청간정이 보인다. 노랗게 무리 지어 피어난 금계국으로 채워진 제방
둑에 누구라고 할 것 없이 모두의 입에서 경탄이 새어 나온다. 보폭을 줄이고

걸음을 늦추며 잠시 꽃에 매혹된 이 순간을 아껴 걷는다. 천진천을 너머 발끝에 그림처럼 청간정이 걸린다.

하염없이 바다를 바라보게 하는 청간정

토성면 청간리에 있으며, 강원도 유형문화재 제32호로 지정된 청간정. 남한 관동팔경 가운데 가장 북쪽에 위치한 것으로 설악산 골짜기에서 발원한 청간천 하구 언저리에 정면 3칸, 측면 2칸의 팔작지붕을 얹은 누각 형식의 정자다. 조선 인조 때 양양군수 택당 이식李植은 청간정의 아름다움을 글로 남겼다.

정자 위에 앉아 하염없이 바라보면 물과 바위가 서로 부딪쳐 산이 무너지고 눈을 뿜어내는 듯한 형상을 짓기도 하고 갈매기 수백 마리가 아래위로 돌아다니기도 한다. 그 사이에서 일출과 월출을 바라보는 것이 더욱 좋은데, 밤에 현청에 드러누워 있으면 바람 소리 파도 소리가 창문을 뒤흔들어 마치 배에서 잠을 자는 듯하다.

안축도 "중첩한 멧부리 사면으로 둘러싸여 지경이 그윽한데, 세월이 오래니 소나무 비늘 백 자나 길구나. 큰 관도에 나무가 깊으니 바람은 원집에 가득하고, 바닷물에 안개가 개니 물은 다락에 밝구나"라고 노래했다. 이달충李達衷은 "만일 이 물이 술로 변한다면, 어찌 하루에 3백 잔을 마시는 데만 그치리"라는 시로 풍류를 드러냈다.

문장가들이 앞다투어 시로 칭송하며 풍류객의 면모를 드러내던 이곳 풍광의 옛 모습을『연려실기술』'지리전고' 편 기록을 읽으며 상상해 본다.

간성 청간정은 군에서 남쪽 40리에 있다. 수십 길이 높이로 우뚝 솟은 석봉은 층층이 대와 같다. 위로 용트림을 하는 소나무 몇 그루가 있다. 대동 쪽으로 만경루가 있으며, 대 아래로 돌들이 어지럽게 불쑥불쑥 바다에 꽂혀 있다. 놀란 파도가 함부로 물을 때리니 물방울이 눈처럼 날아 사방에 흩어진다.

언제 누가 창건했는지 알 수 없으나 1520년(중종 15년) 간성 군수 최청이 중수했다는 기록으로 보아 그 이전에 건립되었으리라 추정한다. 1844년 갑신정변 당시 불에 탄 채로 방치됐던 청간정은 1928년 재건되었다가 1981년 해체 복원되었다. 어우於于 유몽인柳夢寅, 오산五山 차천로車天輅 등 문장가들이 시를 지어 찬양했던 이곳 청간정에는 조선시대 명필 양사언과 송강 정철의 글씨 및 숙종 어제시가 남아 있다. 동해 바다에 합해지는 합수머리는 볼 수 있지만 청간정과 잇닿아 있었다는 만경대는 흔적조차 찾아볼 수 없다.

상하천광 거울 속에 세워진 듯한 바닷가 정자 천학정

청간리를 지나자 토성면 아야진리我也津里다. 아야진리 동쪽을 잇는 간이 등대가 있다. 아야진해수욕장을 지나 천학정이 있는 교암리에 이른다. 마을 뒷산을 넘어가자 천학정天鶴亭 정자에 다음과 같은 안내문이 있다.

동해 바다 신비를 고스란히 간직한 천혜의 기암괴석과 깎아지른 듯한 해안 절벽 위에 세워져 남쪽으로 청간정과 백도를 마주 바라 보고 북으로 가까이 능파대가 있어 그 아름다움이 한층 더해진 상 하천광上下天光 거울 속에 정자가 있다 해서 지어진 이름이다.

규모는 작지만 어느 것 하나 빠지지 않은 완벽한 모습이다. 절벽 위에 자리 잡은 정자에 올라 몸을 누이고 파도 소리를 들으며 오랜 시간 휴식을 취하고 싶다. 우리 일행은 단숨에 천학정에 올랐다. 그곳에는 마치 우리의 출현을 알고 기다리고 있었던 듯 반갑게 맞이하는 노인이 있었다. 노인은 단청 고운 처마 뒤에 숨겨놓았던 소주를 꺼내어 권한다. 엉겁결에 한 잔 받아 마시자 시장기가 돌았다. 근처 맛집을 물으니 말보다 몸이 앞서며 무작정 따라오란다. 이 골목 저 골목을 휘돌아가자 백촌막국수가 나오는데, 후미진 곳에 있는데도 문전성시를 이루고 있었다. 음식 맛이 훌륭했다.

심성 사나운 부자의 집터, 송지호

교암마을을 지나 고성군 죽왕면竹旺面에 이르면 오호리 북쪽에 송지호가 나온다. 강원도를 대표하는 호수로, 둘레가 사방 10리에 이르고 송림이 우거졌다. 원래 정거재라는 부자가 살고 있었다고 한다. 어느 날 한 스님이 탁발차 그 집에 들렀는데 부자주인이 스님의 바랑에 두엄 더미를 넣었다고 한다. 스님은 잔뜩 화가 나서 부잣집 터 한복판에 쇠 절구를 던졌다. 그러자 그 자리에서 물이 솟아올라 호수로 변했다고 한다.

호수 근처에 송지호해수욕장이 있다. 고성 속초 일대 소나무 숲이 아름답기로 소문이 났었는데 몇 년 전 동해안 산불로 거의 불타버렸다. 송지호 철새전망대에서 바다를 본다. 해수욕장 너머로 등대가 보이고, 뒤편에 오음산五音山이 있다. 산에 오르면 다섯 개의 마을에서 일어나는 모든 소리를 다 들을 수 있다는 산이다. 비가 내리지 않을 때 산꼭대기 못에서 기우제를 지냈다고 한다. 철새전망대 아래 호숫가를 따라가는 길은 소나무가 그늘을 드리운 아름답고 호젓한 흙길이다. 공현진을 향해 가는 길에 금계국이 곱게 피어 있다. 꽃에 빠져 걷다 보니 빨간 등대가 보인다. 가장 큰 마을인 공수진工須津 항구에 무슨 사연인지 등대가 뿌리째 뽑혀 누워 있다. 밑동에 다닥다닥 붙은 홍합들이 바짝 말라 있다.

사라진 간성고을 – 고청 서낭이 있는 송정

옛날에 호랑이가 살았었다는 범바위를 지나 간성읍에 접어든다. "서쪽으로 철령에 잇따르고, 남쪽으로 기성에 이른다"고 채련蔡璉이 기록했던 간성을 벗어나 거진읍 송죽리 반암해수욕장을 지나 소반 같은 바위가 있어 반바위라 불리는 반암리盤岩里를 거쳐 송정에는 고청 설화가 깃든 서낭당이 있다.

옛날 화포리 화진포에 이화진이라는 몹시 인색한 부자가 살았다고 한다. 어느 날 스님이 찾아와 시주를 청하자 부자는 소똥을 퍼주었다. 그렇게 박대를 하는데도 스님은 부잣집을 축원해 주었고, 그 민망한 장면을 보게 된 며느리 고청은 시아버지 몰래 곡식으로 시주를 하며 사죄했다. 스님이 그 집을 다시 찾아와 며느리 고청에게 "뒤를 돌아보지 말고, 나를 따라와야 산다"라고 했다. 스님을 따라 고개에 이르렀을 때 며느리 고청이 뒤를 돌아 자기 집을 바라보니 자기가 살던 집과 그 일대가 물바다로 변해 있었고 스님은 온데간데없었다. 고청은 비관을 이기지 못하고 이곳에서 스스로 목을 매어 죽고 말았고, 죽은 뒤 신이 되었는데 하도 영검해 동해의 어업을 좌우할 정도였다고 한다.

옛 이름이 고탄진이던 거진

거진해수욕장을 따라 바닷길이 조성되어 있다. 그 길을 따라 통일전망대 아래 가장 큰 도시 거진읍에 이른다. 거진, 지명의 유래가 재미있다. 조선시대

어느 선비가 한양으로 과거를 보러 가던 길에 초가집 몇 채가 올망졸망 모여 있는 이곳 바닷가 마을을 지나게 되었다. 선비는 해안선이 활처럼 육지 쪽으로 휘어져 들어가 있는 형상을 보고 "이곳 지형이 클 거ㅌ 자와 닮았으니 앞으로 큰 나루가 될 것이다"라고 했다. 그 뒤 예언이 들어맞아 지금과 같은 규모를 이루었다는 이야기다.

동해안 여느 작은 어촌 마을처럼 한적하던 거진이 번창한 것은 일제시대 많은 정어리가 수확되면서부터다. 그런데 해방 즈음 그렇게 흔하던 정어리가 동해에서 자취를 감췄고 번성하던 거진항도 활기를 잃어갔다. 설상가상으로 한국전쟁이 일어나 폐허가 되어 한적한 어촌으로 전락하고 말았다.

거진이 활기를 되찾게 된 것은 순전히 명태 때문이다. "거진항은 명태가 다시 만들었다"는 말이 있을 정도였다. 수확이 없던 명태가 한국전쟁 이후 거진과 대진항 앞바다에서 많이 잡히면서 전국에서 수많은 고깃배가 몰려들었기 때문이다. 고성에는 지역 특산물이 된 명태를 주재료로 하는 음식도 개발되어 있다. 그중 유명한 것이 명태식해와 명태서거리다. 술안주와 밑반찬으로 사람들에게 애용되는 명태식해는 꾸덕꾸덕하게 말린 명태를 찰밥과 함께 섞어 갖은 양념을 한 뒤에 찌고, 그것을 단지에 담아 삭혀서 만든다. 명태서거리는 싱싱한 명태 아가미에 채 썬 무와 양념을 넣고 함께 버무려 삭혀 만든 것이다.

어둠이 내린 거진 바닷가를 바라보며 하루 일정을 정리하기로 한다. 숙소에 짐을 풀고 나와 느린 걸음으로 걷는 거진항, 누구 하나 아는 이 없는 거리를 걸으며 쓸쓸한 자유를 누린다. 간간이 오징어를 가득 실은 트럭이 눈앞을 스치고 지나간다. 그럴 리 없다는 것을 알면서도 불쑥 누군가 반가이 손을 내밀지 않을까. 괜스레 망상에 젖어 지나온 길을, 그리고 좌우를 두리번거린다. 이런 내 모습은 외로움에서 나온 것일까? 아니면 홀로 있음이 충만해서일까?

모래가 울고
해당화 피는 화진포

열아흐레째, 6월 8일

그물채 걷어 올린 오징어를 따는 손길로 부산한 거진항의 아침이다.

이곳 거진 바다에는 색깔이 검다는 거무섬(흑섬), 색깔이 희다는 백도(신섬), 무당 머리처럼 생긴 무당바위, 방어가 많이 산다는 방어바위, 촛대바위 등 많은 바위들이 있다. 바위섬들이 꽃처럼 떠 있는 바다를 바라보며 화진포 가는 길은 환상적이다. 잊을 만하면 한 대씩 차가 지나는 길에서 바라본 바다는 마치 아침 호수처럼 잔잔하다. 바닷길에 만리장성처럼 견고하게 철조망이 둘러져 있다. 분단의 생채기인 철조망에 마음속 상처를 건드린 듯 아프다.

모래가 울고 해당화가 만발하던 화진포

많은 시가에 등장하며 낭만적 어감을 주는 호수는 지각 변동과 화산 활동이 적은 우리나라에는 그리 많지 않다. 동해안에도 몇몇 석호潟湖를 제외하면 대부분이 인공 호수인데, 현내면 화포리에 자리 잡은 화진호는 옛날 홍수

로 인해 호수가 된 곳이다. 그래서 지금도 바람이 잠자고 물결이 일지 않을 때는 수면에 가라앉은 집과 담이 보인다고 한다. 이 호수는 동해와 서해로 연결되어 있다고 전해온다.

화진포는 특히 고운 모래밭과 푸른 바닷물이 함께 어우러져 이루어내는 경관으로 한 번 찾아왔던 이들의 발길을 다시 불러 모을 정도로 매혹적이다. 그곳 화진포해수욕장에 연결된 석호인 화진호가 있다. 강물에 실려 온 모래가 바다 물결에 맞부딪쳐서 강 하구에 쌓이기를 거듭해 모래톱을 이루고, 그것이 반도 모양으로 가늘고 길게 바다 쪽으로 뻗어 내리며 만들어진 호수를 석호라고 한다. 화진호는 고청 서낭 전설이 함께 얽힌 곳이다. 고청 서낭신이 부자 시

1 이기붕 별장   2 김일성 별장

아버지인 이화진을 모시고 살던 집터가 지금의 화진호 자리였다. 집주인의 이름을 따서 호수 이름도 화진호가 되었다고 한다.

둘레가 16㎞ 정도 되는 호수에는 고니 떼를 비롯한 겨울 철새들이 즐겨 찾아오고, 주변 바닷가 모래밭에 향수 원료로 쓰일 정도로 향이 좋은 해당화가 만발한다. 푸른 호수와 바다, 모래밭 그리고 소나무 숲이 절묘하게 어우러진 화진포의 경관에 빛을 더해주고 있는 해당화는 민간에서 꽃 중의 신선이라 불리며 고성의 군화다. 폐부 깊숙이 스며드는 향긋한 내음에 취해 바라본 화진호, 그 너머로 백두대간이 물결치듯 굽이쳐 흘러가고 있다.

김일성과 이승만의 별장이 있는 화진포

경관이 빼어난 화진포에 한국전쟁 이전에 김일성이 세웠다는 별장이 있다. 한국전쟁 이후 이승만 대통령과 이기붕 부통령이 휴가를 보냈던 별장도 이곳에 남아 있다.

나룻가에 큰 샘이 있어 나룻샘이라 부르는 초도草島리다. 나룻샘 동쪽으로 거북이 형상의 금구도金龜島가 있다. 옛날 방어사 터에 이유는 알 수 없으나 광개토대왕 무덤이라는 표지석이 서 있다. 우리 일행이 금구도 부근에 이르렀을 때 한창 무르익은 성게 축제의 열기를 느낄 수 있었다. 작은 항구에 넘치는 활기를 뒤로하고 우리 여정은 대진리大津里에 이른다. 툭 튀어나온 바닷가 난간에 세워진 대진등대를 바라보며 마차진麻次津으로 향한다.

명파리를 통과하다

조선시대 명파역明坡驛이 있었던 명파리에 이른다. 명파 남서쪽에 잔재이라고 부르는 반전半田마을은 1945년에 3·8선 이북 지역이었다가 1950년 정전 협정에 따라 완충 지대가 되었다.

마차진리에 이르기 전 통일 안보 교육을 받아야 한다. 우리는 교육을 받은 뒤에 7번 국도를 따라 제진리, 사천리, 송현리를 지난다. 그곳에서 통일전

망대가 멀지 않다. 통일전망대 아래 걷고 싶어도 걸을 수 없는, 우리의 발길이 허용되지 않은 북녘땅이 있다. 마음대로 갈 수도 없고 볼 수도 없는 곳, 한반도 북쪽 땅이다. 그러나 "발은 땅 위에 있어도 뜻은 구름 위에 있다"는 옛말처럼 자유로운 영혼이야 어디인들 갈 수 없겠는가?

통일전망대에서 북으로 펼쳐진 해금강을 바라보는데, 문득 구름이 걷히며 금강산이 시야를 가득 채운다. 선명한 그 모습에 그리움은 더욱 커지고, 기쁨만큼이나 큰 아쉬움을 안고 전망대를 내려와 다시 7번 국도를 따라 해변 길로 내려간다. 갑자기 길이 끊긴다. 끊어진 7번 국도는 수풀 속으로 사라지고 없다. 맹자는 '산길도 많은 사람이 다니면 큰 길이 된다'라고 했는데, 길이 막히다 보니 사람의 통행마저 끊어진 지 오래다.

사람의 발길을 기다릴 휴전선 155마일 최북단 동해 바닷가 길, 언제쯤 우리의 발길을 자유롭게 허용해 줄까? 저 길을 마음껏 걸어 두만강에 갈 수 있는 그날을 염원하며, 문득 '바다는 끊임없이 새로 시작하는 것'이라는 바이런의 시구절이 떠올랐다. 한 발 한 발 북녘땅으로 발길을 옮긴다.

걸어가고픈 땅
북녘 해파랑길

2년 뒤, 5월 3일

고성군의 형세

송현진리와 초구리를 거치면 북측 출입 사무소다. 그곳에서 구선봉을 돌아 능호 안암을 지나면 적벽산에 못 미쳐 적벽강이 나오고 그 강을 건너면 고성군 고성읍 구읍리이다. 고성, 고구려 때 지명은 달홀達忽이었다. 그 뒤 신라 통치에 놓여 진흥왕 29년에 달홀주達忽州가 되었다가 경덕왕 시절에 현재의 지명을 얻었다. 강원도 남동부 동해 연안에 장방형으로 위치해 있어 동쪽으로 동해시, 남쪽으로 속초시 그리고 북쪽으로 통천군과 인접해 있다.

고성군은 1945년 해방 뒤 3·8선 이북에 드는 지역이었으나 한국전쟁 뒤 휴전선이 그어지며 남한과 북한 영역으로 갈라졌다. 북한에는 고성군청이 있던 고성읍, 장전읍, 외금강의 서면 등 금강산이 자리 잡고 있는 지역이, 남한에는 간성읍, 거진읍, 현내면 등의 지역이 들게 되었다. 금강산을 외금강, 내금강, 해금강으로 세분해 볼 때 외금강과 해금강 대부분 지역이 고성군에 속한다. 고성군 산세를 보면 백두대간이 남서부로 내려오며 금강산 최고봉이라는 비

로봉을 비롯해 집선봉, 국사봉, 오봉산 등 장엄하고 아름다운 산봉우리들로 이루어져 있고, 지세가 급격히 낮아지는 동쪽에는 동해로 흘러드는 남강, 온정천 등으로 이루어져 그 하류에 비교적 넓은 충적 평야가 펼쳐지고 있다.

이곳 고성에 화담 서경덕의 자취가 남아 있는데 다음의 글은 차천로車天輅가 지은 『오산설림 초고』에 실린 글이다.

화담 선생이 젊을 때 금강산에 가 놀았다. 바다를 끼고 가다가 도중에 양식이 떨어져 고성高城 태수에게 쌀을 빌리러 갔더니 태수는 무인武人이라 서생書生을 경시하며 누워서 말하기를, "산 구경을 했다 하는데 무슨 장관이 있었소?" 물었다. 화담이 대답하기를, "구름과 안개는 자욱하고 하늘과 바다는 한데 붙어 뒤범벅되어 분별

이 없는 듯하더니 갑자기 밝은 기운이 점점 열리고, 상하 사장이 걷혀 올라가기 시작하자, 건곤乾坤이 정해지고 만상이 나뉘었습니다. 상서로운 햇빛이 애애하여 눈이 부시어 볼 수가 없고, 굴러 점점 높아져서 우주가 광명하고, 먼 봉우리와 가까운 산부리가 비단같이 얽히고, 실처럼 나뉘어서 붓으로 그릴 수 없고 입으로 형용할 수 없었습니다. 이것이 제일 장관이었습니다."

화담의 말이 끝나자마자 태수가 벌떡 일어나 답하기를, "자네 말이 매우 통쾌하며 세상을 초월하고 독립하는 뜻이 있게 하였네" 하고서 마침내 후하게 대접해 보냈다.

상대가 어떻든 그것을 따지지 않고, 열심히 아름다운 경치를 설명한 화담의 마음 씀씀이를 미루어 짐작할 수 있는 이야기라고 하겠다.

금강산 가다 보면 만날 수 있는 감호鑑湖, 바닷가에 인접한 해금강리에 해만물상과 해금강문이 있다. 적벽강 하구를 중심으로 펼쳐진 해금강은 금강산 산줄기가 동쪽으로 뻗어 나가다 바다에 부딪혀 솟아올라 있는 곳이다. 맑고 고요한 바닷물 속에 화강암으로 이루어진 기기묘묘한 봉우리들이 저마다 아름다운 자태를 드러내고 있다.

해금강은 조선 숙종 24년인 1698년에서야 사람들에게 알려졌다. 그해 3월 고성군수로 재직하던 남택하南宅夏가 이곳을 발견하고서 "마치 금강산의 얼굴빛과 같다"고 해서 '해금강'이라는 지명이 붙었다는데 그곳에는 섬을 비롯해 사공바위 등 해식 암초가 장관을 이루고 있다. 특히 금강산 만물상을 바다에서 다시 보는 듯하다고 해서 바다의 만물상이라 하며 수정같이 맑은 물밑으로도 갖가지 만물상이 펼쳐져 있다.

경치가 빼어난 삼일포

해금강에서 북서쪽으로 약 4㎞ 나아가면 관동팔경 가운데 하나인 삼일포에 이른다. 금강산 관광이 시작되는 초입, 남강 하류에 있는 석호인 삼일포三日浦는 금강산 주변 호수 가운데 경치가 가장 아름답다. 둘레 5.8㎞, 길이 1.8㎞, 너비 0.6㎞인 삼일포를 2004년 여름 금강산 답사 중에 들르게 되었다. 그때 삼일포의 무성한 송림과 푸른 물결은 마치 해맑은 어린아이 같았다.

"삼일포는 고성 북쪽 7~8리 밖으로 중첩한 봉우리들에 둘러싸여 있고, 안으로 36봉이 있다. 동학이 맑고 그윽하며 소나무와 돌이 기이하고 옛스럽다. 물 가운데 작은 섬이 있고 푸른 돌이 평편하니 옛날 신선이 이곳에서 노느라 3일 동안 돌아가지 않았다고 해서 삼일포라고 이름 지었다. 봉우리 북쪽 벼랑에는 붉은 글씨 여섯 자가 있으니, '영랑도남석행永朗徒南石行'이라 했다. 옛날에는 작은 섬에 정자가 없었는데 존무사存撫使 박공朴公이 그 위에 지으니 곧 사선정四仙亭이다"라고 고려시대 문인 안축이 삼일포 기문으로 작성했다.

이 삼일포를 아름다운 시로 남긴 사람이 있다. 바로 연산군 때의 문장가 홍귀달洪貴達이다. 연산군이 좌찬찬이었던 홍귀달의 손녀를 궁중에 들여보내라고 했으나 그는 그 명을 어겨 장형杖刑을 받고 유배 도중 교살絞殺되었다. 그의 「고성 삼일포」라는 시가 남아 이곳을 찾는 사람들에게 회자되고 있다.

당시에 신선들이 노닐던 곳,
구름 밖에서 피리 소리 들리는 듯
천년 뒤에 찾아온 우리들
여섯 글자가 아직도 뚜렷하구나
영랑호에 바람은 높이 불고
안상정安祥汀 물가에 달이 솟아오르네

배를 대고 술잔을 기울이니

여기가 바로 선경이 아닌가

도를 깨우쳐 신선이 되어 돌아갔다는 사선정

우리나라 팔도 모두에 호수가 있는 것도 아닌데, 오직 영동 지역에 여섯 호수가 집중되어 있는 데다 그 경관 또한 결코 인간 세상의 것이 아닌 듯싶다. 특히 삼일포 호수 복판에 세워진 사선정四仙亭은 신라 시절 서로 벗이 되어 산수를 즐기며 지냈다는 영랑永郎, 술랑述郎, 남석랑南石郎, 안상랑安祥郎이 바둑과 장기를 즐기며 놀던 곳이라 한다. 호수 남쪽 석벽에 네 선인의 이름을 붉은색 글씨로 써놓았는데, 붉은 흔적이 스며들어 천년 세월 비바람에도 전혀 씻겨나가지 않고 있으니, 그 또한 기이한 일이다. 읍 객관 동쪽으로 해산정海山亭이 있다. 서쪽으로 돌아보면 금강산이 첩첩이고, 동쪽으로는 창해가 만 리다. 남쪽으로 웅장하게 흐르는 넓고 긴 강이 있어 크고 작은, 아늑하고 훤한 경치를 더해준다. 남강 상류에 발연사가 있고, 그 곁에 감호가 있다.

금강산 일만 이천 봉

고성 하면 떠오르는 금강산. 옛사람들은 우리나라 2대 명산名山으로 백두산과 금강산을 들며 백두산을 성자聖子로, 금강산을 재자才子로 칭송했다. 즉 성스러운 산의 으뜸은 백두산이고 기이한 산의 으뜸은 금강산으로 본 것이다. 그런데도 서울에서 불과 수백 리 밖에 놓인 금강산을 답사했던 사람은 그리 많지 않았던 듯하다. 가고 싶어도 쉽게 갈 수 없었던 그 시대 사람들의 열망과 안타까움을 신기재申企齋라는 사람의 시문에서 읽어본다.

젊을 때는 병이 많고, 지금은 늙었으니, 인생 백 년 동안을 금강산
한 번 못 보았네.

현재는 분단 현실에 의해 자유로이 갈 수 없게 되었으나, 금강산 관광이
허용되면서 답사네 관광이네 교류네 하는 이러저러한 명분으로 많은 사람들
이 금강산에 다녀왔으니, 조선시대보다도 더 많은 사람들이 금강산 유람을 하
지 않았을까. 지금은 다시 금강산 관광이 중단되었다.
　금강산에 가고자 했으나 가지 못했던 사람에 대한 글이 홍만종洪萬宗이 지
은『명엽지해莫葉志諧』에 실려 있다.

　　내 외할아버지 사헌공이 강원감사로 있을 때였다. 마침 현곡이 양
　　양부사로 있었다. 외할아버지께서 도내를 순시하시다가 현곡에게
　　물었다. "당신 금강산에 가보았소?" "부임 초에 가볼 걸 잘못했소
　　이다. 이삼 년 지나다 보니 이젠 가고 싶어도 갈 수가 없지요." "그
　　래요?" 하고 웃으면서 그 까닭을 물어보았다.
　　"대체로 벼슬살이 초기에는 몸이 가벼워 가뿐히 산에 오를 수 있
　　지만, 몇 년 해먹다 보면 배도 나오고 살도 쪄서 산에 오르면 이런
　　욕을 먹기 십상이지요. 그래서 아예 생각조차 하지 않는답니다."

　지금도 마찬가지다. 높은 자리에 오를수록 잘 먹고 움직이지 않으니 기껏
해야 골프장을 다니면서 운동했다고 하다 보면 정년쯤 몸이 다 상하고 아픈
곳이 생기니 갈 데가 많아도 갈 수가 없는 것이다.
　하여간 지금은 마음 놓고 갈 수가 없는 곳이 금강산이다.『신증동국여지
승람』회양도호부淮陽都護府 '산천조' 기록을 읽어 그 금강산을 그린다.

금강산, 장양현長楊縣 동쪽 30리에 있어 부와의 거리는 167리다. 산 이름은 다섯인데 첫째 금강金剛, 둘째 개골皆骨, 셋째 열반涅槃, 넷째 풍악楓嶽, 다섯째 기달怾怛이니 백두산의 남쪽 줄기이다. (…) 산은 무릇 일만 이천 봉, 바위가 뼈처럼 우뚝하게 세워져 동쪽으로 창해를 굽어보고 하늘을 찌를 듯한 삼나무, 전나무가 있어 그림처럼 보인다. 일출봉과 월출봉, 두 봉우리가 있어 해와 달이 뜨는 것을 볼 수 있다. 안쪽 산과 바깥 산에 모두 108 사찰이 있어 표훈사, 정양사, 장안사, 마하연, 보덕굴, 유점사가 가장 알려져 있다.

천하의 명산 금강산에 매혹된 이방인이 어찌 이뿐일까.『한국과 그 이웃 나라들』의 저자 이사벨라 버드 비숍은 '금강산의 아름다움은 세계 어느 명산의 아름다움도 초월하고 있다. 이에 대해 쓴 글은 한갓 목록에 지나지 않는다.

미의 모든 요소로 가득 찬 이 대규모의 협곡은 너무도 황홀해서 사람을 마비시킬 지경이다'라고 했다.

금강산, 전경을 마주하는 단발령

금강산에 들어서기 전, 강원도 김화군 통구면과 회양군 내금강면 사이에서 만나게 되는 높이 834m에 이르는 고개, 단발령斷髮嶺. 신라 마의태자麻衣太子가 이 고개에 이르러 삭발을 했다고 붙은 지명이라는 일설이 있기도 하고, 이 고개에서 금강산을 바라보면 그 아름다움에 매혹된 나머지 머리를 깎고 싶은 마음까지 일어난다고 해서 붙은 지명이라는 이야기도 있다. 비숍이 남긴 글을 읽으며 출가의 경계를 이루는 단발령 고개의 의미를 다시 생각한다.

이곳은 이 산에 무수히 많은 산사 가운데 어느 한 곳에 일생을 묻으려고 금강산을 찾는 사람들에겐 우리 식으로 말해 하나의 루비콘강이다.

오랜 세월 고개를 넘어서는 모든 사람의 마음을 사로잡은 금강산의 장관에 대해 식산息山 이만부李萬敷(1664~1732)는 『지행록地行錄』에 기록했다.

동쪽을 향해 금강산을 바라보니 눈길 머무는 곳마다 구슬 같은, 은 같은, 눈 같은, 얼음 같은 봉우리가 층층이 쌓이고 겹겹이 치솟아 하늘에 닿은 듯했고, 그 하늘의 저쪽에 더 바라볼 동천이 없었다.

동해 바다에서 금강산을 바라보며 나아가다 보면 금강산해수욕장이다.

그곳에서 북고성항을 바라보면 멀리 고성읍 장전리가 보인다. 형제섬을 지나 바닷길을 따라 올라가면 통천군이다.

네 신선의 놀이터, 통천 총석정

통천군 고저읍에 금란성 성터와 금란굴, 그리고 관동팔경 가운데 하나인 총석정叢石亭이 있다. 이중환의 옛글을 찾아 선경과 같은 총석정의 옛 모습을 그려본다.

통천의 총석정은 금강산 기슭이 바로 바다에 들어가 섬처럼 되었다. 북쪽 바다 가운데에서 기슭을 따라 한 줄로 늘어선 돌기둥, 돌부리는 바다에 들어갔고, 위는 산기슭 높이와 같다. 기둥 밑 바다 가운데로 작은 돌기둥들이 넘어져 파도에 씹히고 먹히는 듯해 사람이 만든 것과 흡사하니, 조물주가 물건을 만든 것이 지극히 기이하고 공교롭다 하겠다. 이것은 천하에 신기하고 세상에 둘도 없는 경치라 하겠다.

이처럼 찬탄 받은 총석정은 금강산이 동해로 뻗어내려 절경을 이룬 해금강에 들어 있다. 주상절리柱狀節理가 무수히 발달한 기반암이 바닷물의 침식 작용으로 육각 혹은 사각으로 깎여 마치 석주石柱처럼 무더기로 세워져 있는데, 형상이 제각각인 것들이 줄줄이 쌓여 몇백, 몇천 개가 되는지 수를 헤아릴 수 없을 정도이다. 송강 정철도 「관동별곡」에서 총석정을 노래했다.

바다를 곁에 두고 해당화로 들어가니

백구야 날지 마라 네 벗인 줄 어찌 아나
금란굴 돌아들어 총석정 올라가니
백옥루 남은 기둥 다만 넷이 서 있구나
공수의 솜씨인가 귀신 도끼로 다듬었나
구태여 육명은 무엇을 상 떴던고

천하 절경이라 명성을 얻은 곳이 많지만 해금강 총석정만큼 찬탄 받았던 곳은 흔치 않다.

시중호 모래톱에 피는 해당화

"세조 때 순찰사 한명회韓明澮가 이곳에 올라 풍광 구경을 하던 중에 우의 정으로 임명한다는 왕명이 이르렀기에 시중대라고 바꿔 불러 기쁜 뜻을 표시했다. 그 경치가 경포대와 갑을을 다툴 정도이다"라고 『신증동국여지승람』에 기록된 시중호侍中湖는 통천군 송전리 동북쪽 바닷가 가까이에 있다. 거울처럼 맑고 잔잔한 호수 주변으로 푸른 소나무 숲이 울창하다.

시중호 풍경은 사계절 모두 아름답지만 특히 모래톱에 해당화가 피어오르거나, 지역 특산물인 감이 무르익어 가는 풍경은 진정 절경이어서 고개가 절로 끄덕여질 정도라고 한다. 북한 지정 명승지 천연기념물 제212호 및 자연 경승지 제14호로 지정되어 있는 호수 주변으로 질병 치유 효과가 뛰어나다는 진흙 온천(감탕)도 있어 관광 휴양지로도 알려져 있다. 시중호가 있던 흡곡歙谷은 조선시대의 현이었다. 1895에 흡곡군으로 되었다가 통천군에 편입된 이곳에 인어에 대한 글이 유몽인柳夢寅의 『어우야담』「인개鱗介」편에 실려 있다.

김담령金聃齡은 흡곡 현령이다. 일찍이 행차하여 바닷가 어부의 집에서 묵으면서 어부에게 "네가 어떤 물고기를 잡았느냐?"라고 물었더니 어부가 대답했다.

"제가 고기잡이를 나가서 인어 여섯 마리를 잡았는데, 그중 두 마리는 상처를 입어 죽고 네 마리는 아직 살아 있습니다."

나가서 살펴보니, 모두 4살 난 아이 같았다. 얼굴이 맑고 아름답고 콧대가 우뚝 솟고 귓바퀴가 성곽 같고 그 수염은 황색이며 검은 머리가 이마를 덮었고 눈이 희고 검어 밝고 누런 눈동자가 비치고 몸뚱이 어떤 것은 약간 붉고 어떤 것은 전부 희었으며 등 뒤에는 엷은 검은 무늬가 있었다. 김담령이 빼앗아 바다로 돌려보냈는데, 마치 거북과 자라가 헤엄치는 것 같았다.

인어에 대한 이야기가 동서양을 막론하고 그치지 않는 것을 보면 인어가 진실로 존재할지도 모른다는 생각이 든다. 동해를 하염없이 따라 걷다가 보면 어느 순간 바닷속 인어가 미소 지으며 나타나지 않을까?

천연기념물 국도

통천군에 알려진 또 하나의 명승지가 있다. 통천군 최북단 자산리 앞바다에서 3㎞쯤 떨어진 곳에 있는 섬, 국도國島다. 북한의 천연기념물 지리 부문 제213호로 지정된, 현무암이 기암절벽을 이룬 곳이다. 『연려실기술』에 섬의 형상이 자세히 기록되어 있다.

국도는 부의 동쪽 60리 바다 가운데 있으며, 주변 모래는 빨아 놓

은 명주처럼 희다. 그 위에 반원의 구슬처럼 들려 있는 산이 있고 벼랑에는 모난 돌들이 벽처럼 가지런하게 늘어서 있다. 언덕에는 평편하고 둥근 돌이 배열되어 있어 한 면에 한 사람씩 앉을 수 있다. 수백 보 나아가면 높낮이가 같은 각진 흰 빛 돌들로 이루어진 수백 척 높이의 낭떠러지가 있는데, 돌 줄기 꼭대기마다 작은 돌 하나씩을 이고 있는 모습이 마치 화표주華表柱[*] 머리를 보는 듯하다. 그리고 작은 굴이 있는데, 배를 저어 들어가다 보면 점점 좁아져 배를 들일 수 없어 그 깊이를 헤아릴 수도 없다.

『만기요람』 기록으로는 국도 대나무를 화살용으로 매해 공출했다고 하는데, 고려 시절 정주定州 사람들은 이곳에서 몽고병을 피했다고도 한다.

---

* 무덤 앞에 세우는 돌기둥으로 망주석이라 부르기도 한다.

신고산 타령에 실려 전해지는 안변

학포鶴浦라는 호수인데 주위가 삼십 리이며, 물이 깊지만 투명하고 맑다. 사면은 모두 흰 모래 언덕이고, 해당화가 모래를 뚫고 나와 빨갛게 피어서 비단을 펼쳐놓은 것 같다. 산들바람이 살짝 불면 곱고 가는 모래들이 날아서 무더기를 이루는데 모래가 세게 날릴 때는 봉우리를 만든다. 이러한 일이 아침저녁으로 일어나므로 하루 동안에도 그 변화를 예측할 수가 없으니 바로 서해의 금모래와 비슷해 신기하기 그지없다.

흰 모래, 붉은 해당화가 아름답게 조화를 이룬 학포 호수를 끼고 있는 안변 지역의 풍광을 『택리지』 기록으로 따라 읽고만 있어도 가슴이 설레인다. 걸으면 흥이 나는 안변군 안도면 낭성리에 이성계가 부임했던 당시의 낭성포영浪城浦營이 있었으나, 중종 4년인 1509년에 폐지했다.

명사십리에 해당화야

북쪽으로 문천군, 남쪽으로 안변군, 동쪽으로 동해와 맞닿은 원산만 서남쪽 연안에 위치한 원산시는 현재 금강산 관문 도시로 국제적인 관광 항구, 문화 휴양 도시를 조성하기 위해 박차를 가하고 있다.

이곳 원산시와 문천군 사이에 마식령馬息嶺이 있다. 높이 788m에 이르러 말조차 넘기가 힘들어 쉬어갔다는 이 고개는 고춘봉과 달악산 사이에 있어, 아호비령阿虎飛嶺과 함께 동서 지역을 이어주는 교통상 중요 기능을 하는 산맥이다. 이 고개로 원산과 평양 그리고 법동, 판교, 이천 등지를 이어주는 자동차 길이 지난다.

원산시 성북동을 지나면 황토섬이 자리한 바다, 그 해안으로 4㎞에 걸쳐 눈부시게 하얀 모래밭이 용천리 갈마반도를 따라 펼쳐지는 명사십리明沙十里 해수욕장이다.

북한의 천연기념물 지리 부문 제193호로 지정된 이곳 명사십리는 붉은 해당화와 푸른 소나무를 배경으로 백색으로 빛나는 모래, 하얀 포말을 일으키며 부서지는 동해의 파도가 함께 어우러져 황홀한 경관을 연출한다. 특히 푸른 동해의 기슭을 따라 아득히 펼쳐진 흰 모래밭에 해당화가 만발할 때면 마치 붉은 꽃 주단을 펼쳐놓은 듯한 그 정경에 오감이 마비될 정도라고 한다.

만해 한용운은 『반도산하半島山河』에 실린 기행문 「명사십리」에서 그 그림 같은 정경을 한 편의 시로 노래했다.

걷히는 구름을 따라서

여기저기 나타나는

조그마한 바다 하늘은

어찌도 푸르냐

멀고 가깝고 작고 큰 섬들은

어디로 날아가려느냐

발 적여 디디고 오똑 서서

쫓다 잡을 수가 없고나

영흥만전설이 서려 있는 영흥만

갈마반도 갈마각을 지나면 전설의 무대인 영흥만이다. 전설은 이곳 영흥만과 원산항을 배경 삼아 전개된다.

태초에 굶주림에 지친 백두산 호랑이가 마천령에 올라서 고개 아래를 살피는데, 마침 낭림산 산중에 오순도순 살고 있던 온갖 동물들이 시선을 사로잡았다. 호랑이는 큰 괴성을 내지르더니 개마고원에 앞발을 내딛었다. 그 순간 혼비백산한 동물들이 엉겁결에 동해 바다로 뛰어들고 말았다. 허기로 아무 정신이 없던 호랑이도 물속을 불사하고 뒤따라 들어갔다. 마침 그 모습을 지켜보게 된 백두산 산신령은 살겠다고 발버둥치며 물속에서 허우적거리는 동물들의 모습에 안타까움을 느끼고, 호랑이 꼬리를 움켜잡았다.

호랑이는 꼬리가 잡힌 상태에서도 계속 바다로 내달리다가 꼬리가 늘어진 상태로 물속에 잠겨 섬이 되고 말았다. 그렇게 꼬리 부분이 잘록하게 빠진 형상으로 범섬, 즉 호도虎島가 이루어졌고 호랑이에 쫓겨 멀리로 도망치던 곰도 결국 웅도라는 섬이 되었다. 토끼는 모도에 숨고, 큰 돼지와 작은 돼지는 마을 근처로 피난해서 각각 대저도大猪島와 소저도를 이루었다고 한다.

영흥군에 접어들다

원산에 잇닿은 문천군 명구면 건너편으로 영흥군 호도면 호도반도가 있다. 백안리를 지나면 정평군에 이른다. 고구려와 발해에 속했던 땅, 정평을 포은 정몽주가 노래했다.

포구는 남으로 선덕진과 연해 있고, 산봉우리는 북으로 여진성에
의지해 있구나. 백 년간 싸우던 나라의 흥하고 망한 일들이 만 리
길 나그네의 심정을 감개롭게 해준다.

1041년 정주로 개칭된 이 지역에 1044년에 압록강 하구 위원진에서 도련포

(현재의 함주군 광포)에 이르는 천리장성이 완성되었다. 그 후 조선 태종 때 평안도 정주와 지명이 같다고 해서 정평으로 개칭되었다. 고려시대 여진족과 치열한 싸움이 벌어져 방어하기 위해 정주성, 선덕성, 원흥성을 축성했는데, 그 성을 삼관문三關門이라 부른다.

정평군 귀림면 낙가산 아래에 도안사道安寺라는 절이 있는데, 절 동쪽 일양대에는 해돋이 관광객들이 끊이지 않는다. 정평군 경계 지역인 함주군 선덕면에 우리나라에서 두 번째로 큰 호수인 광포가 있다.

나라에서 두 번째로 큰 호수인 광포

광포는 함흥부 남쪽 40리 밖에 있으며 포의 넓이와 둘레는 대략 50 내지 60리가 되며 맑은 물이 넓고 깊게 층층이 괴어서 서로는 정평에 뻗치고 남으로는 몽진(현재의 몽양리)에 접했다.

백여 년 전 이곳에 해월헌海月軒이라는 정자를 세운 문동호文東湖의『함산동기』에 묘사된 광포의 모습이다. 광포廣浦는 숙종 때 함흥감사로 부임했던 남구만이 일우암─遇岩, 일악폭포日岳瀑布, 금수굴金水窟, 제성단祭星壇, 구경대龜景台, 낙민루樂民樓, 격구정擊毬亭, 지락정知樂亭, 본궁심전本宮深殿과 함께 10경으로 꼽으며 그 기행문까지 남겨두었던 곳이다.

영귀정에 올라 북쪽을 바라보니 푸른 물결이 양양해 하늘과 더불어 한 빛이요, 갈대밭이 바라다보이는 그곳에 살고 있는 수천 마리의 기러기들은 무리 지어 물결을 따라 떠돌아다닌다. 포의 밖으로 큰 둑이 있고, 둑이 끝나는 곳에서 모든 산이 떨쳐 달리는 형세로 구름 속에 잠겨 있다. 그 평원하고 유창한 경승은 등산이나 임해에 비길 만하다.

눈보라 휘날리는 바람 찬 흥남부두

제성당이 있는 연포면과 삼평면을 지나 흥남시에 이른다. 우리 국토 어느 곳인들 참혹하고 슬픈 한국 전쟁사를 피할 수 있었을까. 그런데도 이곳 흥남이 더욱 슬프고 처절한 이유는 흥남 철수 작전 때문일 것이다.

1950년 11월 말 한만 국경까지 북진했던 국군과 유엔군은 중국군의 전면 공세로 수세에 몰려 결국 후퇴를 결정했다. 그리고 미 제10군단의 지휘 아래 미군 3개 사단과 국군 수도사단은 흥남에 집결해 철수 작전을 펼치기로 했다. 그런데 이러한 후퇴 결정을 알게 된 북한 지역 주민 등 많은 피란민들이 도로를 가득 메웠다. 밀려드는 피란민을 전혀 예상하지 못하고 있던 군은 시간이 지날수록 더욱 증가하는 피란민 수효에 수송 수단이 허락하는 한 이들을 안전하게 후송하기로 적극 대처한다.

세계 전쟁 사상 가장 큰 규모의 해상 철수 작전을 수행하며 국군과 UN군 10만 5,000명의 병력과 1만 7,000대의 차량 및 군수 장비와 물자, 그리고 피란민 9만 1,000여 명이 철수했다. 남겨진 피란민들은 마지막 수송선이 떠나자 자신들의 어린 자식만이라도 데려가 달라고 애원하고 몸부림치며 울부짖었고 더러는 바다에 몸을 던지기도 했다. 흥남시의 대표 항구에 깃든 그날의 참상을 되돌아본다.

서호진에는 조모자암, 등대 등의 고적과 명승지가 즐비하고, 부근 솔밭에 격구정擊毬亭이 있다. 흥남시 성천강 하류에 자리한 산기슭 평지에 세워진 정자, 격구정은 1674년인 현종 15년에 관찰사 남구만南九萬이 건립했다고 전해진다. 이곳에서 이성계에 얽힌 이야기가 전해진다.

함흥을 근거지 삼아 성장한 이성계가 반룡산 치마대馳馬臺에서 말을 달리고 활쏘기를 하며 무술을 연마했다. 그러던 어느 날 문득 애마愛馬의 준족駿足을 시험해 보고 싶다는 마음에 격구정을 향해 활을 쏘고 말을 달렸다. 날아가는 화살과 달리는 말을 경쟁시킨 것이다. 격구정에 화살이 보이지 않자 그는 먼저 날아온 화살이 어디론가 사라진 것이라고 속단했다. 정성 들여 보살펴 온 애마의 능력이 기대만큼 이르지 못하는 데 화가 난 그는 그 자리에서 칼을 뽑아 말의 목을 내리쳤다. 그런데 바로 그 순간 화살이 날아와 그의 옆으로 꽂혔다. 결코 되돌릴 수 없는 경솔했던 자신의 행동을 뉘우치며 애석한 마음을 담아 격구정 위쪽 봉우리에 말 무덤馬塚을 만들었다고 한다. 그 마총은 현재 토석총의 형태로 남아 있다.

흥남 앞바다에 솟은 소진도, 대진도를 바라보며 해안 길을 따라가면 작도동에 거북 등 형태를 한 구경대龜景帶는 예로부터 성산십경盛山十景에 꼽혀 구경대에 관찰사나 군수들이 올라 동해 일출을 조망했다 한다.

땅이 궁벽지니 구름과 연기가 고색 짙고

퇴조만을 지나 홍원군. 일찍이 김구金坵는 시로 홍원을 노래했다.

땅이 궁벽지니 구름과 연기가 고색 짙고, 언덕이 나지막하니 나무
와 나무들이 평평하다. 장안이 몇 리나 되는고.

이곳 홍원군 문학면과 함경남도 함주군 덕산면 경계에 높이 450m의 함관
령咸關嶺이 있다. 발의봉, 팔봉, 솔개봉 등의 높은 산이 솟아 있는 함관령 산줄
기는 너비가 넓은 도로로, 예로부터 홍원과 함흥·원산을 잇는 관북 중부 해안
지방의 중요한 종단 교통로였다. 조선 태조 이성계가 고려 말 동북면 병마사
였을 때 이곳에서 원나라의 나하추納哈出 부대를 섬멸했고, 이를 기념하며 순
조 28년(1828)에 영상리에 달단동 승전기적비勝戰紀績碑와 비각을 세웠다.

북청, 인재를 배출하면서 유배된 인재를 품어준 땅

홍원군 가까이 신포만이 펼쳐지는 함경남도 동해안 신포시 북쪽으로 북
청 사자놀이와 북청 물장수로 널리 알려진 북청군이 있다. 원래 옥저의 땅이었
고 고구려, 발해의 영토였으나 한때는 여진족의 거주지였다가 1372년에 북청
이 된 이 지역은 일찍이 고려 말부터 교육의 고장으로 이름이 높았다. 개국공
신이 된 천하의 명궁 이지란李之蘭 장군, 고종의 특사로 헤이그 만국 평화 회의
에 파견되었던 이준李儁이 이곳 출신이다. 정몽주의 문장을 통해서도 걸출한
인재를 배출하는 북청 지세와 함께 굴곡진 역사를 알 수 있다.

이 지역이 옛날에 적의 땅에 빠졌던 것을 선왕께서 다시 개척하셨

네. 민호가 많다 보니 갖은 풍속들이 섞여 있고, 지세가 장해 큰 인재가 나온다. 길은 푸른 바다를 향해 구부러졌고, 산은 말갈 땅으로 좇아 뻗어 나왔다. 짧은 옷 입고 사나운 범을 쏘는 것 보며, 해가 저물어도 돌아올 줄을 몰랐다.

또한 북청은 유배지로도 유명한데 추사 김정희도 헌종묘천사건憲宗廟遷事件에 연루되어 이곳에 유배되었다. 그가 북청으로 유배 명령을 받은 것은 철종 2년인 1851년 7월 22일이었다. 포천과 철원을 지나 함관령을 넘어 북청에 한 달 만에 도착했다. 그곳에서 동생인 명희와 상희에게 보낸 편지가 명지대박물관에 소장되어 있고, 그때의 편지로 추사의 유배 여정을 엿볼 수 있다.

우리는 12일에 회양을 출발해 물이 가로막은 곳과 지극히 위험한 지역을 어렵게 건넜다네. 작은 시내가 어깨를 넘고 이마까지 잠기는 깊은 물도 평지처럼 지나왔는데, 큰 내는 무릇 스물여덟 곳이나 건넜고, 보통 소소한 냇물은 일일이 셀 수도 없어 20일에 비로소 함흥에 도착해 하루를 머물렀는데, 또 비가 내려 더 나아갈 수가 없었다네. 26일에 비로소 이곳에 이르렀는데 북청읍과의 거리는 5리 남짓 남아 있지. 어렵게 건너 일행이 동문 안 배씨 집에 다다라 지금 병영의 조치를 기다리고 있네.

추사가 유배 시절 권돈인權敦仁에게 스물여덟 번째 보낸 편지를 보면 추사의 마음이 얼마나 황폐했는지를 미루어 짐작할 수 있다. 그는 절체절명의 삶 속에서 그만의 사상을 완성한 것이다.

서리는 맑고 하늘은 높으며, 강은 고요하고 나뭇잎은 떨어지니, 천시天時는 이렇게 한 번 변했는데, 나라는 인간은 어둡고 흐리멍덩하여 깜깜하게 아무것도 아는 것이 없어 마치 추위와 더위가 가고 오고 하는 사이에 전혀 관계가 없는 듯하니 이것이 사람입니까, 하늘입니까?

북청 사자놀이와 함께 우리에게 익숙한 북청 물장수

백두대간 동쪽으로 뻗어 나간 장백정간이 지나는 북청은 거두봉, 독슬봉 등으로 형성된 산악 지대인 데다, 남대천이 한가운데를 가로질러 흐르고 있어 평야를 기름지게 만들고 있다. 이 지역에서 정월 대보름이면 행해지는 북청 사자놀이가 유명하다. 사자가 잡귀를 몰아내고 마을을 평안하게 한다는 이 민속놀이는 한국전쟁 뒤에 월남한 피란민들 사이에 전승되어 현재 중요무형문화재 15호로 지정되어 있다.

북청은 물장수로도 유명한데 상하수도 시설이 지금처럼 완전하게 설비되지 않았던 시절, 서울에 인구 집중 현상이 심화하면서 그만큼 쓰레기 등도 함께 늘어가게 되어 오염이 심해졌다. 자연히 생활 용수 및 식수의 원천이었던 청계천이나 정릉동 골짜기마저 오염되어 물 부족 현상이 심해졌다. 그때 근대 문명에 일찍 눈을 뜬 북청 사람들이 자식들을 공부시키기 위해 서울에 와서 제일 쉽게 할 수 있는 일로 물장수를 선택했다. 구한말이 지나면서 함경남도 북청 사람들이 물장수 일을 독차지하는 현상이 나온 것이다. 그들은 물을 사는 집에서 밥까지 공짜로 먹었는데 밥상에 올라온 음식들을 얼마나 깨끗하게 먹어치웠던지, 빈 그릇만 남은 밥상을 "물장수 상이 되었다"라고 하는 표현까지 생겼다고 한다.

진흥왕 순수비의 하나인 마운령비

북청군을 지나면 진흥왕 순수비의 하나인 마운령비가 서 있는 이원군이다. 원군 차호읍 포항리 천마산은 나라에 경사스러운 일이나 궂은 일이 일어날 것 같으면 자정에 울음소리가 울려 퍼져 나온다고 한다. 차호반도로 돌아가기 전 차호항 앞바다에 제주도라고도 부르는 전초도全椒島가 있다. 부산 동백섬 정도 규모로 국자 모양의 북두칠성과 닮았다고 하며, 항구 쪽은 경사가 완만해서 울창한 숲을 이루고, 동해에 면한 외항 쪽은 험준한 암석 절벽이다. 동해 창파와 어울려 장관을 이루어 이원팔경의 하나로 꼽힌다. 이곳에 장군바위는 큰 바위를 깎아 세운 듯 웅장하고 의젓한 자태를 드러내고 있다.

학사대, 만 권의 책을 쌓은 듯한 기암괴석

이원면을 지나 동면에 관북의 명승지인 학사대學士臺가 있다. 몇만 권의 책을 쌓아놓은 듯한 형상을 하고 있는 이곳에 유람 온 김수항金壽恒이 바다에 문성文星이 떨어지는 것을 보고 문성암이라 불렀다고 한다.

학사대 서남 방향으로 자연 호수인 군선연群仙淵이 있는데, 호수 내륙 쪽으로 아름다운 산과 기암괴석이 있고, 해안으로 넓은 백사장과 섬이 있어 예로부터 알려진 명소이다. 호수 맞은편에 맑은 날이면 바다에서 일어나는 신기루를 구경할 수 있다는 연등바위가 있고, 푸른 앞바다에는 멀리 수평선으로 그림처럼 떠 있는 작도와 알섬이 있고, 남송 해안에 떠 있는 여기암女妓岩까지 더해져 절경을 이룬다. 영조 시절 편찬된『여지도서』에 신루암蜃樓巖으로 기록된 여기암, 그 내용으로 풍경을 그려본다.

이따금 바람이 잦아들 때면 누각처럼 모습이 바뀌어, 앞뒤 바다에 담장을 두른 듯하다. 붉은 치마와 비단 저고리가 담장 사이로 너울대는 듯하며, 관복을 차려입은 높은 관리들이 누각 위에 아스라이 서 있는 듯하다.

또한 해변에 병풍처럼 선 웅장한 붉은 바위 절벽을 적벽강이라고 부르며 절벽 남쪽에는 천연기념물 제289호로 지정되어 있는 거북바위가 있다.

관북의 관문, 마운령

이원군 동면을 지나 북쪽으로 단천시가 있다. 과거 여진족이 살았던 시기에 오림금촌吳林金村이라 불리던 지역이었으나 고려 우왕 시절 단주端州로 개칭되었다가 조선 태종 14년에 단천이 되었다. 이 지역에는 명승지인 용연지, 윤관이 쌓은 9성의 하나인 단천성(일명 복주성)과 임진왜란 당시 격전지인 창덕성지가 있다. 이 지역은 특히 산령이 높아 단천과 길주를 잇는 쾌산령은

1,892m 높이의 고갯길이고, 관북의 관문으로서 전략적 요충지 역할을 했던 마천령은 705m 높이의 고개다.

단천시에서 10여 km쯤 떨어진 곳에 수백 명이 함께 앉을 수 있다는 망해대望海臺가 있다. 깎아지른 듯 절벽을 이룬 그곳에 앉아 장엄한 동해의 경관을 볼 수 있어, 예로부터 최고의 경승지로 꼽혔다. 여해진 앞바다에 떠 있는 쾌도를 바라보며 발길을 옮기노라면 단천군에 인접한 학성군이다. 김일성이 만주에서 활동할 때부터 함께한 김책이 한국전쟁 당시 전선 사령관으로 나섰다가 1951년 1월 전사하자 그의 업적을 기리기 위해 김책군으로 개칭했다.

학남면 용대동을 거쳐 학성면 은호동을 지나 성진시에 이른다. 조선 후기 개항한 성진항이 있는 항구 도시이다. 그곳 바다에 예로부터 경승지로 알려진 쌍포기암이 있는데, 기둥처럼 솟은 두 개의 바위가 배가 드나들 정도로 거리를 두고 서 있다. 그리고 학 형상으로 돌출된 작은 반도 청학단靑鶴端, 그 절벽에 세워진 정자 망양정과 노송숲이 동해 푸른 바다와 조화를 이루어 만들어내는 절묘한 풍광은 함북팔경으로 꼽힐 정도이다. 자유로이 발길 내딛을 수 없는 땅, 그곳 풍광을 마음으로 그려보니 마음 한 자락에 통증이 인다.

이시애 난의 진원지, 길주

명산 칠보산 아랫자락에 터 잡은 길주군吉州郡이다. 오랫동안 여진족에 점령되어 있던 고구려의 옛 땅을 고려시대 윤관이 정벌한 뒤에 길주라는 지명을 붙였다고 한다. 당시 여진족을 몰아내고 방어기지를 만들었던 6진 가운데 공험진, 서북진, 선화진, 다신산성이 유적으로 있다. 조선 초기 청백리 재상 황희가 임금의 소명을 받고 길주에 와서 시 한 편을 남겼다.

나이 70에 3천 리 밖으로 임금의 명을 받들고 오니, 멀고 먼 지역
땅이 아닌 곳이로다. 다행히 주인이 정중한 마음으로 대해주어서,
늙은 얼굴 센 머리털에도 오히려 운치 있게 지내도다.

나이 들어서 먼 길 떠나왔는데, 거처로 정한 집 주인이 친절하면 얼마나
다행한 일인가? 이곳 길주는 예로부터 발이 곱기로 명성을 얻은 삼베, 길포吉布
생산지이다.

길주에는 적지 않은 여진족들이 거주하고 있어 조선 초 북방민 회유정책
의 일환으로 지역 토호에게 상당한 자치권을 인정했다. 그러한 정책으로 당시
길주 지방 호족으로 태어난 이시애李施愛도 벼슬길에 오를 수 있었다. 그런데
세조 때 점차 서북 지역 사람들의 관직 등용을 억제하고 중앙에서 직접 지방
관을 파견하기 시작했고, 수령들에게 지방 유지들의 자치 기구인 유향소留鄕所
감독을 강화하게 했다. 그러면서 중앙 출신 수령들과 유향소 사이에 갈등 관
계가 형성되었다. 회령부사를 지내다가 상喪을 당해 사퇴했던 이시애는 유향
소의 불평과 백성들의 지역감정에 편승해서 동생 이시합李施合, 매부 이명효李
明孝와 세조 13년(1467) 5월 반란을 일으켰다.

이시애는 "남도의 군대가 바다와 육지로 쳐 올라와 함길도 군민을 다 죽
이려 한다"라는 말로 선동했고, 그 말에 흥분한 함길도 군사들과 민간인들이
유향소를 중심으로 일어나 수령들을 살해하는 등 대 혼란에 휩싸이게 되었다.
그러면서 이시애는 "중앙에서는 병마절도사 강효문康孝文이 함길도 군사를 이
끌고 모반을 일으키려 하여 민심이 흉흉하니 함길도 사람을 수령으로 삼기 바
란다"라고 하며 모략 전술을 펼쳤다. 세조도 처음에는 이러한 보고에 속았으
나, 곧바로 이시애의 반란 조짐을 알아차리고 토벌군을 출동시켜 진압했다.

이시애는 여진족까지 끌어들이며 대항했으나 허종許琮 등이 3만 군대를 이끌고 홍원, 북청을 돌파하고, 이원 지역의 만령蔓嶺에서 주력부대가 격파당하자 여진으로 도망치려 했다. 그때 사용별좌司饔別坐 직에 있던 이시애의 처조카 허유례許惟禮가 자기 부친이 이시애 일파에게 끌려갔다는 소식을 접하고 이시애 부하들을 설득해 이시애 형제를 체포해서 토벌군에게 인계했다. 체포된 이시애 등은 토벌군 진지 앞에서 목이 잘려 조선 8도에 효시되었다. 이 사건으로 길주는 길성현으로 강등되고 함길도는 남북 2도로 분리되었으며, 유향소도 폐지되었다.

그곳 길주 동해면 남대천 하구에 동해승지東海勝地라는 명승지가 있다. 넓은 백사장을 갖춘 십리장정해수욕장에 단애를 이룬 절벽 국화대國花臺와 아름드리 노송의 조화가 빼어난 풍취를 만들고 있다. 함경북도 명천군에 이르면 이곳에 칠보산이 있다.

개심사를 품은 함북의 금강산, 칠보산

예로부터 명천의 칠보산七寶山은 '관북의 금강산', '함북의 금강산'이라 불려온 아름다운 산이다. 산에는 금, 은, 산삼을 비롯한 일곱 종류의 보물이 묻혀 있다고 하지만 실제 산삼 이외에 발견된 것은 없다. 하지만 칠보산은 내칠보, 외칠보, 해칠보로 나뉠 만큼 그 영역이 넓고 볼거리도 많아 그 자체로 보물을 이룬다. 내칠보에는 노적봉, 총각봉, 만사봉 등의 봉우리와 금강담, 구용소 등이 있고, 외칠보는 세상에 존재하는 1만 종류 형상들의 집합체를 이루는 만물상 지구 등 다양한 볼거리를 제공한다. 칠보산의 봉우리는 원래 7개였으나 1개는 바다에 가라앉았다고 한다.

칠보산은 환희고개에서 보는 경치가 가장 아름답다고 한다. 칠보산 절경에 흠뻑 취해 절로 환희의 감탄사가 나와 환희고개라고 한다는 그곳에 오르면 멀리 외칠보와 망월대, 기와집바위들을 볼 수 있다. 아름다운 칠보산 경치에 천상 선녀들이 내려와 노래하고 춤추며 즐겼다는 무희대舞姬臺, 천연 동굴로 200여 명 정도는 너끈히 들어가 앉을 수 있다는 금강굴金剛窟도 품고 있다. 동해안 보촌리에서 60㎞ 지점에 위치한 해안 명승지 해칠보海七寶에는 섬 전체가 바위로 이루어진 솔섬이 있다. 솔섬은 바위의 기묘한 생김새와 그 바위 위에 숲을 이룬 푸른 소나무, 그리고 섬 주변의 푸른 바다가 어우러져 경승을 이루는 곳이다. 해식 작용으로 이루어진 달문 지구는 높이 10m, 길이 8m, 폭 5~6m에 이르는 구멍이 마치 문처럼 뚫려 있어 밤이 되면 그곳에서 바다 쪽으로 떠오르는 달을 볼 수 있고, 그곳에 무지개바위, 오뚝이바위와 촛대바위가 있다. 북한은 1976년 이렇듯 천태만상의 기암괴석들이 우뚝 솟아 절경을 이루는 칠보산 일대를 명승지 제17호 자연 보호 구역으로 지정했다.

1766년 8월 29일 박종朴琮이 칠보산을 유람할 때 동행한 김 영감과의 대화를 기록했다는 『칠보산유람기』로 옛사람들의 정취를 읽는다.

"대개 산수를 구경함에 있어 눈으로 좋아하는 자도 있으며, 마음으로 좋아하는 자도 있으며, 정서로 느끼는 자도 있는데, 눈으로 좋아하는 것이 마음으로 즐기는 것만 못하고 마음으로 즐기는 것이 정서情緒로 느끼는 것만 못합니다. 내 지금 나의 정서를 표현할 말마저 잊었거니 하물며 시를 지을 수 있겠습니까?"라고 대답했더니 김 영감이 "그대의 산 유람이야말로 비로소 참된 경지에 들어갔음을 알겠습니다" 하기에 나는 웃었다.

이 글을 통해 옛사람들이 산을 오르며 눈과 마음의 작용으로 자연을 즐기기보다 정서로 감흥하기를 즐겼으며, 그것이 자연은 물론 동행한 사람과의 교감으로 이루어지기를 바랐던 것임을 알 수 있었다. 소통의 부재로 사회 전반에 갈등이 증가하고 있다는 오늘, 사람의 편리만을 찾아 생태계를 구성하는 다른 생명에 대한 배려심을 잃은 오늘 우리에게 진정 필요한 삶의 자세가 아닐까. 교감과 소통, 두 단어가 화두처럼 살아 가슴을 울린다.

칠보산에는 마음을 여는 절 개심사와 나한봉, 천불봉 등 산봉우리들의 이름에서부터 불교적 정취를 느낄 수 있는데, 이곳 개심사에 '주대명탄생설화朱大名誕生說話'가 전해진다. 이야기는 약 4백여 년 전으로 거슬러 올라간다.

칠보산 개심사 주지가 아침을 먹으려다가 밥상 위에 자리 잡고 앉은 큰 거미를 발견하고 기이하다고 생각하며 거미에게 밥을 주었다. 거미는 그 뒤로도 계속 주지의 밥상에 앉아 밥을 받아먹었다. 그렇게 시간이 흐르며 배가 점점 불러 오른 거미가 어느 날 아기를 낳고 사라져 버렸다. 주지가 남아 있던 거미줄을 따라가 보니 백두산 천지까지 이어져 있었다. 주지는 아기에게 거미 주蛛 자에서 충虫 자를 떼어낸 주朱씨 성을 주고, 그 이름을 대명이라고 지었는데 그 자손이 금나라 황제가 되고 청나라 황제가 되었다고 한다.

동해안 최북단 최대 항구도시, 경성

서면의 양화 어항과 동면을 지나면 청진에 인접한 경성군이다. 『요동지遼東志』에 목랑고木郎古라고 기록된 경성은 오랫동안 여진족에 점령되었다가 고려 예종 2년 윤관의 토벌 작전으로 여진족을 몰아내었고, 그 뒤 원나라에 편입되었다가 공민왕에 의해 수복되는 등 질곡의 역사를 거쳤다. 그러다가 조선 태조 7년에 이르러 현재의 지명을 붙이고 만호를 두었다고 한다.

이곳에는 400년의 역사를 이어와 북한 명승지 18호로 지정된 온포온천 등

온천이 유명하고 경성자기 또한 명성이 높다.

독진항을 지나면 곧바로 청진이다. 청진은 1908년 개항이 되면서 현대적 항구의 모습을 갖추고, 1929년 함경선이 개통되면서 목재 및 지하자원 집산지이자 수송 거점으로 자리를 잡았다. 그러다가 청진시가 되고 경성으로 도청이 옮겨오면서 크게 발달해 동해안 최북단에 최대 항구 도시를 이루었다.

수성천이 흐르는 청진

수성천이 흐르는 청진은 바다가 인접해 있어 여름에는 시원하고 겨울에는 큰 추위가 없는 따뜻한 항구이다. 그곳은 주요 수산업 기지로 원양 어업의 근거지이기도 하지만 금속·채취·기계·건재·화학공업 등 중공업이 발달하며 김책제철소, 청진조선소, 청진제강소가 있다. 청진시에서 부령군 청암면 서수라동을 지나면 유명 사찰 남석사가 있는 연천면, 연진동 연진 어항에 닿는다. 연진동을 지나면 부거면 쌍포 어항이 나오고, 그리고 사진만과 사진 어항이 있는 삼해면으로 이어져 관해면에 이른다. 이진동 이진 어항은 만구의 북동쪽으로 동해 깊숙이 화단산花端山이 돌출해 있어 북동풍을 막아주는 방풍제 역할을 하고 서쪽 비소단非所端은 방파제 역할을 하니 천혜의 양항이다.

동해트레일 종착지, 경흥군

현재 은덕군의 과거 지명은 경흥군이었다. 그 지역은 옛날 공주公州, 공성孔城이라고도 불렸는데, 세종이 옛 성을 수리하고 부근 백성 300호를 떼어 현을 설치하게 한 후 공성이라 했다가, 이 지역을 과거에 이성계의 고조부인 목조가 처음 살았다 해서 세종 19년(1437년)에 경흥군慶興郡으로 지명을 다시 바꿨다고 한다. 그러다가 1977년 9월 김일성이 이곳에 온 것을 기념하며 그의 은덕을 잊지 않겠다는 뜻으로 은덕군으로 바꾸었다고 한다.

이 지역에 우리에게 참혹한 북한 정치범 수용소로 널리 알려진 아오지 탄광이 있지만, 1981년 지명을 학송리로 바꾸면서 이제 아오지라는 지명은 사라진 상태이다. 잠시 이 지역을 노래한 옛사람들의 시문을 따라 읽으며 국경 지역사의 애환을 생각해 본다.

누른 구름은 국경에 가득하여 나그네의 근심을 자아내는데, 성 아래 강물은 한줄기가 길게 흐른다. 구슬픈 오랑캐의 피리 소리 행여나 나그네의 귓전을 스치지 말아다오. 소리마다 국경의 나그네를 괴롭혀 주느니. (김수녕金壽寧)

기다란 두만강이 국경의 산을 격했는데, 나그네의 돌아갈 꿈은 찬란한 오색구름 속이로다. 오랑캐의 지역에 바람씨가 맵다고 말하지 말라. 임금께서 주신 겹 갑옷은 추위도 무섭지 않다고 하였다. (이덕숭李德崇)

은덕군 남쪽에 선봉군이 있다. 원래 웅기군이었으나 1952년 공산주의 국가 건설의 선봉 역할을 다한다는 뜻에서 지명을 바꾸었다. 선봉군에 한국의 자연 호수 가운데 가장 큰 서번포西藩浦와 동번포東藩浦가 있다. 만 어구에 모래가 쌓여 형성된 호수는 동해와 좁은 목으로 연결되어 있다. 그곳에서 나진만 앞바다에 떠 있는 피도와 대초도를 바라보며 풍해면 장진동과 대유동을 지나면 나진시다. 현재 나진·선봉 발전 지구로 새롭게 각광을 받고 있는 지역으로, 그곳에서 강원도 철원군 철원읍 월정역까지 731㎞ 떨어져 있어 열차를 이용하

306

면 그리 오랜 시간이 소요되지 않을 거다.

옹기읍 비파동 동해 바다에 떠 있는 작은 섬, 비파도는 울창한 소나무 숲에 몇 가구가 모여 살고 있다. 동해 바다에 시선을 두고 길을 따라 옹기만과 대진만을 지나면 노서면이다. 노서면 만항동에 약 4㎞ 둘레의 누운 거북 형상을 한 섬 적도赤島가 있다. 이성계의 선조인 익조翼祖가 여진족에 추격당하다가 피신한 곳이었다 하는데, 그런 연유에서인지 지금도 섬에 익조의 사적을 새긴 어제기적비御製紀蹟碑가 남아 있다. 국토 최남단에서 동해 바다를 바라보며 따라온 길, 거의 종착지에 도달했다. 한 발 두 발을 내딛어 따라 걸은 3·8선 이남 해안 길과 자유롭게 들어올 수 없어 마음으로 따라온 3·8선 이북 해안길 여정은 이제 마지막 지점 서수라동을 앞에 두고 있다.

한 민족으로 반만년을 살아온 나라가 두 쪽으로 나뉘어 사람들이 오고 갈 수 없다는 것, 그것도 우리에게 부과된 숙명이라지만 다시 옛날로 돌아갈 수도 있으리라.

드디어 두만강(豆満江)

나진·선봉 자유 경제 무역 지구로 개발되고 있는 선봉군은 동해안 최북단에 위치해서 동쪽 두만강을 경계로 중국·러시아와 마주하고 있다. 두만강 하구 조산리에는 선조 19년(1586) 여진족과 싸워 대승을 거둔 이순신 장군의 전공을 기리는 충무공 승전비가 있다. 『충무공 행록』에 당시 상황이 기록되어 있다.

선조 병술년에 공이 조산만호造山萬戸가 되었고, 정해년에는 녹둔도 鹿屯島의 둔전관을 겸임하게 되었다. 공은 병마영에 여러 번 군사를 더 보내주기를 청했으나 절도사 이일李鎰이 듣지 않았다. 과연 가을에 적이 침입해 공의 목책을 포위했다. 붉은 털옷을 입은 적들이 선두에서 지휘했다. 공이 활을 힘껏 당겨 연달아 붉은 털옷 입은 자들을 쏴 맞춰 모두 땅에 쓸어 눕히니 적들이 도망쳤다. 공이 이운룡李雲龍 등과 함께 추격해 포로가 된 우리 사람 60여 명을 탈환했다. 공도 역시 화살에 왼쪽 다리가 상했지만 군사들이 놀랄 것을 염려하며 아무 말도 하지 않고 활만 쏘았을 뿐이었다.

두만강은 한반도 북동부에서 중국, 러시아와 국경을 이루며 흘러 동해로 유입되는 한국에서 2번째로 긴 강이다. 강 길이는 610㎞인데 국경 하천으로서의 길이는 547㎞이고, 유역면적은 3만 3,269.5㎢(북한 1만 743.5㎢, 중국 2만 2,526㎢)이다. 양강도 삼지연군 2,088m 지점인 북동계곡에서 발원해서 양강도 대홍단군, 함경북도 연사군 등을 지나 선봉군 우암리 동남쪽에서 동해로 흘러든다. 상류로부터 석을수石乙水·연면수延面水·성천수城川水·보을천甫乙川·회령천會寧川·오룡천五龍川·아오지천阿吾地川과 하이란강海蘭江, 훈춘강琿春江 등의 지류가 곳곳에서 합류되는데, 지류 가운데 길이가 5㎞ 이상 되는 것이 약 150여 개이고, 그 가운데 50~100㎞ 되는 하천은 6개이다.

이제는 러시아에 귀속된 국토 최북단 모래섬, 녹둔도

두만강 하구 모래섬 녹둔도는 우리나라 수군이 야인의 동태를 감시했던 곳이었으나, 현재 이 섬은 러시아에 귀속되어 있다. 옛 문헌 기록을 되살려 녹둔도를 추억한다. 정약용이『대동수경大東水經』에 기록한 녹둔이다.

녹둔도는 조산 남쪽 20리에 있는데 사차마도沙次磨島라고도 한다.

사차마란 사슴을 칭하는 지역 방언이다. 『비고동국문헌비고』에도 "두만강은 또 동으로 흘러 조산을 지나서 녹둔도에 이르러 바다에 들어간다"라는 기록이 있다.

너무 아름다워 슬픈 길, 여정을 끝내며

부산 해운대 달맞이고개에 두 발을 내딛어 국토 남단을 흐르는 동해를 바라보며 걸어온 우리의 여정은 3·8선을 앞에 두고 발이 묶였다. 그리고 꿈결을 더듬듯 마음의 길을 열어 3·8선 이북의 동해길을 추적해서 국토 최북단 녹둔도에 이르렀다. 이제는 러시아로 귀속된 녹둔도에서 러시아 해변을 따라가다 보면 유럽에 닿을 것이고, 길은 유럽에서 아프리카의 케이프타운으로 이어진다. 어쩌면 우리 국토 해안 길을 따라 시작한 동해 트레일은 세계에서 가장 긴 장거리 도보 답사길이 되지 않을까.

멀고도 먼 길, 아름다운 산천 경관을 배경 삼아 펼쳐진 망망한 바다를 따라 걸어온 길, 그 길이 너무 아름다워 슬펐다. 모든 감정의 원천은 하나임을 이 길을 따라 걸으며 느꼈다. 지극한 절경에 경탄하는 순간 가슴 저 밑바닥을 치고 올라오는 아릿한 슬픔을 함께 느꼈으니. 너무 아름다워 슬픈 길, 그 길을 다리가 아플 만큼 마음껏 걷고 싶다. "욕심은 눈을 멀게 한다"는 속담이 있다. 하지만 한 번 걸으면 눈이 멀어도 좋을 길, 여한이 없는 길, 그 길이 바로 바다를 바라보며 걷는 대륙으로 가는 동해 해파랑길이다.

해파랑길 인문 기행

초판 1쇄 | 2023년 7월 25일

지은이 | 신정일

발행인 | 유철상
책임편집 | 김정민
편집 | 홍은선, 정유진
디자인 | 노세희, 주인지
마케팅 | 조종삼, 김소희
콘텐츠 | 강한나

펴낸곳 | 상상출판
출판등록 | 2009년 9월 22일(제305-2010-02호)
주소 | 서울특별시 성동구 뚝섬로17가길 48, 성수에이원센터 1205호(성수동2가)
전화 | 02-963-9891(편집), 070-7727-6853(마케팅)
팩스 | 02-963-9892
전자우편 | sangsang9892@gmail.com
홈페이지 | www.esangsang.co.kr
블로그 | blog.naver.com/sangsang_pub
인쇄 | 다라니
종이 | ㈜월드페이퍼

ISBN 979-11-6782-148-5 (03910)